東京大学「教養学部報」精選集

「自分の才能が知りたい」ほか教養に関する論考

東京大学教養学部　教養学部報編集委員会――[編]

東京大学出版会

Selected Essays from *The Newsletter of the College of Arts and Sciences*
Edited by the Editorial Committee of *The Newsletter of the College of Arts and Sciences*, the University of Tokyo, Komaba
University of Tokyo Press, 2016
ISBN 978-4-13-003347-3

東京大学「教養学部報」精選集／目次

I

「娘にはいえないインドひとり旅」ほか学問する人生に関する論考

II　「自分の才能が知りたい」ほか学生に関する論考

III　「最後の帝大教授」ほか教員の去就に関する論考

IV 「駒場のトイレに見るセクシズム研究序説」ほかキャンパスに関する論考

V 「狂気と社会」ほか本格論考

一、本書は、東京大学教養学部が発行する「教養学部報」に掲載された多数の記事の中から、二〇一四年度の編集委員会がいくつかのテーマによって選んだエッセイを収録したものです。一九八〇年代以降の記事が中心になりました。東京大学出版会からは以前に「教養学報」創刊以来の収録エッセイ集を『大学の散歩道――学生と教養』（相原茂編、一九六六年）として刊行しています。品切れになって久しい本になってしまいましたが、ご関心の向きは図書館などでご覧いただけましたら嬉しいです。

「教養学部報」というユニークな新聞の来歴・詳細や、本書のコンセプトについては、本書の「はじめに　言の葉の舞う散歩道」（石井洋二郎）、「協奏を支える「通奏低音」として――「教養学部報」の来歴にふれて」（川中子義勝）、「「教養学部報」編集余話」（鈴木基美）をご覧ください。

また、「教養学部報」の最新号の目次や一部の記事は、東京大学教養学部のウェブサイト（http://www.c.u-tokyo.ac.jp/info/about/booklet-gazette/bulletin/）でもご覧になれます。

二、記事の本書への収録にあたっては、原則として、表記・表現を初出のままとしました。記事末尾の所属・専攻名なども掲載当時のままです。現在では東京大学または教養学部のご所属から離れておられる方、またはご逝去の方についても、特に注記はしておりません。

記事の内容も当時のままであり、すでに学内では行われていない事業や、存在しない物事についての言及も含みますのでご注意ください。

三、本書に収録された記事の著作権は、それぞれの著作者または著作権継承者、そして東京大学教養学部に属します。

なお一部につき、著作者（または著作権継承者の方）にご連絡が行きあたらなかった記事があります。お心当たりの方がいらっしゃれば、東京大学出版会にご指摘くだされば幸いです。

（編集部）

はじめに
言の葉の舞う散歩道

石井洋二郎

毎年一一月末から一二月初旬になると、駒場キャンパスの銀杏があざやかな黄金色に染まる。そんな季節の晴れた日に、あてもなく並木道を歩いていると、樹木を飾る無数の葉に陽光がまぶしく照り映えて、ほとんど現実の光景とは思えないほどだ。もう四半世紀以上も過ごしてきた職場なのに、毎年その時期が来るたびに新しい場所を訪れたような気がして、思わず足を止めずにはいられない。

教養学部報の創刊号が発行されたのは一九五一年四月一〇日、私がこの世に生を享ける三か月と少し前である。それから早くも六十年を越える歳月が流れ、駒場の銀杏並木も六十回以上にわたって黄葉を繰り返してきた。そしてそのあいだに、気が遠くなるほど数多くの文章が紙面を飾ってきた。いかなる巡り合せか、本書の準備が進んでいた時期にたまたま学部長を務めていたおかげで、僭越ながら巻頭に拙文をしたためる機会に恵まれることとなったが、これはもしかすると、私が学部報と同い年であるがゆえの僥倖なのかもしれない。

さまざまな記事を通して、普段はなかなか接する機会のない異分野の先生の話をうかがったり、親しい同僚の意外な一面を知ったりできるのは、学部報が与えてくれる最大の愉しみである。じっさい、発足当時から「学際性」を標榜してきた教養学部の刊行物だけあって、内容のヴァラエティーの豊かさには目を見張るものがある。たまたま手もとにあった第五三一号（二〇一〇年七月七日発行）を開いてみると、ピッチャーの球速の高め方に関する写真入りレポートと、持続的開発が直面している課題の報告と、ベネズエラでのマメゾウムシ採集記と、コピペの流行をめぐる考察が一緒に掲載されていた。こんなに雑多な（もちろんいい意味でだが）記事が同時に読める広報紙など、そうざらにあるものではない。まさに文系・理系にまたがる「教養」の醍醐味が凝縮された、駒場ならではの多彩なラインナップである。

また、一般の記事もさることながら、私が毎回ひそかに愛読しているのは書評欄である。教員の著書を異なる専門分野の教員が批評紹介するのが慣例になっているのだが、これがなかなか充実していて、正直のところ大手日刊紙の書評欄よりも遥かに面白い。けっして安易な馴れ合いや仲間褒めに堕すことなく、時には遠慮のない注文をつけたりもしながら、基本的には同僚の仕事への共感と敬意にあふれた文章を読んでいると、リベラルな共同体だけが創り出すことのできる良質の言論空間がここにあることが実感されて、心底誇らしい気持ちになる。

それにしても、駒場には文理を問わず、一級のエッセイストがなんと多数そろっていることか。マスコミにしばしば登場する顔ぶれも少なくないが、心なしか、学部報のほうがずっとのびのび書いておられるような印象を受ける（原稿料なしなので、余計な義理や配慮に縛られないせいかもしれない）。そんな自由の気風にあふれた交流の場が、これからも末永く続いてほしいと思う。

銀杏の葉がきらきらと輝きながら地面に舞い落ちるように、執筆者たちの言葉もまた、それぞれに個性的なきらめきを放ちながら紙面に降り積もってきた。そんな黄金色の「言の葉」が敷き詰められたこの精選集が、ひとりでも多くの読者の夢想をいざなう「教養の散歩道《プロムナード》」とならんことを。

（いしい・ようじろう　二〇一四年度　教養学部長）

協奏を支える「通奏低音」として
――「教養学部報」の来歴にふれて

川中子義勝

東京大学教養学部は、一九四九年、新制大学としての東京大学の出発に合わせ、矢内原忠雄学部長のもとに創設された。「教養学部報」の創刊は、その三年目が始まる一九五一年の四月一〇日である。後期課程教養学科に初年度生を迎えるこの時、矢内原は創刊号第一面に、「真理探究の精神――教養学部の生命」と題して、学部創設の意義と目的を語っている。――教養学部は「東京大学の予備門ではなく、東京大学そのものの一部、しかも極めて重要な一部であ」る。その目的は、学生が「ここで部分的専門的な知識の基礎である一般教養を身につけ、人間として片よらない知識をもち、またどこまでも伸びて往く真理探究の精神を植えつける」ことであるが、「そのような真理愛、すなわち大学を卒業して後もしぼまない真理探究の精神を養う」ことが「前期後期の区別なく、教養学部全体の理想で」あると。これと響き合うように、初代総長南原繁もまた「新しい大学生活、新入学生諸君のために」と題して、教養の意義を説いている。「諸々の専門科学の未分の基底であり結局、それらを支えかつ生かすところの人間の叡智」としての一般教養こそが「われわれの日常生活において、われわれの思惟と行動とを導く」と。矢内原や南原の言葉は、国体宣揚のもとで学問に携わる者の間でも盲従が唱えられ、批判が忘却された戦前の歴史への痛切な反省を踏まえ、偽りの権威による抑圧にも対峙しうる自由で責任感ある個人の確立と、学問追求の真理愛とは同根のものであるとの深い認識に立つものである。

矢内原は「新制大学としての東京大学の死命を制するものは教養学部だ」と述べ、「それは戦後の新しい日本を創造する仕事の中で、最も基本的なものの一つである」と丈高い理想を語ったが、「産みの苦しみはまだ終ったとは言えない。新しい大学制度が軌道に乗り、新しい精神が満ち溢れ、新しい人間が作り出されるまでには、多年にわたる忍耐深い努力が継続されねばならない」と、克服されねばならない課題にもふれている。当時の教養学部は四、〇〇〇人の学生を抱えていたが、対する専任教員（当時は教官と言った）の数は一五〇名で、教官一人当りの学生数は二六名に達した。教官の数は模範とされた米国の大学に比べてあまりに少なかったが、求められる増員も、予算の裏付けなくして直ちに実現することは困難であった。これに対し、矢内原は「新学年の開始に際し」、「教育の効果をあげる方法として採用した二つの事柄」を挙げている。「一つはクラス担任制であり、他の一つは教養学部報の発刊である」と。この両者いずれも今日まで続いている。初期の担任教官の中には、二〇余年を経てもなお同窓会に招かれるほど親しい関わりを築いた方々も居られる。ただし、筆者が赴任してきた一九八〇年代には、担任となっても教員が学生とふれあう機会はあまり多いとは言えない様相となっていた。これに対し、「教養学部報」は年を加えるごとに脈々として刊行を重ね、豊かな言葉の交わりを築いてきた。

「教養学部報」発刊の目的として矢内原は、まず「学部の決定事項をひろく学生全般に行きわたるように」と掲示板の機能を拡大する役割をあげ、第二に「教育学部における教育の趣旨にもとづき、教官のエッセイ等をも掲載して、学生教養の一助に資することにした」と、読み物としての役割をも加えている。矢内原の挙げた二つの目的のうち、前者に関しては、広報の手段が多岐にわたるようになり、ネットの時代を迎えた今日、学部報に期待される役割は相対的に減った。しかし、当初は付帯的な役割とされた、学生の教養育成に与って学部報紙面の果たしうる役割はますます重みを増していった。真理探究の精神を培う方途として目指されたのは、専門領域の最先端に立つ研究者が、入学当初の学生にもその領域の研究の面白さを語り、学問の醍醐味を伝えていくという授業の光景であった。後期課程教養学科さらに大学院の整備によりその基盤が据えられていくさまを、教養学部報は執筆者の変遷という形で映し出し、学生にとって刺激となる記事をその時々に掲載してきた。学生と教員との関わりだけではない。文系理系半ばする研究者たちが、それぞれの成果を読み物として語り、苦労話を論文執筆の余滴として披露することによって、駒場キャンパスをともにする教員同士も、銀杏並木にすれ違うだけではなく、交流を深めていく。そのような雰囲気を培うにも教養学部報は与ってきたと言えよう。教員は、研究室と教室を往復しているだけではなく、学内行政にも携わり委員会等で顔を合わせる。専門を異にし、委員としての意見を違えても、その表情に学部報エッセイから伺える人間味を重ねることは、それなりに豊かな関係を築いてくれることもある。そのような教員相互の親密な交わりは、日頃教室や研究室等で接する学生たちの間にも、ユニヴァーシティとしての一体感を伝えるのに、多少は役立ってきたかもしれない。

因みに教養学部報は、今日では発行後、学部のホームページに（少なくとも執筆者と題名は）載せられることになっているが、すべての記事がネット上に公開されているわけではない。編集委員会では、或る方の著書やご研究の成果に対し、ご専門は少し外れるけれども別の或る方の感想批評をぜひ伺いたいという趣旨で、書評や記事を依頼することもある。一つ一つの記事が、その号全体の中で所を得ているのである。そのような事情もあって、公開の是非は、執筆者ご自身が判断をされている。そのように、紙面としての教養学部報は、執筆者同士顔の見える関係で成り立っている側面もある。筆者の経験からしても、バックナンバーを繰っていると、研究者としてはまだ雛の私に対してご自身の発見の喜びを子どものような真剣な感激をもって語ってくれた方の顔、あるいは退官の後、齢九十近くなっても電話で質問をいただく、その言葉の真摯に驚かされたことなどが思い出される。今回、そうした豊かな表情を担った文章の中から選択して書籍の形でひろく公開することは、こういう方々が肩肘張らぬ仕方でこんな面白いことを述べているという興味関心に仕えるとともに、執筆者ひとりひとりの、ご研究の深さのみならず人としての裾野の広がりにも注目していただけるのでは、と期待するからでもある。

かつて筆者の恩師杉山好教授は、教養学部（駒場）を「通奏低音」に準えられたことがある。オルガンやチェロ、ファゴット等の楽器で構成された通奏低音は、バロック音楽には不可欠で、「縁の下の力持ち」として演奏の支えとなる。「通奏低音」との喩えは、教養学部が東大諸学部の学問の支えでありつづけること、そして、教養学部を経た学生もまた卒業後なお学問・社会を根底から支える人間となることへの望みを言い表している。かつて矢内原先生から薫陶を受けた杉山先生は、国立大学には珍しいパイプオルガンを駒場が備えるに至る際に尽力をされた。聴衆からは見えないところで活発に動き、奏でているオルガンの足鍵もまたイメージされていよう。社会の弱い者を「踏みつける」足ではなく、日の当たらない隠れた所に居ても弛まず「歩み続ける」ために足腰を鍛える人間を作る。そこには教養学部の理想が語り出されている。教養学部が、そのような「通奏低音」であるとするならば、教養学部報もまたキャンパスにおける教育研究の協奏を慎ましく支えている「通奏低音」に準えることができると思う。そのような基底の響きからこの度選びだされたいくつかの楽器の音色にどうかぜひ耳を傾けていただきたい。

今回、倍する数の候補を読み返し掲載の選択を行ったが、まことに惜しい想いで外さざるを得ない記事が多数あった。取捨の別にかかわらずいずれも個性豊かな旋律を奏でておられたが、最終的に一巻として協奏の響きが和するようにという願いで編集は導かれた。本書の発案・企画は、二〇一四年の教養学部報委員会に遡る。筆者は、前委員長河合祥一郎先生から職を引き継いだが、なおも河合先生の導きをいただいて、刊行に至り着くことができた。篤く感謝を申し上げたい。原稿の転載を許可してくださった方々に、また前書の執筆をご快諾いただいた前研究科長、石井洋二郎先生にも心から感謝を申し上げる。教養学部報は教員が編集するけれども、実は、学生と事務職員と教員とがひとつに結び和するところを目指して作られている。創刊時から事務の方々の多大な尽力によって支えられてきたが、とりわけ二〇一五年まで毎号の刊行のため恒に献身的に労してくださった鈴木基美氏には、今回もまた言い尽くせぬ貢献をいただいた。心からのお礼を申し上げる。

（かわなご・よしかつ　教養学部報委員会委員長）

「教養学部報」編集余話

鈴木基美

武蔵野の面影残るといわれる東京大学教養学部の駒場キャンパスに「コマバスキー」なるものが棲息しているらしい。なんということはない「駒場好き」、日本人の好むところの駄洒落の産物である。確かに存在は確認されているものの、いつごろからどのくらい蔓延っているのかは定かではない。何をもってそう称するのかも不明である。新聞の題字を揮毫された矢内原忠雄初代学部長は論外として、単純に「教養学部報」登場回数だけではかることはできないだろうが、一応の目安になるに違いない。

縮刷版一〇巻（五三六号 二〇一一・一二・一まで収録）と前後してできた創刊号からの索引本がある。これをもとに、ざっと本数の多いかたの名を挙げてみることにしよう。畏れ多くも敬称略ですすめる。

二〇本以上執筆されたのは、杉本大一郎（宇宙地球）、上原淳道（歴史）、岩本振武（化学）、三谷博（歴史）、古田元夫（歴史）、平川祐弘（仏語）、延廣眞治（国文漢文学）、嘉治元郎（経済）、藤本邦彦（歴史）、渡辺融（体育）、青柳晃一（英語）、義江彰夫（歴史）、相原茂（経済）、青木庄太郎（事務部長）、城塚登（社会学）、山脇直司（社会思想史）、小出昭一郎（物理）、重田定正（体育）、本間長世（英語）、湯浅明（生物）、小佐田哲男（図学）、中屋健弌（西洋史）、長尾龍一（法学）、西村秀夫（学生部教官・厚生課長）、山下肇（独語）。三〇本を越える大台はさすがに少なく、小野健一（物理）、小野周（物理）、朱牟田夏雄（英語）、玉木英彦（物理）。最多は三五本、早野雅三（学生部長）、芳賀徹（仏語）といったところである。辞典案内（外国語の辞典。二〇〇二年、四五六号から理数系も紹介）を数に入れるともっと多くなるし、現在更新中のかたもいらっしゃる。

新任あいさつがわりの「私の履歴書」（のちに「時に沿って」）と、退職時の「早春惜別」（現在は「駒場をあとに」）は、ほとんど必須となっているが、それすらも執筆されずにひっそりと駒場を過ごして去ったかたもおいでのようだ。一万近くもある記事のなかから選び出し、一冊にまとめようというのは、いまから考えるに無謀な試みであった。

この『東京大学「教養学部報」精選集』は、二〇一三年秋の教養学部報委員会で、『大学の散歩道』（東京大学出版会、昭和四一年。創刊号から一三七号までのなかから選りすぐり）のようなものをまた作れないものだろうか、という話題が出たところから始まった。「教養学部報」委員会は、もとは第五委員会という。各専攻／系から選出された教員から成り、企画会議、原稿依頼、校正を行い、年間九回発行している。三〇〇ページほどをまとめた縮刷版は現在一〇巻、平成二八年には一一巻を予定している。そこから委員がそれぞれ選び出したものを並べてみると、文理融合を謳う教養学部であるからしてバラエティに富み、時代を経てさえ色あせない、いずれも読み応えのあるものばかり。あれもこれもと詰め込みたくなるのも道理で、一冊に絞りきるまでに一年以上かかった所以である。

候補に挙がっていて紙幅の関係でお目にかけることが出来なかったものをいくつか紹介したい。「学部報創刊二十周年～思い出すままに」杤原寛雄（一七一号　昭和四五・七・一〇）――縮刷版を作るまでのいきさつや『大学の散歩道』までの道のりに詳しい。教養学部を語る「一つの秘話」竹山道雄（二五七号　昭和五五・二・一八）。青木庄太郎事務部長自らがたびたび筆を執って駒場キャンパスの「建物史」（昭和四二、他）を記してもいる。蓮實重彥（フランス語。学部長のちに総長）の映画についての話はすでにお披露目されているため収録できなかったことはいたい。

また、タイトルだけでも掲げておきたいのが「世の中には東大生ばかりがいるのではないという当りまえの話」小林善彦（仏語、二五八号　昭和五五・四・一四）。「正門ロータリーの樹」倉石晋（生物学、二二三号　昭和五一・五・一七）――毎日のように目にしているはずのこの木が何かわかる学生はどれだけいるだろうか。

駒場キャンパスの自然に心惹かれるコマバスキーは多い。「駒場と本郷」坂梨隆三（国文、四二三号　一九九八・一〇・一四）、「駒場小史」藤木邦彦（歴史、一四七号　昭和四二・四・一二）、「森と池の駒場キャンパス」倉石晋（二〇六号　昭和四九・六・一〇）、「駒場の植物」（昭和四五）などのシリーズもあって、枚挙に暇が無い。

紙面から察するに、あの南部陽一郎と同級の小野健一（物理）や、「駒場博物誌」（昭和四五）六回シリーズを手がけた小佐田哲男（図学）もコマバスキーとお見受けする。編集委員のひとこと欄は「赤鉛筆」「明暗」と名を変えて、一九七七年頃から現在に至るまでは「コーナーストーン」となっている。その名付け親である荒木昭太郎（フランス語）もそのひとりに違いない。

駒場の魅力のひとつである芸術面の二大柱――オルガン、そしてデュシャンの通称大ガラス――のほか、「知られざる傑作」市原豊太（二〇四号　昭和四九・四・一六）で中村彝の数藤先生像、「駒場の名品」シリーズ（昭和五九〜六一）でパラカスの鉢やシンプレクトフィルムを紹介していたりもする。「ステッセルのピアノ」は今でも時計台の地下に眠っているのか。紙面の片隅に時折見かけるお知らせ「レコードコンサート」（昭和四六、七年頃）は実際どういったものだったのか、体験談を耳にする機会に恵まれない。昨今、博物館では定期的に企画展が行われ、音楽面ではオルガンだけでなくスタインウェイでの演奏会も行われている。

学部報には学内の話題のみならず、外国話も多い。留学時の思い出や、学会から帰国してすぐの報告などは、インターネットのなかった時代、学生たちへの良い情報源であったことだろう。岩本振武「国際会議のヒーロー——ミラノでスリを撃退」（二八一号　一九八二・一一・一〇）ケチャップ掏摸を撃退した武勇伝まで披露している。遠方というか行きにくい場所といえば、中村純二（物理）「南極本観測〜予備観測の経験から」（昭和五四）「南極随想〜オーロラの写真」（平成三）。オーロラの先生と称されるかたで、極地にまで足を伸ばしておられる。

また、晩年にメディアで子ども向け自然科学の啓蒙に力を注いだ濱田隆士（宇宙地球）の「キャンパス内の化石植物」シリーズ（昭和五一〜五二）や、「三宅島」「三宅島その後」（昭和五八）、大島治「火砕流の話」（宇宙地球、三七八号　一九九三・一〇・一三）など、環境やエネルギー問題も取り上げたかった。特に、玉木英彦「放射能について〜最近話題になった」（物理、三二号　一九五四・七・七）もぜひともお目にかけたかった。

つい古い紙面ばかり捲ってしまったが、学部報では最新の研究話やノーベル賞についての解説も好評を得ている。こうした紙面を彩る執筆者のなかで、最も〆切破りのつわものは誰かというと、ぎくりとされるかたも多いことだろう。それを語るだけで一冊の本になりそうだ。どなたかは秘密、秘密。

まだまだ語りつくせない。『東京大学「教養学部報」精選集』第二巻が待ち遠しい。

（すずき・もとみ・「教養学部報」元編集員。在職期間一九九三年一月一八日〜二〇一五年三月末日）

※正門ロータリーの樹はシラカシ。

※目次のみ（一部は記事も掲載）〈http://www.c.u-tokyo.ac.jp/info/about/booklet-gazette/bulletin/archives/〉も併せてご覧ください。

I

「娘にはいえないインドひとり旅」ほか学問する人生に関する論考

17世紀の月面図

私の一枚

橋本　毅彦

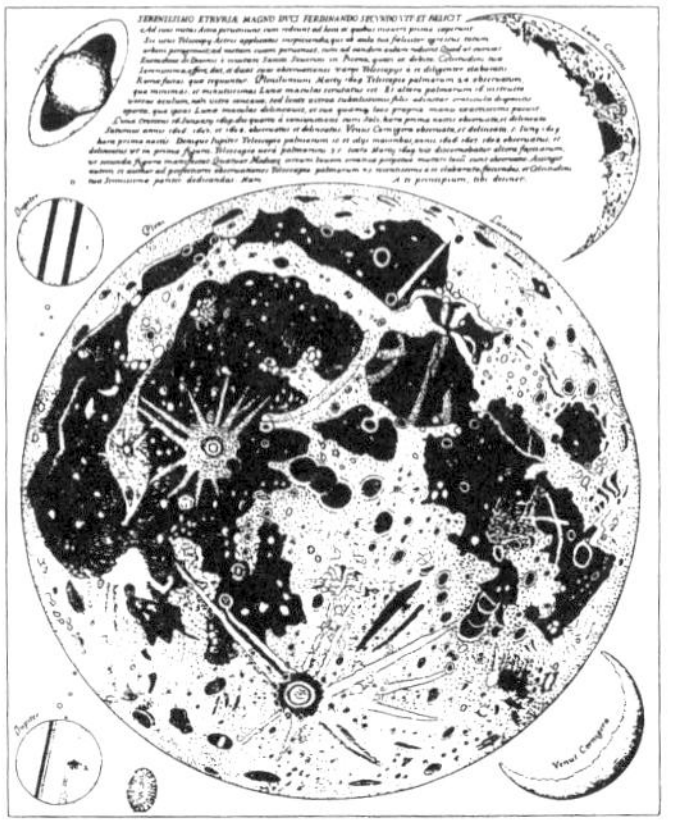

七月に「シューメーカー・レビー彗星」が木星に衝突したが、黒ずんだその衝突の痕跡に目を見張った人も多いと思う。

望遠鏡を初めて空に向け、天体を観測したのはガリレオである。彼は、木星に衛星があることを発見し、月に山や谷があることを見つけ、金星が満ち欠けすることに気づき、太陽表面に黒い斑点を見いだした。以来、彼は地動説の熱烈な支持者となり、宗教裁判にかけられるまで、雄弁をふるい地球が動くことを論証していった。

望遠鏡は、顕微鏡や真空ポンプと同様、近代科学が作り上げられていく過程における貴重な実験道具であった。しかしそれは、「近代科学の小道具」として利用されたばかりでなく、戦場での新兵器としても活用された。

望遠鏡をつくり出す母体になったのは、メガネの製作職人たちである。自分たちのギルドを形成し、レンズの研磨技術を発達させていた彼らにとって、望遠鏡の製作は自分の技術を生かせる新たな副業となった。しかも「近代科学の小道具」ならともかく、「戦場の新兵器」であれば需要は大きいし、値も高くつく。戦火の絶えない十七世紀前半のヨーロッパに、こうして望遠鏡の「ハイテク市場」が生まれることになった。オランダ、ドイツ、イタリアの職人たちは、望遠鏡の性能向上を競い合い、高度な研磨技術を発達させ、レンズの新たな組み合わせを工夫していった。

鏡を削る望遠鏡の製作職人たちの中で、一六五〇年頃に頭角を現し一世を風靡したのが、エウスタキオ・ディヴィーニというイタリアの製作職人である。掲載した図は、彼が自身の望遠鏡を覗いて書き記した月と惑星の姿である。微細に描かれたこの一六四九年の作品に、銀河系のはるか彼方を見ることに慣れた現代人も感嘆の念を覚えるのではないだろうか。

月面図とよばれるこのような図は、ディヴィーニばかりでなく他の望遠鏡職人や天文学者によっても描かれたのであるが、それは天界の神秘的な姿を表現するだけでなく、望遠鏡の高い性能を誇示する役割も果たした。高価な望遠鏡を製作し売り込むことで生計を立てるディヴィーニのような人物にとって、緻密に描かれた月面図は自分の製品の絶好の宣伝材料であったのである。

この月面図の左上に土星の姿が描かれている。この土星には、「輪」の代わりに「ハンドル」がつけられている。土星に付随して観測される物体が、実は「輪」であることを発見したオランダの科学者クリスティアン・ホイヘンスは、輪を発見できた自分の望遠鏡はディヴィーニのものより優れていると主張した。この一報を耳にし、自分の広告にけちをつけられ憤慨したディヴィーニは、望遠鏡を直接比較し、白黒つけようと申し出た。だがトスカナ公を通して受け取ったディヴィーニからの挑戦を、外交官の父をもつホイヘンスは丁重に断った。

ディヴィーニの美しく描かれた天体観測図を目の前にして、子供のころ覗いた望遠鏡に見た、繊細な月面の模様と小さな「とげ」のついた土星の姿を思い出しながら、十七世紀という激動の時代に生きた科学者と職人たちの葛藤と人間模様に思いを馳せた。

（科学史・科学哲学）

橋本毅彦「17世紀の月面図」（388号、1994年11月9日）

もう一つの「教養解体」

学部長のベトナム訪問に寄せて

古田元夫

去る五月一日から四日まで、大森彌学部長は、ベトナムのハノイ国家大学教養学部を訪問した。今回の訪問は、同学部長ダン・チャン・ファイック教授の招請によるもので、本学からは、市村宗武前学部長と私が同行した。

ベトナムが、ドイモイと呼ばれる改革に取り組んでから、もう十年以上が経過した。この間のベトナム社会の変貌は著しいが、大学も大きく変化している。

ベトナムでは、従来、単科大学が主流で、修士以上の人材養成は、ソ連などに依存してきた。しかし、ドイモイの中で、専門領域において、国際的な水準をもち、かつ大きな社会の変化に対応できる、幅広い見識と応用能力をもった人材を、自前で育成することが、大きな課題となった。

そこで提起されたのが、従来の大学をいくつか統合して大規模な総合大学としての国家大学を発足させ、かつそこに教養学部を設置するという方針だった。

これを受けて、ハノイ国家大学の教養学部が発足したのは九五年である。このハノイ国家大学教養学部は、正確には一種の「教養大学」で、その修了生には、当該国家大学以外の大学の専門課程にも進学できる資格が与えられる点は、本学との大きな相違だが、ハノイ国家大学という枠組みのなかで見た場合には、東京大学ときわめて近似した構造になっている。

そのため、発足当初から、ハノイ国家大学教養学部は、東京大学教養学部との交流に熱意をもち、九五年十月に当時の市村学部長宛に招待状が来て、同年十二月に学部長と私が訪問し、それに続いて、九七年四月には、ファイック学部長が駒場を訪問した。今回の大森学部長の訪問も、この発展として実現した。

さて、ハノイを含めてベトナム全体で五つの国家大学に設置された教養学部は、当初から、多くの難題に直面した。発足間もないことに加えて、次の二つの問題が新生の教養学部の存立を脅かした。

一つは、新生の意気に燃えた教養学部が、教養課程の修了試験を厳しくしたため、課程を修了できない、ないしは、専門課程に進学できない「教養浪人」が、多数発生して、社会問題化したことである。これは、ベトナムの教養学部が、「教養大学」であることに由来する問題だった。

いま一つは、日本に関係する話で、独自の教養学部というのは、ベトナムでは「日本モデル」と見なされていた。その日本で、九〇年代前半に、大学設置基準の「大綱化」により、国立大学教養部の解体という事態が進行したことは、ベトナムでは大いに注目され、教養学部批判の論拠になった。

今回の私たちの訪問では、ベトナム側の問題状況もふまえて、大森学部長は、日本の国立大学の教養教育をめぐる全般的情勢を紹介された。それは、「大綱化」は大学審議会や文部省が、教養教育の軽視や教養部の解体を意図したことを意味していない、にもかかわらず、東京大学以外の多くの国立大学で教養部解体という事態が生まれたのは、教養と専門の間の格差の是正という要因が作用したためである、だが、教養教育に対する責任体制の拡散は、大学院重点化の動きとあいまって、一歩誤ると、教養教育を著しい危機に追い込む危険性をはらんでおり、大学院のいっそうの拡大、学部規模の適正化が考えられている二一世紀に向けた日本の大学改革のなかでも、教養教育は大きな試練に直面している、という趣旨だった。

市村前学部長は、本学の科類編成の歴史的経過を紹介しながら、専門と教養の間の「縦割り」と「横割り」をめぐる問題が、東京大学ではどのように考えられてきたのかを説明された。

教養学部のあり方が、ベトナムでも、深刻な論争になっている折り、両先生の話をめぐっては、きわめて活発な質疑が行われた。

この訪問の後、ベトナムでは、先に述べた「教養浪人」の問題を軸にして、大学教育を教養―専門の二段階に峻別している現行制度への批判が、国会の討議で噴出し、政府は、この二段階方式を、一律に各国家大学に求めない方針を提起するに至った。これを受けて、ハノイ国家大学でも教養解体の方向で事態は進んでいるという。

大森学部長の話も含め、日本の状況について正確な情報が伝わったこともあってか、ベトナムの国会での議論では、日本で云々という話は出なかったと聞く。しかし、日本の「教養解体」が、ベトナムの教養学部の実験を短命に終わらせる、遠因になってしまった面は否定できないだろう。

私たちのベトナムとの交流では、大学組織のあり方は、ベトナムの内部問題であると考え、これにはできるだけ立ち入らずに、より広い、大学における教養教育と専門教育の結合のあり方での経験交流に力点を置いてきた。本学の学部長の訪問も、教養学部を窓口とはしたが、ハノイ国家大学全体との交流という性格をもっていた。

駒場の学部長が、二回も連続して、交流協定を結んでいるわけでもない、外国の大学を訪問することは、きわめて異例なことである。今回のベトナム版「教養解体」にもかかわらず、ハノイからは、熱いまなざしが、引き続き本学に向けられている。ハノイの教養学部の先生方との、教養学部同士の交流がなくなるのは残念だが、今回のベトナム政府の方針も、教養教育の軽視を趣旨としたものではなく、今後も、大学教育のあり方をめぐる、ベトナムとの交流は、双方の切実な課題をめぐって発展することが期待される。

（地域文化研究専攻・歴史学）

四二四号　一九九八年一一月四日

変わる駒場、変わらぬ駒場
〈駒場をあとに〉

木畑洋一

駒場を去るにあたって、駒場での自分の棲息年数を数えてみたところ、約三十三年という数字を得た。一九六五年に文科一類に入学し、後期課程も大学院も駒場で過ごし、博士課程を中退して駒場の助手になった私が、他大学での六年間の教員生活を経て駒場に戻ってきたのは、一九八三年のことだった。その時からでもすでに四半世紀が経つ。外国で過ごした計四年弱を引いた年数が、三十三年というわけで、長くいたものだと我ながら改めて感心している。

そのように長期にわたる駒場との関わりであるが、大半の期間、駒場の大きな動きや変化を自分は土俵の外から眺めていたことが多かった、という思いがある。

一九六八年から六九年にかけての「大学紛争」は、駒場をも激しく揺り動かしたが、その最中の六八年秋から六九年夏にかけて、教養学科四年生であった私はイギリスへの最初の留学に出かけていた。六九年一月の本郷安田講堂への警察機動隊による攻撃の場面は、留学先のウォリック大学の学生会館でテレビニュースとして見た。まだ新しい建物だった駒場の第八本館(現在の八号館、この建物も最近の大幅改修で面影は変わってしまった)が学生によって占拠された様子は、自分の眼で見ぬままに終わってしまった。激動の駒場に身を置かないで、「紛争」の余燼がくすぶる中に戻ってきてみると、いろいろな人間関係が留学への出発前と著しく変化しており、自分は部外者になってしまったといった気持を何となく抱いたものである。

時は移って一九九〇年代、駒場では、大学院重点化と前期課程のカリキュラム大幅改編という変革が実現し、他方では駒場寮廃止問題をめぐる緊張が続いた。駒場にどっぷりつかっているような顔をしながら、私は、深い所には関わらないままでこの変化の時を過ごした。改革を推進した渡邊守章先生(渡邊先生は私の教養学部一、二年生の時のクラス担任だった)率いる精鋭グループの活動は、横目で見ているだけであったし、駒場寮についての特別委員会の方々のエネルギッシュな動きに感心しながらも、廃寮問題をめぐる動きでも周縁部にいつづけたのである。「大学紛争」時と重ね合わせて、駒場の変化への自分の関わり方に後ろめたさを感じないわけにはいかない。

そのような私が、学部の執行部に入ることになったのは、全く想定外の出来事であった。忘れもしない二〇〇二年一月のある日、九・一一直後のアメリカで在外研究を行っていたバークレーの私のところに、当時の古田元夫学部長からの電子メールがまず舞い込み、次いで電話がかかってきて、教授会で評議員に選出されたことを知らされたのである。その二ヵ月後の三月三一日に帰国し、翌四月一日から、それまで余り縁がなかった学部長室に出勤することになった。その直前に、駒場寮廃寮問題は一段落していたが、学部長室ではしばらくの間、折に触れてその話題が交わされていた。それを聞くにつけ、自分がいかに駒場の変化の軸から距離を置いていたかと、改めて思わざるをえなかった。

評議員を二年間、そして一年弱の間を置いて研究科長・学部長を二年間と、駒場勤めの最後の時期のかなりの部分を、思ってもいなかった役職について過ごすことになったわけだが、その間は当然のことながら、駒場の変化のただ中に身を置かざるをえなかった。評議員に成り立ての時に携わった法人化に向けての中期目標・中期計画のとりまとめに始まるその四年間の諸々の仕事を想起してみると、とにかく走りつづけただけという感が強い。

私が評議員・研究科長をつとめていた期間は、施設面だけをとってみても、先人たちがまいた種が続々と収穫され、駒場が新たな相貌を示しはじめる時期に重なった。駒場図書館や一八号館、さらにはコミュニケーション・プラザの完成、旧図書館のアドミニストレーション棟への改修、ファカルティ・ハウスの建築・改修などである。こうした面で、駒場は大きく変化しているという実感をもつことができたのは、幸運だったといってよい。

同時に、駒場が変わらぬよさを相変わらずもちつづけているということも、学部長室での仕事を通じて改めて強く認識した。若さの横溢するキャンパスとしての駒場の雰囲気は、一貫して変わっていないが、一九九〇年代の大学組織変動期に教養学部という組織を堅持してきたことが、その若い活力を支える力となっていることは、教養教育組織をいったん解体した他大学の方々との接触の中で繰り返し感じた点である。

ただ、教養学部組織を守り、その内容を充実させながら、さらに大学院を強化していくという「三層構造」発展の要請が、駒場で働いている教職員の負担を増し、多くの面で余裕のある時間を奪ってきていることもまた、否定できない現実であろう。私が評議員であった時、英語部会（かつての英語教室）のメンバーであった本間長世先生と小田島雄志先生が同時に文化功労者に選ばれるという快挙があった。私が一九八三年に駒場に戻ってきてから、何年間かは同僚としてご一緒させていただいたが、昼休みに教員談話室で両先生の冗談のやりとりを楽しみながらゆっくりと昼食をとる、といったその頃の雰囲気を今の駒場で求めることは、至難の業になってしまった。日本社会全体がゆとりを失い、せわしくなってしまっていることの反映でもあろうが、駒場での教育と研究の変わらぬよさを維持し、さらに強めていくためには、どこかで余裕の回復が必要ではなかろうか。これは、駒場に長年棲息しながら、駒場の変化に関わることが少なかった者の繰り言である。

（国際社会科学専攻／英語／アメリカ太平洋地域研究センター）

五一八号　二〇〇九年二月四日

駒場でしてもらいたくないこと、してもらいたいこと

山影　進

私がみなさんの年頃だったときは、若い世代の既存の社会秩序に対する反発・抗議が流行った時代で、この教養学部の学生も無期限ストに入りました。授業を受ける権利の放棄なのでストと呼ぶのは変ですが、ともかくそういう言い習わしでした。今の駒場キャンパスからは想像できない荒れ方でした。教員と学生の関係も学生どうしの関係も荒れていましたが、建物の外も内も荒れていました。その当時の学部長は大変だっただろうなあと、同情の念が湧いてきます。みなさんは決してそのようなわけのわからないことはしない、と信じています。とくにキャンパスを汚すようなことはしないでくださいね。

ストやバリケード封鎖が大学だけでなく高校でも起こりました。昔は高校生も元気だったんですね。私が卒業した高校でもまもなくストが起きました。それに参加した後輩が最近テレビで語ったところによると（その人物は当時から学校内で有名でしたが、その後超有名になりました。）、人間が人間を評価できるのか、と試験廃止・成績表廃止を要求したのだそうですが、先生の対応がとても真摯で、実り多い時期だったという記憶が残っているそうです。（立派な先生が私の母校にいたんだなあ。）

人間が人間を評価できるのか、というのは根源的な問いです。（ませた高校生たちですね。）あなたの答えはイエスでしょうか。それともノーでしょうか。私自身、確たる答えは持っていません。試験を含めていろいろな評価を行ってきましたが、はっきり言えるのは、それは人間を評価してきたのではないということです。

みなさんは東大入試という関門を無事通過してきたのですから、高い評価を受けたわけです。それを否定したりはしませんよね。私も否定しません。しかし評価されたのは人間としてのみなさんではありません。限られた教科の限られた範囲についての能力が評価の対象です。今まで受けてきた評価も、そしてこれから受ける評価も、限られた分野・範囲についてだけです。

将来、他人を評価する立場に身を置くこともあるでしょう。その際、人間のごく限られた部分しか評価の対象にならないことを忘れないで下さい。

東大生になったことに誇りを持つことは大いに結構です。しかし東大合格という評価は、あなたという人間の評価ではありません。謙虚な気持ちを持って、まともな大人に、そして日本を代表する市民に成長するように心がけてください。東京大学が教養教育（リベラルアーツ教育）を重視しているということは、社会に巣立っていくときのみなさんが学業成績の優秀さしか取り柄のない人間であってはならないという決意の表れであると言い換えても良いでしょう。与えられた課題に、より短時間に、より正確な解答を出す能力以外の能力を培ってもらいたいのです。

濱田純一総長の下で東京大学は「タフな東大生」の育成をめざしています。東大に入学した学生全員が所属することになる教養学部は、インキュベータの役割を果たしていきます。従来から教養学部は、東京大学でのリベラルアーツ教育の責任母体として、全国の大学のモデルとなるような教養教育を、技法と内容の両面で、開発してきました。今年度からは、とくに高度化と国際化をめざすことになりました。みなさんは、こうしたさまざまな新しい取組の受益者であると同時に実験台にもなってもらいます。タフな授業も待ち構えています。

教養学部のある駒場キャンパスは、みなさんを学力だけでなくそれ以外の能力も磨くための場として年々すばらしくなっています。四〇年前はもちろんのこと、五年前と比べても見違えるほどの変貌を遂げています。キャンパス東側には、使い勝手の良い図書館や、学生の課外活動をサポートするさまざまな施設が整備されました。キャンパスの西側には、人工芝のグラウンドが二面できました。一年後には、教養学部のさまざまな「思い」が詰め込まれた「理想の教育棟」の第一期棟が完成する予定です。このような施設を大いに活用して、生涯の友人を作り、仲間と切磋琢磨してください。

冒頭で触れた時代に「戦争を知らない子供たち」という歌が流行ったことがあります。「戦争」というのは第二次世界大戦のことで、「子供たち」は今では六〇歳代前半です。みなさんは、第二次世界大戦後まもなく始まり、四〇年以上も続いた冷戦を知らない世代ですね。「戦後」という言葉の意味内容もみなさんとわたしとでは違うでしょう。ちなみに歌自体は、戦後苦労してきた親の世代が自分たちを批判することに対して反発する内容です。作詞した人は医者になり、今は九州大学の教授です。

ところで十二月八日は何の日でしょう。私が思い浮かべるのは「真珠湾」です。以前学生に質問したところ、ジョン・レノンが暗殺された日という答えが大多数でした（正確にはニューヨーク時間なのですが）。このような世代間の認識ギャップは、「ドッグイヤー化」の時代にあって、ますます大きくなるだけでなく、「世代」として括れる期間自体がますます短くなっていくにちがいありません。できあいの教養を受け入れるのではなく、みなさん自身が、自分にとっての教養とは何かを模索する必要もあります。

変化が速くなる時代にあって、将来の不確実性はますます大きくなります。正解の見えない将来の課題に対して、自分ひとりだけでなく社会として取り組むための知恵を、これから身につけて下さい。まもなく、みなさんは自分の決定と行為に責任を取る（取らされる）成人になるのです。駒場キャンパスでこれから過ごす二年間（教養学部後期課程に進学すれば四年間）を有意義に過ごして下さい。

（教養学部長／国際関係）

五二八号　二〇一〇年四月七日

本を読んだ記憶
経済学と統計学を学びはじめた頃

中村隆英

十年前私が旧制東大の経済学部に入学したころの読書はまずいろんな傾向の本の乱読ではじまった。経済学部に入ってまず読んだのは、河上肇氏の「経済学大綱」上下（三笠文庫）であった。この本は、いまでも、マルクス経済学を学ぶ人にとってそんな時代おくれではないよい入門書になると思う。同じ著書の「第二貧乏物語」や「資本論入門」よりは、はるかに体系的でまとまった名著だと思った。

その時分は、マルクス経済学と近代経済学の「結合」などということばがよく使われていたころだったから近代経済学の本も読みたいと思って、中山伊知郎氏の「純粋経済学」（岩波全書）を手にしたのはそのすぐあとだった。理科出身の私には、この本は割合にファミリアで、限界理論の体系を美しいと思った。ただし、この体系を、日本の現実にどう適用するのかは、とんと見当がつかなかったけれども。

この二冊の本は、いまでもなつかしい思い出をのこしてくれた入門書である。今では、もっとよい入門書がそれぞれの分野に出現しているようだが、とにかく、経済学への関心をかきたてられた点で記憶に残る本である。書き忘れたが、大塚久雄氏の「近代欧州経済史序説」（弘文堂）も当時の私が愛読した書物であった。

こんなふうにして乱読をつづけるうちに、とにかく古典を読まなくては、という気もちになった。長谷部訳の「資本論」が自評から出はじめたころで、それを買ってきてよみはじめたのはその夏である。「資本論」は河上さんの本のようにはいかなかった。私は何度もそれをなげだし、また読もうと努力した。旧制高校の学生が、ムリにカントやヘーゲルを読んだ、わからなくても読んだことを誇るためだけに読んだという話があるが、私の「資本論」もややそれに近かった。とにかく、それを一度読了するためには一年位かかった。「資本論」をときどき読み返すと、そのたびに、こんな事が書いてあったのか、と思うような意味深い章句にぶつかる。当時の私にはそんな余裕はちっともなかった。むしろ、その難解な表現の中で、文脈を追うのにせい一杯であった。しかし、その努力は、ムダでなかったように思う。古典に近ずく道は、とにかく一度読み、しばらくほかの本をよみ、またくり返すほかにないからである。

「資本論」を読んでいたころに、二三人の友だちと、ケインズの「一般理論」の読書会をはじめた。これも厄介だった。「一般理論」は、専門家に読んでほしいと序文にことわってある通り、難解で定評がある。私たちは一年位くるしんだあげく、半分ほど読んだだけで匙をなげた。もっとも、ケインズの解説書は二冊位読んだから、わかったような気はしたものの、さて本家本元にぶつかると手も足も出ないのであった。

古典が（マルクスはもちろんケインズも古典だとみての話だが）難解なのは、その複雑なニュアンスにある。古典が古典たるゆえんは、それがそのときどきにおいて画期的な思想をうちだしたところにあるのは無論のことだが、それと同時に、その思想を生みだす母胎となった伝統的な思想との闘いや、現実の抽象のしかたについてのためらいのあとを行間ににじませているところにもある。その努力は容易ではないし、その克服の過程を書きあらわそうとすれば、その論証は屈折をきわめたものにならざるをえない。古典を学ぶことはこの過程を著者といっしょに辿ることである。それが、時の解説者の手にかかると、古典のもつ苦しみは失われ、ととのった一つの理論体系が表面にあらわれる。それはきわめてとりつきやすい。河上さんの本や中山さんの本はまさにそれであったし、ケインズの解説書（たとえばクラインの「ケインズ革命」有斐閣や、ディラード「J・M・ケインズの経済学」東洋経済）もそうだった。よく、マルクスより極端なマルクシストや、ケインズより徹底したケインジアンが出現するのは、古典のもつこのニュアンスを忘れたためである。何を学ぶべきかを知るために、とりあえず入門書を乱読することはよい。しかし、そのあとでは、古典を精読すべきであろう。

社会科学の古典には、それぞれの前提があり、解明しようとするねらいがあり、限界がある。その範囲をこえた理論の乱用は、理論の自殺にほかならない。

大分話がよこ道にそれたから、ここでまた私の読書歴にもどろう。そのころの私は、増山元三郎先生の推計学の非公式のゼミ（単位のないゼミ）を聴講していた。そのテーマは、R・A・フィッシャーの「研究者のための統計的方法」（[原記事空欄]）の輪読だった。フィッシャーの本は難解で有名だったし、増山先生は峻厳だった。いまでこそ、津村善郎氏の「調査の話」（東洋経済）や「標本調査法」（岩波全書）、松下嘉芽男氏の「統計入門」（岩波全書）ウィルクスの「初等統計解析」（東大出版会）、ホーエルの「数理統計学入門」（科学新興社）などこの分野の恰好な入門書があるけれども、増山先生の「少数例のまとめ方」（河出書房）北川敏男氏の「統計学の認識」（白楊社）

位しかまとまった参考書のない時分だから、フィッシャーの本にはずい分泣かされた。フィッシャーの本には、証明が書いてないで、計算例だけがならんでいるのである。これもべつの意味での一つの古典であるが、これには、フィッシャーといっしょに、その思考過程を推測するという至難な課題が課せられていたのであった。うつり気な私は、もう一つ、日本経済の発達史にもつよい関心をもっていた。それは、入学前にある友達から、いわゆる資本主義論争の話をきかされていたからである。土屋高雄氏の「日本経済史概要、正続」（岩波全書）や野呂栄太郎氏の「日本資本主義発達史」（岩波）、山田盛太郎氏（当時の「経済原論」の担当教授）の「日本資本主義分析」（岩波）などは、そのころよみあさった書物であった。山田氏の「分析」は名著であるが、きわめて難解な書物であって、その判らないことが、ひときわ当時の読書欲をかりたてた。楫村、大内、大島、加藤四氏の「日本における資本主義の発達」（東大出版会）はそのあとで出た本とおぼえている。

経済学部一年生の私の読書歴は、こうしてすぎていった。不思議なことに、日本の現実の経済に対しては「経済白書」にも、日々の新聞にもほとんど関心がなかった。いわゆるドッジ・ラインのもとで進行しつつあった深刻な不況も、私はほとんど知らなかった。それは、現状を理解する力がなかったためでもあったが、いま一つはそんなものは理論さえ学べば一ぺんにわかるという誤解があったことも争われない。その時分の私は、何かうまい公式を見つけさえすれば、経済現象の一切はたちどころに明らかになると信じきっていた。本をよめば、それが書いてあると思いこんでいたのである。同じように、日本の経済に対しても、何かのシェーマをあてはめさえすれば、何でも割り切れると確信していたのである。それは、社会科学のあらゆる理論が、それぞれ特定の前提をもつこと、それは現実とはある距離をおいていることを忘れていたために生じたきわめて幼稚な誤解である。けれども、一面では、その誤解のおかげで、そのころ読んだ本の印象は今でも新鮮で、私の考え方に強い影響を与えていることは否定できないように思う。理論の限界などをしょっちゅう考えるようになってから読む本は、めったに感激を湧きたたせてはくれないからである。その意味で私には、あのころの読書の記憶が、地下食堂の一パイ二円（三円？）の味噌汁の記憶とともになつかしいのである。

（経済）

八一号　一九五九年一二月一一日

紀元二千年の日本

衛藤瀋吉

未来学会の会員でもあるし、かつて日本経済研究センターが行なった三十年後の予測をお手伝いしたこともあるので、紀元二千年の日本についてシナリオを作って見た。夢物語にしか過ぎぬものではあるが、ただ一つ確実にいえることは、この通りには絶対ならないであろうということである。

厳しいしつけの中年ぶとりの両親

紀元二千年の日本は仙台から久留米を結ぶ海辺地帯に都市のスプロール現象がひろがり、その他の地帯には数百の田園都市——ドイツのウォルスブルグのような——が形成されるであろう。軽工業はほとんどアジアの他の諸国に移されてしまうが、重工業は今日も紀元二千年もあまり変らないであろう。亜鉛、鉛、ニッケルなどの資源涸渇はあるが、まだ重工業の様相を一変せしめるまでにはいたらない。日本の主力産業は情報知識産業になる。

日本人の身長はいっそう大きくなるが体力はいちじるしくへる。特別に選ばれたプロおよびなかばプロ的な運動選手を除けば、大多数は首と手足が今より細くなり背は高くすらりとなる。しかし中年になると栄養過多のためにたちまち肥満してしまう。一キロメートル歩くこともかれらにとっては大事業となる。

今日のところ欧米人は中国人と日本人を区別することが困難であるが、その頃はやせて筋肉質なのが中国人、か細い青年か、ぶくぶく肥っている中年は日本人という区別がつくようになろう。日本人も中国人もともに全世界、特に発展途上国において活躍し、今は強く日本人の心理にある白人コンプレックス、中国人コンプレックスは三十年後にはほとんど残っていない。家庭では五十代、六十代の両親が子供に対して大変厳しいしつけを行なうのがはやりになる。両親たちは自分たちが若い頃、甘やかされて過保護に育てられたことを悔み、自分の子供たちは逞ましく育てようと決心しているのである。にもかかわらず日本はなお高い生産力を維持しているために、生活は豊かで多くの若者は働らくことを欲せず遊民化する。かれらの祖父母の世代まで身につけていた勤倹貯蓄、刻苦精励の習慣が完全に失なわれてしまう。年寄たちはなお酒をのみタバコを吸う悪習を持ち続けるが、国民の大多数はマリファナやその他の新しい嗜好をもつ。両親は子供を欲せず、人口増率はマイナスになるであろう。

静かに衰えはじめる日本経済

社会科学者やジャーナリストは、日本がこのまま静かに人類の歴史から消え去ることによって、中国、インド、インドネシア等に歴史の主役を譲るべきか、それとも依然として人類の第一線で活躍すべきか熱心に論争している。この頃になると日本の経済力は静かに減衰しはじめる。理由は三つある。第一は過去に日本の経済成長を支えてきた技術革新が、豊かさの故に研究者がなまけ者になるので、この頃になるとあまり進まないであろう。第二には、同じく過去の経済成長を支えてきた日本の労働力の質の良さが、低下するであろう。のみならず第一表のとおり、今は、日本人労働力一人あたり一・九人を扶養すればよろしいが、紀元二千年には二・二人を扶養しなければならない。すなわち、他の条件にして同じならば労働力の質はいっそう良くならなければならないはずである。質が良くならないとすれば、経済成長は下るであろう。第三に、今まで日本を支えてきたアメリカを始めとする自由な貿易制度が次第にこれから保護貿易に変り、したがって日本の経済活動に枠がはめられるであろう。

このように窮屈になったからといって日本がまた領土拡張を始めるであろうか。たしかに日本は今でも、この狭い国土でぎりぎりのところまで、生産力をあげているかに見える。今可耕地だけをとり上げて、各国における単位面積あたりの生産力を計算して見ると、第二表のようになる。しかし日本人は他人の領土を侵略することによって自己の生活程度を上げることよりも、むしろ社会のシステムを改良することによって、その目的を達成しようと努力するであろう。というのは第三表が示す通り日本人の生活の海外資源への依存度は今日でも非常に高い。今後その依存度はいっそう高まるであろう。

これらの産物は全世界から日本に集まってきているのであるから、ここで国際環境を軍事力によって強力に変更しようとすれば、この資源供給のネットワークがどこかで大きくほつれざるを得ない。それは日本人にとって大きな賭である。それ故、このような賭よりも、窮屈ながら安全な方を選ぶ。すなわち、国際環境が次第に日本の経済活動にとって不利になって行くのをじっと耐えながら、国内の社会システムを改良することによって高い生産性を維持しようとするであろう。

日本の国際環境は今後三十年あまり変らない。東アジアで戦争はおこらず、核兵器は使われない武器となる。アメリカ軍はアジアから完全に去り、日本と中国、北鮮北ベトナムとの平和共存は定着し、南北朝鮮の平和共存も定着する。したがって、世界各地で中国人や北朝鮮人と日本人とが協力して、あるいは技術協力を行ない、あるいは国際会議において活躍するという風景が見られる。いくつかの危機を乗りこえながら長い時間かかって、南北朝鮮の関係は東西両ドイツの関係のようになる。

自然環境を問えば、まず炭酸ガスの増大の問題がある。しかし、大気中における炭酸ガスの増加は、なお極地の温度を上昇させる程にはならず、したがって日本の地形が変るような変化は起らないであろう。紀元二千年に至るまでの間、日本は一方で道路システム、下水道、上水道等の設備でアメリカに追いつこうと努力し、ようやくそれを達成する。その間、どの先進国もまだ経験しなかった自然破壊、資源涸渇、水の汚濁、化学薬品の充満、光化学スモッグ、等々を処理して行かなければならない。おそらくこれに成功するであろうが、その課程で絶えず遊民の叛乱、都市ゲリラ——その攻撃目標は大学にはじまり、基地、公害会社、そして要人襲撃となる——議会政治の危機等に見舞われるであろう。にもかかわらず議会政治は紀元二千年にも続いており、それを、主として支持する者は中年の職業人及び人生の経験を多く経てきた老年層であり、青年は主として反議会主義に走るであろう。両親の努力にもかかわらず、その豊かさの故に次の世代はむら気で利己的になるを免がれないであろう。老人たちは孤独にさいなまれ自殺がふえる。

第Ⅰ表　人口及び就業人口（単位百万）

	人口（A）	就業人口（B）	A／B
1972	105	53	1.98
2000	131	59	2.22

第Ⅱ表　可耕地1平方マイル当りの生産性（1970年のデータ。1970年の為替レートで計算。単位百万ドル）

日本	5.8	オランダ	3.1
米国	0.5	ベルギー	3.7
英国	1.6	スイス	2.0
西ドイツ	2.7		

第Ⅲ表　日本の外国産品への依存度（1970）

棉花	100%
羊毛	100
ボーキサイト	100
ニッケル鉱	100
原油	99.5
鉄鉱石	98.5
大豆	93
植物油	87
石炭	83
小麦	80

かくして紀元二千年を過ぎて日本の衰退は次第に加速されて行く。ハーマン・カーンが謳った「二十一世紀は日本の世紀」というはやり言葉は、むなしく夢と去ってしまうのである。

（国際関係論）

一九〇号　一九七二年九月一六日

「君命」を辱しめず

滞米雑感

平川祐弘

一昨年八月末、国際交流基金から派遣されて私はワシントンのウィルソン・センターへ行った。それから半年ほど後、私の恩師で『ロシヤにおける広瀬武夫』(朝日新聞社)の著者島田謹二教授はパリ大学へ派遣され、帰国の後、三時間にわたり講演され、

「君命を辱しめないで戻れたことを喜びとしている」

と明治生れの教授らしく挨拶されたという。その模様を報じた若い同僚の手紙の末に、

「アメリカにおける平川祐弘はいかに?」と書いてあったので、悪戦苦闘中の私も自己採点を迫られた気がした。大学教授の外地における活動や不活動も、学生にとっては先輩という「己のやうな奴の少しえらいの」の行動として、多少参考になる節もあろう。二十ヵ月の忙しかった米国生活を振返り、国際交流の実態に率直にふれてみたい。

仏伊独の留学生活を加えると私の在外生活はこれで八年以上になる。しかし英語国の長期滞在は実は今回が初めてで、当初はいろいろ辛かった。ワシントンへ行って半年後、シカゴ大学へ呼ばれて講演したころは、内心「質問があまり出ないといいな」と思っていた。英語の講演はあらかじめ準備しておけば問題ないが、質問にはその場で応じなければならないからである。それは去年の二月のことで、シカゴ大学の周辺には道路の両脇に雪がいっぱい積っていた。約五十メートル置きに非常用電話が立っているのは、キャンパス内で女子学生が襲われるのを防ぐためと聞いた。それが四月にメリーランド大学で発表した時は、後に『新潮』にも発表した、日本の終戦にまつわる刺激的な内容だっただけに、三十分ほど質疑応答を交わした。そしてアメリカ生活になじむにつれ、質問が逆に待遠しくなった。六月にブルッキングズ研究所で講演した時は、主催者がテープを取ったので、後でそれを聴いたが、自分も図々しくなったもので、返事に冗談を混ぜている。その講演テープを米人速記者が

おこしたのも見せてもらったが、固有名詞をはじめ「不明」という空欄がいくつもあった。とくにleadingといったつもりがreadingとタイプされていた時は、自分の発音の悪さを思い知らされた。フランス語だとlとrを区別するのがまだしも楽だが、英語だと綴りを知っている単語は別だが、初耳の固有名詞を聞きわけることが私にはできない。lとrは本学部の英語教授の大半も聞きわけることができないのが真相ではないかと思う。六歳の三女は聞きわけることができるようになったが、十二歳の長女は一年半たってもよく区別がつかなかった。

ところで講演速記録に「不明」という空欄がいくつもあった、と書いたが、その先を読むとアメリカ人の聴衆の質問部分には、マイクから遠かったせいか、さらに多くの「不明」の箇所があった。外国人の英語の方が聞きやすい場合もないわけではないのである。

だんだんと公開の席へ呼ばれる回数がふえるにつれ、幼時以来の緊張して話した時の思い出がよみがえった。戦時下の日本で、小学校の先生が出征した時、級長の私がほとんど準備するひまもなく全校生徒の前で送別の辞を述べるよう命ぜられたこと、また昭和十七年二月十五日シンガポールが陥落し、その三日後の第一回戦捷祝賀会の日に東京の小学生を代表して日本軍に感謝する放送をしたこと――そうした「大東亜戦争」にまつわる記憶が、アメリカへ来たためによみがえったのは、我ながら驚きであった。もっとも妻もＹＷＣＡの英会話のクラスで「依子、今日は何の日だ。Remember Pearl Harbor!」と年配の米国婦人にやられて驚いて帰ってきた。

日本人が英語会話が下手なのは、実はもともと日本語会話が下手なためである。筆記試験だけでなく口述試験にも重きを置くようにすれば、日本人もいま少し社交的に口達者になるのではあるまいか。小林善彦教授が「学部報」に書いておられたが、東京大学にもっと外国人学生を入れて、学生がふだんから異質の人間と接触できるような環境を造らないと、経済大国日本は自己表現の力を欠いた、ますます畸型な、国家となるおそれがある。そのためには入試のパターンを時々変え、面接など、従来とは異なる窓口を作ることが必要なのではあるまいか。また学生諸君も在学中になるべく国外へ旅行に出、一年くらい留学してきてはいかがであろうか。親を説得するには「可愛い子には旅をさせよ」という諺もある。

ライシャワー教授の*The Japanese*は、日本人の英語下手について、すこぶる刺戟的な書物（ハーバード・ペーパーブック）で、日本の歴史学者で、西洋史、日本史をふくめて、英語でまともに議論できる人は数人しかいないようなことが書いてある。米国人の歴史学者で日本語で論文を書ける人が何人いるか、とこちらが切りかえせば泥試合になろうが、しかし東大教授も、商社員も、外交官も、けっして外国語で自己を表現するのが達者でないことは事実である。教養学科の第一回卒業生などが多少とも外国でも活躍しているのは、あくまで「日本人としては上手」、という稀少価値のおかげでしかない。
去年の春と秋にはインディアナ大学の会議に招かれ、秋にははからずもそのライシャワー教授の講演のコメントをする破目となった。武ばったたとえで恐縮だが、B29爆撃機にたいする日本の飛燕型戦闘機の挑戦のようなもので、長く交戦すれば非力のこちらは燃料が切れる。二十分弱のコメントだったが、ジョークとユーモアで硬い内容を包んだせいか、満場沸きに沸いた。その時は、「ああこれで自分も日本へ帰っていいな」という思いがした。

私はその時、アメリカ人はいつまでも「真珠湾を忘れるな」としつこくいうが、軍人対市民の死傷率という比較枠を用いて再考すれば、日本海軍のパール・ハーバー奇襲については、歴史に残る他の大空襲に比べて、別様の評価もありうるのではなかろうか、と言ったのである。毎年十二月七日になると肩身の狭い思いのする日系の人々は喜んでくれた。（その私のコメントは全文アメリカの学界誌に載っている。アメリカにも度量の大きな教授はいるのである）。

私のように個人の品位だけでなく国家の品位ということも心のどこかで考える人間はナショナリストと目されるだろうが、外国語で論ずるとなると、舌足らずになりがちで、不愉快の印象を与えたこともあるいはあったかもしれない。しかし第二年目に私をプリンストンへ招いて、ピンチヒッターとして演習まで受けもたせたアメリカ側諸教授は、ジャンセン教授、マイナー教授、リュー教授、コルカット助教授も、（あちら風な自己顕示的な言い方をさせていただけば）平川祐弘が日米国民の税金を無駄使いした男とはよもや思わなかったであろう。

滞米一年目と二年目の間の夏休みに、ノース・キャロライナの海岸へ五日行った。その時は娘たちと一緒に大西洋の大波に揺られて、鷗の声を聞いて、陽に焼けて、大きな海老を食べて、楽しかった。冬になってからもそのナッグズヘッドの旅の日の写真を見返すと、楽しさがしみじみと体内から湧きあがった。私はどうやら外国へ行って、その土地の海で泳ぐと、その国がアット・ホームに感じられる性分であるらしい。

（フランス語）

二五二号　一九七九年七月一日

日本人と法
〈公開講座〉

長尾龍一

一、権利のための闘争

私たち、終戦直後に少年時代を送った者は、子供の頃からくりかえし次のような言葉をきかされてきた。

「だいたい日本人は、遠慮をしすぎ、主張すべきことも主張しない。集会でも前の席はガラガラで、うしろの方にコソコソ集まる。意見があってもその場でいわず、あとでグズグズいう。こういうふうだから長いものに巻かれろということになり、封建的人間関係がいつまでも続き、軍国主義者のいいなりにもなったのだ。未来を担う諸君は、民主国家の国民として、堂々と意見を主張し、権利のために闘う者とならねばならぬ」

『権利のための闘争』というイェーリングの著書は、法学部学生の必読書とされ、「jus. droit. Recht などの西洋語が示すように、権利主張とは法を、正義を主張することであり、権利のために闘う者は、単なる利益でなく、公共的正義のために闘う者である。権利を侵されて泣き寝入りする者は、不正の容認者として、正義の秩序を害する者である」というような解説が、大ていの法学入門書にみられる。イェーリングはそのことを示すために、次のような英国旅行者の例をあげている。

彼は、宿屋や馬車ひきに金を欺しとられると、滞在日程をのばし、その十倍もの費用をかけてこれを争う。人々は彼を理解せずに笑うが、彼こそが真の権利のための闘争者である。

フォークランドという遠い小さな島のために、巨費を投じて大軍を派遣した英国の行動も、この英国魂の一表現形態かも知れない。

それはともかく、私などは当時、これからは民主主義の世の中になって、講演会の席は前から埋まり、会議では皆がドシドシ発言し、裁判所も権利のための闘争者で満員となるのかとばかり思っていたが、必ずしもそうでもないらしい。よそで講演などする時にも「別に毒素は発散しませんから」などといわないと、前の席が埋まらないこともある。ゼミなどで意見を訊いても何もいわないのに、あててみると色々意見をもっている学生が多い。存外日本人は変っていない、という感じもする。

二、訴訟の好き嫌い

一時流行した日本人論への反動として、「日本人が非常に変った民族だと考えるのは、日本人の自意識過剰に過ぎない」という議論が最近多い。確かにそのような批判があたっている面もあるが、民事訴訟の数が非常に少ないという統計的事実は、単なる思い過ごしではない。田中英夫教授は、人口五五〇万のマサチューセッツ州の第一審の民事訴訟が年間二十数万件、一億の人口の日本では一七万五千程度という数字をあげておられる(『アメリカの社会と法』二五一頁)。弁護士数、民事訴訟の件数は、日米でだいたい人口あたり一対二〇だといわれている。

英米でも、必ずしも訴訟が非常に崇高な行為と考えられている訳でもないようで、シェークスピア『リア王』の中では、ケント伯がオズワルドを action-taking knave と罵り、訴訟すること自体が悪党だといわんばかりである。『英米法辞典』の「俗諺集」をみると、Law is a bottomless pit とか、Lawyers' houses are built on the heads of fool とか、訴訟の愚かさを説くものも多い。

アメリカでは弁護士が過当競争で、いつもどこかに事件がないかと眼を光らせている。交通事故で最初にかけつけてくるのは保険屋と弁護士の車だという話もあり、弁護士は「どうか私にお任せ下さい。負ければ礼はいりません」と、虫の息の被害者にいう。庶民の方でも、旅行先のプールに飛び込んだら浅くて怪我をしたとか、親を保護義務違反で訴えた少女とか、収入が少いのは教育が悪いせいだと母校を訴えた大工さんとか色々いるらしい。

三、日本人と訴訟

日本人が民事訴訟を好まない理由も、色々考えられる。「起ったことは起ったこと」とする諦めのよさ、法廷で自己主張することの気恥かしさ、民事の裁判官も刑事の裁判官と同じように当事者を叱るのではないかという誤解、「お役所」一般に対する生理的拒否反応なども考えられるが、また非分析的人間関係観も重要と思われる。例えば甲が乙を撲って歯が折れた場合、裁判ではその事件だけが切り離して問題とされ、あとは損害額の算定ということになる。しかし二人の間には長い過去の因果もあり、未来の関係もあって、これだけを切り離す訳にはいかない、と感じる。

また情緒的な人間関係観。損害額の算定というような物的側面よりも、謝罪・納得・和解といった心理的側面が重視され、「謝ってくれればそれでいいんだ」ということになる。謝ったあとの心理的アフターケアーも重要で、ヤクザなら「手打式」、一般人でも「一席設けて」、事後の人間関係を円滑にする。こうして過去の損害は未来の友好的関係によって償われる。「雨降って地固まる」。行きずりの間がらでも、これが縁となって今後も交際が続くかも知れず、地方都市や農村などでは、和解をしておかないと、あとあとまで気まずい思いをすることにもなる。

土居健郎氏のいう「甘えの構造」もある。お互い自己主張をせずに、相手の欲求を察しあって「好意に甘える」形で、相互関係の限界線を設定するやり方である。ただこれは不安定で、譲りすぎて後悔したり、ずうずうしい方が得をしたり、あとにしこりが残る恐れがある。ある名誉ある地位に推薦された人が、「私などとてもとても」と謙遜したところ、すぐ他人にまわされて、「一度断わってから受けるのが常識なのに」と怒ったという話もある。

こういう事態を予防するため、「事前にはっきりさせておく」ことが必要で、日本人は訴訟が嫌いな程には規則作りは嫌いでない。規則は「甘えの構造」という軟体動物の骨格である。

明治維新後、伝統的共同体（ムラ）から離れて都会に集まってきた青年たちの集団に秩序をつくるために、明治政府は西洋の法制を導入した。この法制を解釈運用する法学士が統治エリートとなり、諸々の生活領域を規則で塗り固めた。彼らは外地でもそれをやって、中国人に「法匪」と罵られた。しかししばらくすると「甘えの構造」が活力を回復し、規則などどうでもよくなってくる。弁護士も熟練すると、この現実に適応して、依頼者に訴訟より調停を勧めるようになる。

日本は「タテ社会」だから、西洋市民社会の法原理は体質に合わないのだという説もあるが、これについては最近思っていることがある。勝俣鎮夫先生の近著『一揆』（岩波新書）には、「目を洗われる思いがする」と新聞書評（毎日新聞）にあったが、本当にそういう書物である。伝統的共同体をこえた諸個人が、違反したら神罰を敢て受ける旨の起請文を書き、それを焼いて水に溶き、この「神水」を皆で飲み、鐘を撞いて「一揆」を結ぶと、ここに平等の結社が成立する。発言順はくじで決め、発言者は鼻をつまんで発言し、決定は多数決、連判状も平等を示すため「傘連判」という形式をとる。この一揆の平等な組織は、鎌倉幕府の評定衆から、寺社の僧兵、更に一向一揆、土一揆など、中世に広く普及するが、織田信長や徳川家康によって根絶され、江戸時代の百姓一揆なども現われてはつぶされる。日本社会の「タテ社会」的性格は、一揆弾圧の歴史の上に築かれたものともいえる。

（法学）

二八一号　一九八二年一一月一〇日

演劇研究の地平

新しい知の分野

渡邊守章

（一）視線の移動

これはイタリアの記号学者ウンベルト・エコーが書いていることだが、〈演劇〉の実態を言い表わす単語によって、その相異なる様相が強調されて立ち現われてくる。たとえばフランス語で「舞台上演」を意味する〈representation〉（ルプレザンタシオン）は、文字どおりに〈再現＝代行＝表象〉として、記号のシステムという面を語っているし、英語の〈show〉あるいはフランス語の〈spectacle〉は〈見せるもの〉としての演劇の最も基底的特性を表わしていよう。同じく〈play〉あるいは〈jeu〉と言えば舞台上で行われることの遊戯性・虚構性を強調するだろうし、〈performance〉ならば、そのような〈演戯〉の要求する特殊な身体的技能とその成果が脚光を浴びている。通常の演劇体験とは、演じる側においても観る側においても、これらの諸機能が一塊まりになって、あるいは少くとも相互補完的に、働いているわけであるが、批評が危機の言説であり、通常の視角においては一枚岩のように映じているものの内部に、亀裂を、差異を、距離を明らさまに見えるようにする視線の移動を前提としている以上、まずはこのような演劇を指す言葉の違いによって立ち現われてくるその相異なる相貌に注目することから始めるのも、あながち迂遠な手続きではあるまい。

というのも、今挙げた四つの面は、同じ一つの現象を構成する四つの要因というには留らず、時代により地域により、そのいずれかある面が強調され、更には制度的に特権視されて、他の面あるいは要因を二次的な価値へと追いやり、あるいはあからさまに抑圧するということも起きていたからである。

たとえば私自身が関わっているヨーロッパの演劇の場合。演劇が演劇として機能する以上、見るもの・見せるものであり、虚構の演戯であり、身体的特殊技能の成果を前提とするものであり続けたには違いないが、フランス十七世紀を通じて、優れた劇詩人の力と同時代の文化政策とによって、劇場における文学戯曲の支配権が確立してからは、戯曲に書き込まれた〈再現＝代行＝表象〉（ルプレザンタシオン）の世界が、舞台のそれに先行し、かつそれを支配することになった。いや、この変革は、実は古典期ギリシャにおいて悲劇と喜劇とが成立した時にすでに起きていた現象であって、十七世紀中葉以降のフランス演劇は、それを一層極端な形で再生したのだとも言える。

今、〈再現＝代行＝表象〉などという堅苦しい訳語を用いたが、それを演劇の実態に即して言いかえれば、〈虚構の物語り〉を生きる〈登場人物〉を、その登場人物自身ではない〈役者〉が演じて見せるという仕組みのことであって、これは、古代ギリシャ劇から現代の不条理劇に至る西洋演劇にも、インドのカタカリ、インドネシアのトペン劇、京劇、歌舞伎、能・狂言にも通底する仕組みである。ただ、東洋の多くの舞台芸術では、このような〈再現＝代行＝表象〉としての〈劇行為〉を逸脱するか、あるいはそれとは異質の〈演戯〉が、それに劣らず重要な意味を持ち続けてきたという歴史があり、まさにこの点が違うのである。

たとえば我国の十四世紀の芸態を思い浮かべてみれば、そのことはすぐに納得がいく。つまり〈翁猿楽〉を元芸とする猿楽の座のレパートリーである〈猿楽の能〉に対して、田楽の一座も〈能〉を演じていたが、しかも同時に田楽本来の刀玉、一足、高足といった曲芸や美少年の集団歌舞をまずは演じて、その後で能を演じていたことは、例の貞和三年、四条河原桟敷崩れの田楽の記録などからも窺える。更には、民俗学的発想を踏まえた郡司正勝説のように、歌舞伎の所作事にまで及ぶあの二分法、つまり〈舞＝語り物＝個人憑依〉に対する〈踊り＝抒情詩＝集団憑依〉といった構造も思い起こすべきであろう。つまり、我国の芸態の内部には、登場人物による虚構の劇行為の他に、純粋に見せるもの（ショー）であり、演戯であり特殊技能の顕揚であるものが、生き続けていたということなのである。

ところが、西洋世界では違う。公式の劇場芸術の内部では、バレエの一部にそのような要素が残っている他は、すべてサーカスや寄席といったサブ・カルチャーの空間に追いやられていたし、だからこそ幻想の〈始原〉を西洋世界の〈外部〉にも求めることになったのだ。従って一九六八年を頂点に燃え拡がった文化の次元での徹底した〈異議申し立て〉が、演劇の領域では、〈言葉〉の君臨に対し〈身体〉の復権を、〈戯曲〉の演劇に対し純粋にショーであり演戯でありパーフォーマンスでありサブ・カルチャーの芸態の取り返しを、そして西洋世界の〈外部〉の知の学習を主張したのは当然であったし、そのような演劇の革命が、三世紀にわたって支配した西洋型演劇の発想と視座そのものを大きく変更させたのである。

(二) 演劇と研究の地平

一言で言えば、それは演劇の捉え方を大いに自由にし、拡大したが――たとえば公式の演劇の内部でも、オペラやバレエが真に演劇の問題として再考され始めている――同時に、それにもかかわらず演劇でなければならない謂われについての絶えざる反省をも要求した。すでにイヨネスコやベケットの〈五〇年代不条理劇〉が、劇作術と登場人物を、言わば記号ゼロ度の次元まで解体することで、逆に、舞台上にいて演戯する身体的存在そのものを演劇の原点として露呈させたし、それを、グロトフスキに代表される〈六八年型肉体演劇〉が戯曲の廃絶の上に徹底させた。このような一連の〈暴力〉の跳梁するなかで、演劇作業の現実のあらゆる物質的な要因、あるいはその最も即物的な表層にこそ、実践と反省の作業において感覚と意識とを研ぎすましていなければならないということが確認されていったのだと言える。

このような解体した演劇という地平にあっては、演劇についての理論的反省も、文学史の継子のような戯曲史や、西洋劇文学のあるものをモデルにした哲学的・美学的思弁ではもはやあり得ないことは明らかであろう。そこで問題にされるのは、観客や、演劇を持つ社会といったレベルにまで拡大された〈演劇作業〉の総体である。この点では、戯曲の専制のなかった日本の伝統演劇や芸態についての研究が、役者の生活や興行の実態といった作業の即物的な次元に密着していただけに、西洋演劇の研究にも多くの発想源を提供するだろうし、このことは、インドネシアを始めアジアの伝統芸態についても期待できることだ。と同時に、古代ギリシャ以来の劇文学の伝統は、それはそれで、人類の遺産として我々のものでもあるわけだし、劇文学のテクスト分析は、それが演劇作業の総体の分析と、更には文化の分析学と相関的に行われるならば、従来の戯曲読解とは全く異なる読み方を可能にするだろう。その際、私達が知っている複数の異文化の演劇言語は、互いに相手を逆照射することによって、互いの精髄を明らかにするという体験は、歴史と文化のコンテクストを見失わない限り有効なはずだ。たとえば、ラシーヌ悲劇の言語態の真に劇的でもあり演劇的でもある様相の一つに、神話と修辞学の〈本歌取り的変形〉があるが、それと世阿彌の本歌取りの詩法を一つ視野に置くことは全く可能であるし、あるいはまた、ルイ十四世のバロック的〈王権バレエ〉の神話＝演劇的構造と機能を解くのに、我国中世の風流〈ふりゅう〉や婆娑羅の実践がヒントになるならそれも悪くはあるまい。またそこから一挙に飛躍して、比喩としての演劇が、哲学的思考に〈演劇モデル〉を提供し、文化人類学に〈劇場国家〉の想を与えているのを、演劇研究の側でもう一度取り返えさないでよいという法もないのである。

対象が解体と変貌の中にあるからこそ、発想の転換も可能であり、また必要なのだ。それは、不可避的に〈他性〉を己が身体性のうちに担い、〈他性〉に他ならぬ無名の群集に向かいあう演戯者にも似て、差異性や距離への軽やかな意志だとも言える。と同時に、鏡の底に散乱して煌く〈不可能性の怪獣〉〈キマイラ）にも似た何かを相手にする以上、探求の意志と情熱は人一倍烈しくなければならないだろう。たとえば、十五世紀北仏の聖史劇は、演劇史的通念に反して「閉ざされた円環」とも言うべき閉鎖空間で演じられたことを立証したアンリー・レー＝フローの論文は、それこそ気の遠くなるような古文書の調査と読解の成果であった。比喩としての演劇の流行に幻惑され、視線ばかりが飛翔しても手付きが伴わなければ何も生まれはしないことは、ここでも同じなのだから。

（仏語・芸術論）

二八一号　一九八二年一一月一〇日

「教養」の擁護

本間長世

昨年十一月に開かれた東大教官懇話会で、「東京大学の教育を考える」という主題についてざっくばらんな意見がさまざまに述べられた中で、「東大の教育を良くするためには、教養学部が失敗だったことをはっきり認めることから出発すべきである」という発言があり、私はどきりとした。私は新制東大の一期生で教養学科を卒業し、米国留学から戻って教養学部の助手となり、現在に至っているのであるから、教養学部が失敗だったことをはっきり認めなくては東大が良くならないとすると、私の生涯の中心部分が失敗であったことも認めなくてはならないように感じたからである。

私は、アメリカ文学の古典『ヘンリー・アダムズの教育』のひそみにならって、「本間長世の教育」と題する文章を書き、自分が受けた教育はことごとく失敗であったことを例証すべきであろうかと考えた。けれども、つまらない講義や尊敬できない先生を思い出そうとすると、面白かった講義や、苦しかったがためになった演習や、素晴らしい先生のことが次々と心に浮かんできてしまうのである。

今日の日本では教育の荒廃が叫ばれ、初等教育から高等教育に至るまで全面的な見直しが必要だという声が上っている。皮肉なことに、米国では日本の初等中等教育に対する評価が高く、レーガン大統領も日本の教育が優れているのを見習えと述べたというが、米国の日本専門家たちも日本の大学教育はあまり賞めていない。日本専門家ではないが日本の大学で教えているジョン・ゾイグナーという歴史学の教授は、昨年六月二四日付の「ニューヨーク・タイムズ」に寄せた文章で、日本の大学は大学のつらよごしであり、茶番であり、もの笑いの種であり、見せかけであると述べ、日本の学生は大学を出てから教育を受けるのだと論じた。

ゾイグナー教授の文章は、誤った一般化の好例のごとき議論であり、日本の大学よりは教授自身の教養の程度をよく語っていると思うが、日本の大学は若者のための保育所であるとか、人生の休憩所であるというような考えの持主は、大学で教えている人の中にも、大学卒を採用する企業の役員の中にもいるようである。特に、教養課程は無意味であるから、大学に入ったら直ちに専門科目を勉強することに集中せよという説が、教育改革に熱心な人の間に聞かれるように思う。戦前の日本の教育は立派な制度であったのに、戦後の占領下の時期にアメリカの影響で改悪が行われたのだという意見もある。

しかし、雑誌『ＵＰ』の昨年の十月号に掲載された斯波義信教授の、「〝学生に読ませたい本〟――昭和十二年のアンケートから」によると、昭和十二年当時（すなわち旧制高校華やかなりし頃）の東大の各学部の先生方が、夏休みに学生に読ませたい本として挙げたものから判断すると、当時の教授たちは、いわゆる「早期の専門化」には消極的で、「学問や人生や自然そのものへの情熱を育て、この内心のドライヴを足場にして専門に踏みこむことを期待しているように思われる」ということである。戦前の良き制度に戻れというのであれば、むしろ教養課程を一層充実することを考えるべきだということになりはしないか。

同じような話は、しばしば悪役に仕立てられるアメリカにもあるようである。「ウォールストリート・ジャーナル」の論説記者として鳴らし、現在はノースカロライナ大学（南部の名門大学である）教授であるヴァモント・ロイスター氏が、アメリカの大学教育の移り変りを述べた文章によると、アメリカでも大学教育の改革が主張されて、ハーヴァードも新しいカリキュラムに切りかえ、ノースカロライナでも必修科目制を強化した。その新しいカリキュラムが教授会で承認された時、ロイスター教授はびっくりして、一九三一年の大学の便覧を探して比べてみたところ、最新のカリキュラムは五十年前のものに忠実に従ったものだったという。ロイスター教授の文章は、「われわれは、うしろへ戻ることによって前へ進もうとしている」という皮肉な調子で結ばれている。

ハーヴァード大学のカリキュラム改革については、その推進者であるヘンリー・ロソフスキー教授が、一昨年七月東京で行なった講演で説明している。「リベラル・エデュケーション」の伝統を持つハーヴァードでは、二年間を専門教育にあてるが、一年は選択科目に費やし、一年は「コア・エデュケーション」にあてる。そこでは、専攻分野に関係なく、すべての学生が、文学と芸術、歴史研究、社会分析と道徳的推論、そして自然科学の科目を学ぶことを求められる。ロソフスキー教授によれば、自然科学者は、自然科学を専攻しない学生を教えるのは時間の浪費だといって、教えたがらないが、教育ある者は自然科学についてなにがしかの理解を持たねばならないという考えから、苦心してこの科目を続けているということである。

そして最後に、外国文化について学ぶことも必修とされる。西ヨーロッパの文化であればその文化の言語で学ばねばならず、たとえば日本文化を学ぶのであれば英訳された文献を用いるという。

ハーヴァードやノースカロライナ大学が提起している問題は、現代において高等教育を受けた人間というのは何を修めているべきかということである。そこで試みられていることは、日本語で言えば〝教養の擁護〟ということであろう。〝教養〟と聞くと白けるというなら、〝カルチュラル・リテラシイ〟と呼んでもよい。人文・社会・自然諸科学の発想や研究方法を学び、外国語及び外国文化を学ぶことによって比較の視点を獲得し、知的及び芸術的感受性を磨いて、良いものを良いものと認め、美しいものを美しいと認める眼力を養うことが、高等教育を受けることの意義ないし効用でなくてはならない。そんな悠長なことを言っていては、専門研究の第一線から取り残されるというなら、そのように底の浅い専門研究ではたちまちに息が切れてしまうだろうと答えるほかはないであろう。学問研究の進歩自体が、専門分化と総合との相互作用を通じて行なわれているのである。

教養は知識と離れては存在しないが、詰めこまれた知識は直ちには教養とはならない。教養が身につくためには、主体的で開かれた精神を前提とする。過去を軽蔑せず、現在のとりことならず、鋭い好奇心と広い視野と奥床しさをあわせ持つ教養の人が、待望されていると思う。

(英語)

二九四号　一九八四年四月一八日

アメリカ——本の旅

亀井俊介

　何年か前に、『カバンひとつでアメリカン』というヘンな本を書いた。だがこの一、二年は、リュックサックひとつでアメリカを旅している。リュックといっても、登山家が背負うようなでかい代物ではない。源義経が山伏姿で奥州に逃れた時に背負っていた笈（おい）ほどの、可愛いやつ。

　これに、着がえや洗面道具はもちろん入れている。しかし最もかさばって、かつ重要なのは、商店でくれる紙袋の束と、紐とハサミとサインペン。これを私は、後生大事に日本から持って行く。

　アメリカ中どこへ行っても、私は本屋に直行する。アメリカの本屋はほんとにうれしい。新本屋でも、必ずバーゲン本を売っている。古本屋はたいへん安い。日本のように、新刊の二割引などというケチな売り方はしていない。私はついイソイソと買ってしまう。

　リュックの中身は、買ってきた本を荷造りし、宛名を書くための必需品なのだ。紙袋は、分解すると最も強い包装紙になる。

　アメリカへ行くたびに、私は本屋と間違われる。この前も、ハーヴァード大学のそばの小さいけれども素敵な「スター」という古本屋にいたら、若くチャーミングな女店員が「あなたはブックディーラーですか」と話しかけてきた。「なぜそう見えるの」と聞き返したが、笑って答えぬ。

　間違えられる理由は、たんにたくさん買うからだけではないと思う。ひとつには、リュックサックのせいに違いない。とっくりセーターによれよれズボンのおじさんがリュックかついで本をあさっていれば、日本から仕入れに来た古本屋の番頭に見えても仕方ない。

　しかしもう一つの理由は、私の買う本がまことに雑多なことだろう。専門書ばかり買えば、学者のはしくれに見えるかもしれぬ。だが私は、宗教書から大衆小説まで、詩人伝から踊り子の回想記までと、まったくとりとめもない買い方なのだ。クレージーか、さもなきゃ古本屋だと人は思う。

一日中歩きまわり、時には本屋とホテルを何往復もした後、夜は買ってきた本を床にひろげ、荷造りする。

その前に、まず一冊ずつめくって見、序文やあとがきを読んでみる。挿絵があればぜんぶ眺める。買ってよかったと思ったり、期待はずれの本かもしれぬと案じたり。いずれにしろ、時間を忘れてこの仕事に没頭する。世の中にこんな楽しみはない。以前もあるところで述べたことだが、守銭奴が深夜に金貨を並べて数える喜びもかくやあらんと思うほどだ。

ボストンの「ブラトル」、ニューヨークの「ストランド」、ロサンゼルスの「ブック・シティ」といった大型古書店や、中型でもフィラデルフィアの「ウォルター・アレン」のような一流店は、買った本を実費で郵送してくれる。こちらの労力は大いにはぶける。それでも私が本屋にそうすることを頼まず、ホテルにかついで帰るのは、ひとえにこうして、まず本たちを愛でなおし、自分の手で日本に送ってやりたいからである。

すべての本を点検し終ると、内容や大きさに従って分類し、何冊かずつまとめて包む。アメリカの場合、外国向け書籍小包は十一ポンド（五キロ）が限度。私は長年の経験で、はかりがなくても、両手で持ってみてピタリと限度内に収める特技がある。

翌朝、この包みをリュックにつめて、郵便局へ運ぶ。一度ですまず、二度、三度にわたることもある。ここでまた、私は本屋に間違われる。ニューヨークはマディソン・スクエア・ガーデンの前の中央郵便局でも、聡明そうな黒人の局員が、「お前はブックディラーだろう」といった。

アメリカの郵便局員はまことに多様だ。きびきびした中年男もいれば、鼻歌まじりでのんびり働く若者もいる。巨体をゆさぶっていてじつはやさしいオバサンもいれば、日本では想像もつかぬほどにつっけんどんなカマキリ女もいる。ただいったいに、仕事をよく知らぬ局員が多い。書籍小包の郵送料は格安なのに、通常の高い料金を請求されることはザラだ。「書籍ですよ」と注意をうながすと、ぶあつい料金表をめくりだす。時たま、逆にはなはだ安い料金を請求することもある。そういう時は、私はだまっている。

不思議なのは、私は小包を紐でくくって出し、全国どこの郵便局でも文句なく受け取るのに、カリフォルニアの郵便局では、しばしば紐でなくテープでくれと要求することだ。「ほかの郵便局ではOKなことが、なぜここでは駄目なの」と問いただしても、「規則だ」の一点張り。頑として動じぬ。だがまた、テープを持って来て、一緒に包み直そうよと親切にいう人もいる。

郵便局は、紐包みだろうとテープ包みだろうと、料金超過だろうと不足だろうと、いったん受け取られたら、あとはもう何の検査もなく送られるものらしい。私は幾百か幾千かの本の包みを日本に送ったが、いままでのところ一つの事故もなく着いている。
本はもちろん読むためにある。私ももちろん、読むためにこうした本を買い、送るのだが、ほんとのところ読まない本の方が多いことも知っている。私にとって、本はただ親しむためにもあるらしい。買えば半分読んだ気がし、ホテルで愛でながらめくって包んでやると、残りもさらに半分は読んだような気がしてくる。いっさいの体裁をすて、からだは身軽の極にし、ひたすら本に親しむだけのこういう旅に、私はこのごろ淫しているようだ。

（英語）

三一八号　一九八六年一二月一二日

服色と身分と個性

義江彰夫

色シリーズという、センスとエレガンスこそが求められるテーマを、何で私のような者に書かせるのだろう。何度も第五委員会に返上しようかと本気で考えた。が結局、不粋な人間は不粋なりに色について書いてこそ、このシリーズの厚みも増し、他の執筆の方々の真価もわかろうものと自分に言い聞かせ、私の専門の日本史をたねとして、趣味的に関心をもちつづけてきた衣服の色をめぐってお話することにした。

服の色といえば、諸君は当然のことながら好みや流行で決めるものと思うだろう。しかし、高校までに制服生活の体験のある諸君は、服の色が、型とともに、どこの学校の生徒であるかを表示する身分表識の役割をもっていることも気付くにちがいない。この点は歴史を遡れば遡るほど人間社会の中で重大な意味をもっていた。別の言い方をすれば、今のように好みと流行で服の色を自由に決められるということは、長い歴史をかけて、身分表識としての色の威力との葛藤をくりかえしながら、つくり上げられたものだといってもよい。

中国をまねて日本に強大な古代国家ができた奈良時代、この律令国家は、律令の一部衣服令を通して、公務に携わる時に着用する服の色と形を、全国民を対象に統一的規準で身分によって別々に設定した。色と形の両方を服の種類に応じてすべて語るゆとりはないし、冠・上着・下着・袴・裳・靴・靴下などひとつの服の構成要素についてそれらの色をいちいち扱うのも無理だから、通常公務服に限り、一番目立ちかつ重要な上着の色について説明しよう。

天皇と皇太子は不明な点もあるが、平安初期以後の制からみて、各々黄櫨染（渋い黄金色）・黄丹（赤黄色）と考えられる。官人公務服は朝服といい、親王と内親王（天皇の子）は深紫。諸王と女王（他の皇族）は一位が深紫で二位以下一番低い五位まで浅紫。一般官人は男女ともに一位が深紫、二位・三位が浅紫、四位が深緋（あけ、赤色）、五位が浅緋、六位が深緑、七位が浅緑、八位が深縹（はなだ、青色）、初位が浅縹。無位つまり一般民衆と家人・奴婢などの賤民の公務服は制服とよばれ、前者は黄、後者は橡墨（つるばみすみぞめ、黒色）を押し付けられた。

何とまあ繁雑なと思われるだろうが、奈良時代はじめの服装を描いた著名な高松塚古墳の壁画や、正倉院の遺品、あるいは当時の実際の記録などを見ると、けっこうこの通り行われていたことがわかる。この時代天皇以下文武百官は朝堂院という広大な空間に集まったが、この際天皇は一番奥に高くそびえたつ大極殿で黄金に輝く衣服をまとい、皇族・貴族の官人は高い位の者ほど天皇に近く、八位や初位の者は何百米も離れた最後方にという順で、深紫から浅縹までの朝服を着分けて、整然と居並んでいたということになる。何とも壮観である。

卑弥呼の邪馬台国から大和王権をへて奈良時代にでき上った律令国家は、古代社会の歩みの中で発達してきた様々な身分関係を、天皇を頂点とする統一的で重層的な上下の体系に強力に編成し直すことではじめて維持することができた権力である。だからこの統一的な身分体系を、どのような方法で表示し、維持するかは、律令国家を確立し、安定させるための鍵であった。

正一位以下三十階に及ぶ位階制度や官人・庶人・五色の賤民などという抽象的概念はもちろん必要だけれど、文字も書けず、抽象思考に習熟していない多くの古代人に、文字と言葉でいくら説明を重ねても、それだけではその意味はすぐにはわからない。たとえわかったとしても、国家の重大命令を迅速に執行しようというとき、関係者がそれを下達するにふさわしい上下の関係にあるかどうかを調べ合っていたのでは目的は遂行できない。

しかし、色の差異は、何の教育を受けなくても、だれしも明瞭に了解できる。しかも、未開社会以来、人間はどんな社会でも、その社会独特のシンボリックな意味を色に与えている。聖なるものは何色、恐るべき死の世界は何色、賤穢なるものは何色などというように。あの藤の木古墳の冠や靴や歩揺（ほよう）の黄色の輝きひとつとっても容易に想像のつくことだ。だから、日本古代でも、社会内の色彩シンボリズムの存在をそれなりに踏まえながら、統一的身分体系にふさわしい色彩の位階体系を中国を手本にして創造することに成功したなら、これぐらい強力な身分表識はないといってよい。

しかも、それが身体をすっぽり包む衣服の色だとなれば文字通り色そのもので人間を色別けし、序列化できるわけだ。朝堂院に天皇以下文武百官が居並ぶときの黄金・紫・緋・緑・縹と流れる色の序列は、まさに律令国家の身分秩序を有無をいわさず体得させる効果を発揮したはずである。律令国家の繁雑なまでの服色の規定は、これだけの意味を担っていたのである。

この定めがけっこう当時具体化されたことはまえに述べたが、それは、律令国家がいま述べたことをいかに自覚的に深く捉え、成功させる力をもっていたかを物語っている。逆にいえば、呪術や未開思考に縛られたこの時代の地方豪族や民衆は、国際関係の緊張を逆手にとって中国何千年の文明と権力の叡智を独占できた律令国家を前にして、公的な場で、独自の色彩シンボリズムを対置させて、この見事な色彩の秩序を乗り越えることなどとうていできなかったということでもある。

しかし、以上はあくまでも人々が国家に仕える限りでのことである。すでに奈良時代でも、それ以外の日常生活や社会生活の場では、民衆はむろん貴族でさえこれとは違う色の服を着こなしていた。そして平安時代以降になると、次第に公務執行の場でさえ定めどおりでない色の服を用いることが生じてきた。当時の絵巻物を見ると、庶民が朝廷の雑務に従うとき、時にかなりまちまちの形や色の服を着ているのがわかる。貴族男性のばあいは禁色（きんじき）直衣（のうし）勅許といって、天皇の許可がおりると、公服では禁色とされた二藍（ふたあい、濃青紫色）その他の色で染めた私服＝直衣を着けたままで参内できるようになった。女官のばあいには、源氏物語絵巻などに鮮かに描かれた女房装束、俗にいう十二単（ひとえ）によく窺えるように、一定の定めはあったけれど、朝服では考えられないほど広い選択幅で、複雑かつ思い思いの色に身をうずめられるようになった。

『枕草子』が、大納言伊周（これちか）の参内時の直衣姿の色合せのよさを「桜の直衣のすこしなよらかなるに、こきむらさきの固紋の指貫（さしぬき）、しろき御衣ども、うへにはこき綾のいとあざやかなるをいだしてまゐり給へる」とこまやかに描き、賞讃しているのは、王朝人が服の色を個性表現としていかに重んじていたかを示すよい例である。

このような変化が生まれてくるのは、ひとつは、庶民を含めて人間の文明化がすすんで、身分表識をつねに服色で表示しなくともある程度保持することが可能になったからであろう。と同時に、権力による統一的・画一的な身分編成の不自由を嫌い、公権力の場の中にさえ私的・個人的自由の発想の場を僅かなりともつくりたいという願望が、庶民はもちろん、私的権門の様相を呈するようになった貴族の中にも、次第に強くなってきたという事情もあったにちがいない。

したがって、平安後期に成長し、鎌倉時代に幕府という新しい公権力をつくった武士の世界では、貴族以上に公服の色は自由であった。室町時代まで、武士内上下関係を服色で画一規定することはまずなかったといってよい。

もちろん、中世の社会そのものは、種々の独自の身分秩序をつくり出し、それに対応する服の色も生じ、新しい被差別民である非人が柿色の衣を着せられ、寺社所属の特権集団である神人（じにん）が黄衣（こうえ）で神威を誇示することもあった。又武士が多元的な中世を克服して幕藩体制という統一的権力秩序を作り上げた江戸時代には、武服である直垂（ひたたれ）・大紋・素袍（すおう）などの着用にさいし、将軍は江戸紫、世子は緋、会津・黒田・越前各家は萌黄などという定めも生まれた。

しかし、逆にいえば、色で身分表示をするのは、せいぜいこうした特殊身分か、式服程度に閉じ込められたということでもある。服の型にかんしては機能の問題もあるから、身分による差は残ったし、どの身分でも、式服・執務服・遊着による型のちがいはあった。が、いかに士農工商の身分差が大きいといっても、古代のような画一的な色の割りふりはもはやできなかった。

それは日本社会が制度や法そのもので身分秩序を維持できるような段階に到達したからでもあるが、同時に色を個性と人格の表現として大切にしようとする人間の営みが、それを認めないことには、権力秩序自体が問題にされるほど強まった結果でもあったと思われる。

近代になると、他の近代社会同様、日本でも官吏・軍隊・警察官・車掌・学生等々、職業・身分ごとに、恰も古代に戻ったかと思わせるほど、画一化された服色の体系が出現する。近代になると、古代のように王権が創り出すのではなくて、貨幣と資本の発達の中から、民衆と社会じしんが従来なかったほど複雑多様な職種の分化をうみ出す。この結果逆に人々は内側から社会を画一的にまとめる秩序を必要と感じるようにもなる。

そこで、これを組織する企業体・公共機関・国家の側は、色による身分表示という人間の根元的生理を今一度蘇生させ、人々の職種や身分への内発的な帰属意識を、規格化された能率の良さに効果的に管理・転化しながら、職種・身分ごとに服の型と色を統一しようとし、成功したのである。

だが、そうだとすれば、近代社会をもうかなり習得した現代社会において、今一度人間が職業や身分による服色の定めを乗り越えようとする現象が活発になってくるのは必然であると、私は思う。又、然りとすれば、服色を身分から切り離す原動力が、歴史を通して、個性と人格の豊かな発露を色に託す人間の努力にあったことを想い起こしたい。

流行を追わず、四季の移ろいと心持ちの起伏を上手に交錯させながら、エゴに陥らぬ個性と人格をのびのびと服の色に表現できたら、どんなに人間社会は豊かなものになるだろうか。自分にそんなことができないのを承知の上で、こんな結論に辿りついてしまったことを恥かしく思いながらも、色のもつ魔力と魅力を再発見できたことを喜びとして筆を擱く。

（歴史学）

三二五号　一九八八年一一月一一日

間違いだらけの雄選び

動物座談会

長谷川寿一

司会　本日は教養学部報の企画のためにわざわざ寒い中お集まり下さいましてありがとうございます。今回は女性、いや失礼、雌の方だけの座談会です。雌にとって雄とは何か？　とくに、配偶相手としてどんな雄を選ぶべきか？　といった話題について遠慮ないご意見を頂けたらと思います。種こそ違うものの、駒場の学生諸君、とくに男子学生の多くにとっては、かつて私自身もそうでありましたが、この問題は勉学以上に重要な関心事であろうかと思います。若い諸君にいささかでも希望か、はたまたあきらめか、ともあれ何か刺激を与えてもらえれば幸いです。

バン・クイナ科の水鳥　では、あたしからでいいかしら。今の人間社会では背が高くてスマートな男が魅力的らしいけど、あたしたちは違うの。なんてたって雄といえばデブ雄よ。あら失礼、デブは差別語かしら。なぜって？　バンの子育ては夫婦交代で卵を抱くことから始まるの。実を言えば、抱卵の七割は旦那にまかせます。そこで、じーっとしてあまり出歩かずに卵を暖めてくれる脂肪蓄積量の多い雄がいいわけ。痩せた雄なんか最低。あたしたちは雌同士で、小太りの旦那を求めてそれは激しく喧嘩するのよ。

アジサシ　子育てって大事ですね。アジサシの世界でも、旦那が雛に餌をもってきてくれなかったら、子どもは絶対に育たない。人間でも同じかしら。うちの亭主は結婚前からプレゼントの餌を運んでくれた。思い出すなあ、プロポーズされたあの日のサカナ。人でもミツグ君っていうんでしょ、こういう雄、いや男の子。行動学者は求愛給餌というらしいけれど、これが養育の給餌とも相関するのよね。

ガガンボモドキ・昆虫　宅の雄たちも求愛のときに虫をくださいますわ。でも、小さい虫は「結構ですわ」と断わることにしておりますの。立派な虫を頂いたときだけ交尾いたします。あら、はしたないかしら（ホホホ）。殿方たちはわたしたちのために命がけで狩猟してくださいます。ときには雌のふりをして、ほかの雄から餌を騙しとってまでわたくしどもにくださいますのよ。本当にご苦労様。

司会　皆さんの話をうかがっていると、同性として「雄の哀れ」を痛感します。ガガンボモドキさんは雄にお返しなんかしないですか。

ガガンボモドキ　ちゃんと交尾してあげるじゃないですか。あら、またこんなこと言わせて。

司会　これまでのお三方のお話では、何かに役に立ちそうな実質的な雄が選ばれているようですが、金も力もないハンサムな色男によろめくことはありませんか。

クジャク　そういうハンサム雄といえば私たちの雄たちね。なにせ人間だって、ダルなあたしたち雌には誰も目をかけてくれないほどですもの。同種の仲間として誇らしくもあるけど性差別よね。でも、あの雄の立派な尾羽、本当は上尾筒という部位なんですが、あれば雌に見せるためにきれいなんですよ。それはともかく、私たちの選好基準はあの尾羽の目玉模様の数なの。子育てもプレゼントも無関係。写真に撮ってよく数えてもらうとわかるけど、雄ごとにあの数は違うんです。ウインドウショッピングするみたいに、あたしたちは結婚前に何羽かの雄を見て回るの。そして、目玉数の一番多い雄とつがうんです。

司会　じゃあ、僕がフェイクの目玉模様を付け足したらその雄になびきますか?

クジャク　いやな人ね。でもやってみる価値はあるかもね。あたし自身が選ぶ相手にはご免ですけど。

コクホウジャク・ハタオリドリ科　うちの仲間では、そんなことで実際に研究者に騙された娘がいるのよ。コクホウジャクの雄は、繁殖期になるとグーンと尾羽がのびるの。

司会　知ってる、知ってる。僕がいたアフリカのフィールドにもいました。いやー、その飛び方のぶざまなことといったらないですね。僕だって捕虫網で捕まえられそうだ。

コクホウジャク　だまって聴きなさい。あたしにとってはあの長いひらひらが素敵なんだから。話を戻すと、意地悪な白人が雄の尾羽を切り貼りする実験をしたの。条件を統制してね。そうしたら、実際にはありえない超ロングの尾羽の雄ががぜん好かれたの。その分短くされた雄はさっぱりだったわ。

クジャク　だったら、なんであなたたちの雄たちはみんなもっともっと尾羽を長くしないのかしら。

コウホウジャク　それはあんまり長いと、ワシやタカに捕食されたり、人間に捕まって標本にされたりしちゃうでしょう。限度があるのよ。

ヤケイ　ニワトリの仲間では雄のとさかが魅力の重要なポイントなんだけど、寄生虫の多い雄は立派なとさかが発達しないという研究があるわ。

司会　いろいろお聞きすると、どの世界でも雄の苦労は大変なようですね。ずいぶん無理して雌の気をひこうとしている。人間の男性は努力が足りないかな。化粧したり着飾ったりするのは、他の動物たちとは逆に女性の方です。なぜだろう?

ヒトの一女性　一言いわせて。自由に雄を選べる動物の雌がとてもうらやましい。人類の歴史を振り返ると、女性が自分の意志で配偶者を選べたことって、すごく少なかったんじゃないかしら。ごく現代を除いてね。今だって多くの社会では、女性は親や男たちの社会の取引きの対象、一種の商品だと思う。

司会　アフリカの部族では、確かにそのように見えた。

ヒト　だからこそ女性は外見に気をつかうんだと思う。商品価値を上げるために。とくに若くて繁殖価が高くみえるようにね。ミスコンなんか品評会ね。親も娘のみかけにはかなり投資するわ。

司会　さて、議論はこれからいよいよ盛り上がる気配なのですが、残念ながら時間です。皆さんどうもありがとうございました。

（心理学）

三六四号　一九九二年二月一二日

（注）その後の我々の研究チームの約八年にわたる野外研究では、雄の目玉模様の数と交尾成功数との間の相関関係は追認できなかった。雌が配偶者選びとして注目するのは、飾り羽根の特徴ではなく、大きな鳴声の強度であることが示された。

スー・チーさんのこと

河内十郎

ここ数年来スー・チー女史の名がマスコミに登場することが多く、とくに昨年は、ノーベル平和賞を受賞したこともあって広く話題になった。そのスー・チー女史と一時期同じ屋根の下で暮らしたことがあるというのは、半世紀に及ぶ生涯のなかでこれといって自慢できることのない私にとって、やはり非常な好運というべきであろう。しかし私の知っているのは、テレビに登場した、民衆の前でマイクを手に必死に演説しているスー・チー女史ではなく、オックスフォードのオリエンタリスト、マイケル・アリス氏夫人で、日本についての研究は続けていたが二人の男の子の母親として普通の生活を送っていたスー・チーさんである。

今から十年程前に、アリス家のアティックを借りて住んでいたというのが私とスー・チーさんとの関係で、いわば家主夫人と店子の間柄にすぎないが、「おまえはオックスフォードで一番の美人の家にいる」と誰からも言われ、自分でもそう思っていたし、現在もそう確信している。

スー・チーさんの姿を初めて見た時の強烈な印象は、今でも鮮明に残っている。まだアリス家に移る前にパーティーに招かれた時で、パーティーの準備を終えて清楚な東洋風の衣装をまとって現れたスー・チーさんを見た時は、〝エー、ウッソー、ホントー〟というのが正直なところで、幸い部屋の隅にいたので誰もその時の私に気づかなかったと思うが、目をまん丸にして口でもポカンと開けていたのでは、という気がする程であった。

そのスー・チーさんの生活は、むしろかなり地味なもので、特別目立つ家具があるわけでもなく、テレビは白黒の小さいのがあるだけで、子どもたちは見たい番組があると、アティックまで上がってきて私のレンタルのカラーテレビを見ていた。昨年のノーベル賞の受賞式で二人の男の子は立派に成長した姿を見せてくれたが、当時はまだワンパク盛りで、とくに長男のア

レクサンダー君は手が早く、気に入らないことがあると相手をポカリとやっては、アリス氏から自室で謹慎の罰を受けていた。

ミャンマーのスー・チー女史が幽閉されている家から、夕方になるとモーツアルトのピアノ・ソナタが聞こえてきた、と報道されたことがあったが、残念ながら、スー・チーさんのピアノを聞く機会には恵まれなかった。しかしモーツアルトについては、アリス氏も含めて三人でよく語り合った。私がモーツアルトのテープをよく聞いていたことと、モーツアルトの演奏があると欠かさずロンドンのフェスティヴァル・ホールまで出かけていたためで、スー・チーさんは、自分もよく聞くのか、ラジオでモーツアルトの放送があると、その時間をわざわざ教えてくれることも多かった。一度アリス家のパーティーの時に、少し早めに下に降りて行くと、アリス夫妻がモーツアルトのＫ４１７のホルン協奏曲のテープを流しながら準備をしており、アリス氏が「モーツアルトが好きならこの曲が何かわかるだろう」ときくので、通説をとろうか新説をとろうか一瞬迷ったが、「三番目だ」と答えると、案の定アリス氏は「残念でした第二番だ、ほらここに書いてある」といいながらテープの箱を見せ、スー・チーさんも怪訝な顔をしたので、「イウリセンの新しい説によると、いずれも未完成に終わっているＫ３７０ｂとＫ３７１のロンドを組み合わせたのが最初のホルン協奏曲で、あとは順番が一つずつずれるのが正しいのだ」と説明を始めたところに来客がぞくぞくと到着してしまい、スー・チーさんには間違えたと受け取られたままに終わってしまったのが今でも残念でならない。

正直なところアリス家での私が、スー・チーさんをかなり意識していたことは否定できない。毎月の部屋代は、銀行できれいなお札を用意してしゃれた封筒にいれ、アリス氏の留守をねらってスー・チーさんに手渡していた。スー・チーさんは、「マイクが帰ってくるまでお預かりします」といいながら恭しく受け取るのが常であった。このようにスー・チーさんは、なにごとにも控え目で、常にアリス氏を立て、会話でも、アリス氏が話す横でうなずいていることが多かった。しかし一時期住んでいたというブータンでの生活が話題になった時は例外で、新婚時代の楽しい思い出に満ちているのか、「マイクは運転が下手で、何度も車が崖から落ちそうになった」などと、笑いころげるように話してくれた。その時つれてきたのか、アリス家には、世界でも非常に珍しいというチベット犬が飼われていた。

私には懐いてくれて、よくアティックまで上がってきて片隅で寝そべっていた。ときどき冗談に、「スー・チーさんをつれてきてよ」と声をかけると、いかにも分かったようにもっそりと起き上がって階段を降りて行くが、私の頼みを実現してくれたことは一度としてなかった。

スー・チーさんの手料理を何度かご馳走になったが、申し訳ないことにこれといって印象に残っているものはない。ご夫妻をアティックに招いて私の手料理をご馳走したこともあるが、てんぷらととろろそばはとりわけ好評で、「It's successful」といってくれたアリス氏の横で、スー・チーさんが大きくうなずいていたのをはっきり覚えている。

オックスフォードを立つ日の朝、大学時代ラグビーのフォワードで鳴らしたという身体の大きなアリス氏にひっそりと寄り添って、車に乗り込む私を見送ってくれたスー・チーさんの姿は、今も瞼に焼き付いている。あの控え目でやさしい私の知っているスー・チーさんと、テレビで見た必死に聴衆に語りかけているスー・チー女史とが同じ人物とはなかなか信じられないが、これも人の運命、歴史のいたずらなのであろうか。スー・チーさん一家に幸いあれ！

（心理学）

三六六号　一九九二年五月一三日

カオス出門

金子邦彦

聞くところによると気象予測研究所のF博士は研究生活をしめくくるにあたりデーモン（魔）Mと契約を結んだという。M「で、魂と交換に何をお望みで？」F「私は気象予測に人生を捧げてきた、しかるにカオスなんてものがあるためにいくら今の温度やら気流やらを精度よく測ってもそこの誤差が鼠算的に増大して予測ができなくなるのだ。そこで今生の名残にカオスを消してくれないだろうか？」

さて何でもお望みのものをといった手前、デーモンとしても断るわけにはいかない。早速カオス入門書を買って調べ出す。何なに微分方程式などの決定論的な系でも周期的な繰り返しでなく一見でたらめに見える運動が見られ、カオスは決定論的世界観と確率論とをむすびつけることとなった。カオス軌道の描く図形はフラクタルと言われているような、無限に自己相似の細部構造を持っており、これによって〝奇妙なアトラクター〟と呼ばれている。こういった運動形態はほとんどすべての非線形の方程式、多くの自然現象でみられ……。ううむなぜそんなによく見られるものを学ばなかったのだろう？　やっぱり早稲田にいくべきだったか？　とハーヴァードと東大に在籍したデーモンは疑問に思う。しかしそのうちこれは大学ではちゃんと解ける問題しか教わらず、カオスというのはそんなに解が書き下せるものではなくて最近のコンピュータの発展で発見的に進んできたものだからららしいと納得した。

一方F博士は物理を教えている友人にカオスがなくなったらどうだろうときいてみる。意外なことにそりゃあ有難いなと友人は言う。最近力学を教えていても単振り子の運動方程式すら解けぬ癖に、ちょっと聞きかじった学生とかが、「でも振り子を二個つないだだけでカオスになるんでしょ」とかいって学力の無さを棚にあげているのに憤っていたからだ。「ただし駒場の基礎科学科第一の人には言わないほうがいいよ」と友人は付け加える。「あそこの学科はカオスの物理・化学・数学の一線研究者が一緒にいる（たぶん）世界唯一の学科として注目されている（?）らしいから。」

さてカオス入門書をいくら読んでもカオスの消し方は分からない。そもそも彼の求めてるのは入門ならぬ出門なのだから。困りあぐねたデーモンMは遂に大先輩のデーモン・ラプラス（L）やデーモン・マックスヱル（MAX）に相談をしてみる。「それは難題じゃ。」デーモンLはいやいやしゃべり出す。「例えば適当なニュートン方程式をとってきてカオスが出てこないってのはほとんど無理な話だし原子分子のレヴェルで果たしてカオスがどのようになってるかはいまだにようわかっとらん。」横からデーモンMAXが今は亡き人間界のライヴァル・ボルツマンを思い出しつつ、つけたす。「だいたいそのレヴェルを考え出すと統計力学の基礎づけとかひどく難しいことに関係してしまうぞ。」「それでは大気とか流体の運動とかレーザーとかもっとマクロなレヴェルに話をかぎったらどうでしょうか。」おずおずとデーモンM。「ううむ……それにしてもことは簡単ではない。」デーモンL。「いいか、カオスに外から常に摂動をうまく加えて制御するって研究がある。しかしこれとて関係している変数の数がほんのちょっとの時しか成功しておらんのだ。とてもとても……」。「しかし」とデーモンMは反撃に転じる。「そんなことだからLさんは『決定論ですべて予測できるというラプラスの魔の幻想はカオスによってとどめを刺された』なんて死亡診断書を書かれちゃったんでしょ。MAXさんにしたってそんな制御ひとつできないようだからエントロピー増大法則を破ることができずに隠居しちゃってるんでしょう。」痛いところをつかれた二大デーモンはついに力をあわせカオスを消すべくのりだすこととあいなった。

一日目　川の流れも海の波も雲の流れも風の音もみんな規則的な繰り返しとなる。洗濯をしても汚れが落ちにくいなんて嘆きもきかれる。

二日目　世の中から遊びが次々と消え始める。パチンコもビリヤードも最初のスピードを順にかえていけばうまくいくようにできるのだから全く面白くない。トランプにしたってカードを切ることができなくなってしまうし。一方そば屋さんもうどん屋さんもケーキ屋さんも真っ青になり始める。今まで実はカオスをつかってうどんやパイ地をこねていたのにそれができなくなってしまったのだから。

三日目　社会、経済、株の動きにも影響が及び始める。一方、動物たちは予想外の運動ができなくなり始め、小犬の動きも鳥のさえずりも単調な繰り返しとなっていく。

四日目　感覚とか思考に影響が出始める。自己言及的議論はできなくなり、勘でパッとあてるなんてのも難しくなり始める。だんだん決まったパターンの繰り返しの思考となっていき、芸術創造性といったものが消え始めていく。

五日目　カオスと共存して機能していた生体系が故障を始める。脳はてんかんのような発振状態をへて遂に思考がとまってしまう。しかしそれどころでなく心臓のリズムは不整脈をへて止まってしまう。かくて人類はあっけなく滅亡してしまった。
六日目　化学反応系のカオスが消えたためか細胞の多様な分化や恒常性の維持ができなくなり地上から順次生物は死に絶えていった。
七日目　かくて日のもと新しきものなしという静寂にみちた繰り返しの世界となっていった。
さてSFとしてはこの七日をもっと詳しく描いていきたいのだが……。それに実は、カオスによりミクロレヴェルの揺らぎとマクロな運動はつながっていたため結局マクロだけでカオスを消すなんてことは出来なくなって？日目にはとうとう光しかなくなってしまうっていう続きもあるのだが……。しかしもう学部報の字数をとっくにオーヴァーしてしまった。え？　カオス入門の原稿を依頼したのに、いったいどこまでが科学的真理でどこから先が虚構かわからない？　それはさておき、そうそう、「さておき」なんて思考が出来るのもカオスのおかげなんだろうか？

（物理学）

三七四号　一九九三年四月七日

（注）本稿に加筆したものが金子邦彦『カオスの紡ぐ夢の中で』（ハヤカワ文庫、二〇一〇年）に収録されています。

「性差文化論」繁盛記

瀧田佳子

先日行われたアカデミー賞授賞式において、バーバラ・ストレイザントは、女性をテーマにした映画であるといったコメントをしなくてもよい時代になってほしいという発言をした。フェミニズム運動を反映して「クレイマー、クレイマー」から「テルマ・アンド・ルイーズ」にいたる一連の作品が生まれ、映画の世界でも性的差異の存在が強く表現されるようになった。「性差」のある世界がより現実性を帯びていると考えられるようになれば、女性性をことさら指摘する必要はなくなるはずであろう。一方昨年あたりしきりに問題にされたのはフェミニズム運動の一般的停滞であり、グロリア・スタイネムは雑誌《Time》で危惧を表明した。

戦闘的な運動は影をひそめたとはいっても、大統領キャンペーンをみてもわかる通りまた繰り返されるアボーションの問題をめぐる議論をみても、また困難をともなっても閣僚レベルで女性を登用していることからも、海の向こうの隣国は、着実に性差ある社会を現実の世界として把握している。しかし何よりも大きな収穫は、学問の領域で得られたものではないだろうか。フェミニスト批評、女性史、女性学、男性学、レズビアン文学、言語と性差、こういった分野でぞくぞくするような研究が生まれてきた。

皆さんは「性差」、あるいは「性」という言葉から何を連想し、何をイメージするだろうか。第二外国語の勉強を始めたばかりの一年生は、男性名詞、女性名詞のことが連想されるだろうし、男子校から文三に来た人や、女子校から理科に入った人たちはそれぞれ程度の違いはあってもカルチャー・セクシュアル・ショックを感じているかもしれない。ビジネス社会からの情報では「性差別」、「セクシュアルハラスメント」と結び付けられ易い雰囲気もある。

一昨年秋、駒場に発足した「性差文化論」という総合コースは、この春それ自身すっかり新しくなった授業案内の中では、主題科目中のテーマ講義となっている。駒場からの新しい知の発信として私たちが考えたこのコースは、フェミニズムが切り拓いたものをふまえてはいるがいわゆる女性学とは異なるものであった。毎回専門の違う、しかしもちろん関心のもちようでは関連しあう講師陣が先端的な研究を話す。これにディスカッション（この部分は学生諸君の出番であり、もっと充実させたいところ。アメリカ人の先生はご自分の話がよく聞こえなかったのではないかと、本気で心配なさった）。

今回が四回目であるが、最初はそれこそ手探りで始めたコースもしだいにそれぞれ「愛とセクシュアリティ」とか「身体」といったテーマを持つようになった。各学期の初回には渡邊守章、新倉俊一、工藤庸子諸氏がそれぞれ性差文化論事始、愛の発生、身体について刺激的な話をしてくださり、ヨーロッパ、南北アメリカ、アジア、日本等の地域性をはらんだ問題意識が専門の領域からもちだされた。ドイツ文学とインド史が並び、ラテン・アメリカと中国古典が、フランス哲学と英米文学がともに学べる可能性すら出てきたわけである。

このコースの面白さは男女の問題を一方ではオス・メス問題にまで広げてそのルーツともいうべき姿を見つめる機会のあることだろう。ここで人間行動学、人類学が登場する。心理学教室のスタッフの協力は本当に力強い。また外から講師として参加くださった長谷川真理子先生の生物学的、人類学的、女性学的アプローチは時には爆笑を誘いつつ大きな感動をよんだ。性関係は人間界だけでなく、動物界でも重要かつ真剣なものなのだ。そして、動物における求愛行動と子育て行動の多様性を知ると、人間の子育てももうちょっと変化があってもいいのではなどと思ってしまう。人間の成長過程で、いかにして女の子、男の子として作られていくか研究報告なさったお茶の水女子大女性学研究所の館かおる先生がこんなに多くの男子学生に講義できるのは感激ですとおっしゃって下さったのも印象的だった。外からは前回、美術史の鈴木先生が西洋の裸体画について特に女性の描かれかたを分析して下さったのも新鮮だったし、ラテン・アメリカとヨーロッパを男女の視点で解釈してみせて私たちの目を開いて下さった先生もいらした。こう考えてみると、性差文化論というコースが知の出合いの場となっているようだ。

私たちを取りまく男女関係の状況は急速に変化してきている。それは卒業後の仕事、結婚観、家庭観までにじわじわと変革をせまってきた。先頃、男性メンバーだけで長い歴史をもつある会合でアメリカの男女関係の変化について、クリントンとヒラリーさんの例などあげて短い話をした。平均年齢六十歳以上という、オール男性の聴衆（唯一の例外はアシスタント役の本学都市工学出身の若い女性）の反応は暖かく、すこぶるよかった。聞けば、そのクラブでも女子の会員を認めようという機運ができているそうだ。雇用における男女平等法成立以来女性が男性と対等に仕事をする制度は一応できた。しかし総合職と称するその分野でバリバリ仕事をしようとする女性を受け入れる心の準備が職場にあったかどうかは疑問である。総合職の悲劇は充分聞かされた。それが今、事態は変わりつつある。この変化にしなやかに対応できなければ受け入れ側の悲劇がうまれよう。

アメリカのフェミニズムが多民族社会のなかで新たな成長を期待させるのに対して、イデオロギーだけのわが国への輸入はむしろ運動を分裂させ、弱体化させて終わるかもしれない。しかし今、複雑で混沌とした様相さえ見せる性の問題を見据えることから新しい学問が生まれる可能性は見えてきたと思う。

今学期も大教室にぎっしり集まってくれた学生諸君とこの新しい学問を育てたい。題して「ジェンダーと現代」、社会で活躍中の卒業生をお招きし、アメリカの現状も論じていただく予定だ。さしあたってまずバーバラ・ジョンソンの『差異の世界』から始めよう。

（英語）

三七五号　一九九三年五月一二日

レーヴェンフックの顕微鏡

松田良一

昨年の十月末、米国のクリントン大統領は議会の決定に従い超伝導超大型加速器（SSC）計画の終結法案に署名した。総額百十億ドルともいわれた周長八十七キロメートルの巨大加速器の建設は多くの物議をかもしながら経済的理由で中止された。先端科学とは、かくも膨大な予算を使ってしか遂行できないものなのだろうか。人類の自然認識を深め、その応用により人類に幸福をもたらすべき科学の原点を考えるとき、三百年以上も前にオランダのある一人の男がやったことを思い直してみる必要がある。その男の名はアントニー・ヴァン・レーヴェンフック。彼は微生物、赤血球、精子、毛細血管などの発見をした細胞生物学の父ともいえる男である。ここで彼の生き様を振り返ってみよう。

レーヴェンフックは一六三二年にオランダ西南部の町デルフトに生まれた。十六才から二十一才までアムステルダムで織物店の店員をやり、その後、故郷デルフトで自らの織物店を開業した。この頃から彼は顕微鏡に凝り始めたらしい。彼はその後、今流のトラバーユを行ない、顕微鏡観察のためにもっと自由時間があり、かつ身分の保証されたデルフト市の公会堂の守衛になった。顕微鏡といえば今でこそお金を出せば誰でもファンシーなものを手に入れることができるが、当時は道具として人類の歴史に登場してきた直後で、彼は全く独力で顕微鏡を製作せねばならなかった。銀や銅の精錬から始まり、それらから板やネジを加工し、レンズもガラスを溶かして自分で作った。写真はその顕微鏡の実物大レプリカである。これは長径が二ミリメートル程度の回転楕円体状のガラス玉一個をレンズとする単式顕微鏡で倍率二百倍以上になる虫メガネのようなものである。この自作の単式顕微鏡を用いて彼は身の周りのあらゆる物を片端から観察した。池の水の中にはおびただしい数の微小生物が泳ぎまわり、血液中には多数の中心がへこんだ円盤状の物体（赤血球）が存在し、精液中には糸状の尾を持った微小生物

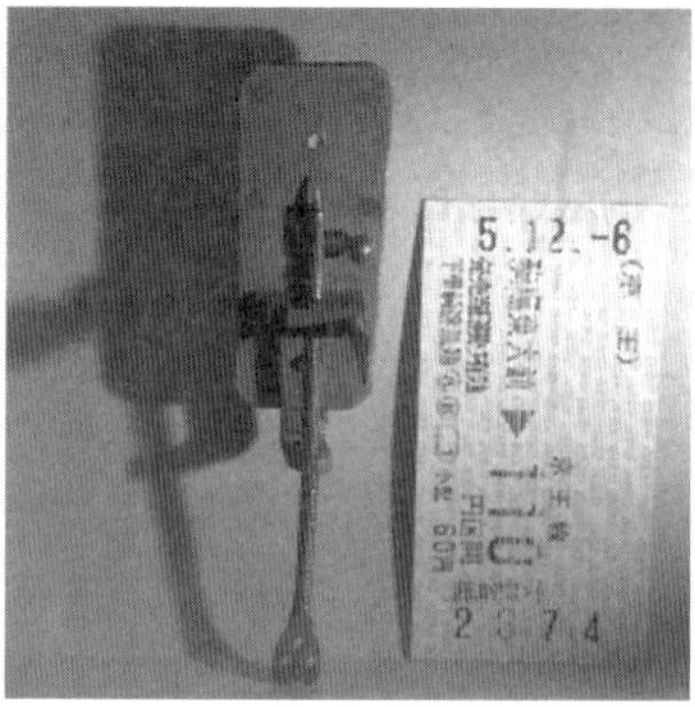

——精子が活発に泳ぎまわっているのを最初に観察し記載している。海岸で二枚貝の発生の様子を最初に観察し、親なくしては子供が生まれないことを確証した。その頃はハエやウジは腐った肉から創造され、疾病は悪魔の仕業と考えられていた時代であったから彼の発見は当時のヨーロッパ人には正に度肝を抜くものであった。二枚貝の稚貝のうち具合いの悪そうなものが死ぬと体から多くの微生物が出てくるのを記載したのも彼である。そればかりか彼は自分の歯垢にも目を向けた。歯の表面には池の水に劣らず無数の微生物がうごめいていた。熱い湯を飲むとその動きがにぶくなり、さらに布きれで歯をみがけば微生物は見えなくなる。彼はこの口腔内微生物の発見以降、毎食後に歯の手入れを必ず行ない、晩年までも白い健康な歯を持ち続けたそうである。残念ながら微生物が疾病の原因になりうることが実証されたのはそれから二百年を経たパスツールの時代である。しかしレーヴェンフックの諸発見はその先鞭をつけたといって良いだろう。又、毛細血管を魚のヒレに見つけ、ハーヴェイが見ることのできなかった動脈と静脈をつなぐ構造の存在を実証したのも彼であった。レーヴェンフックはミクロの世界があまりに当時の常識を超越しているので自作の顕微鏡に何かの間違いがあるのではと心配し、幾度も新しい顕微鏡を作っては同じ標本を観察しなおすという周到ぶりで、合計四百台以上の顕微鏡を作った。余りの執念深さに彼の娘は父親が発狂したと思った程だったという。彼は観察結果をオランダ語口語体のまま英国の王立協会に五十年間にわたって送り続けた。

手のひらにおさまる程小さくてきゃしゃな単式顕微鏡によって彼はミクロの世界を拓き人類の自然観を変えさせる端緒を作った。もし我々がレーヴェンフックの時代に生まれたとしたら果してその時代の常識に敢えて挑戦し、自然観を変える程の創造性と勇気を持っていただろうか。同じことは現に二十世紀末に生きる我々についてもいえるだろう。人間はそれぞれの時代の殻の中に閉じ込められて生涯を送っている。時たま、その殻をやぶる個性が登場し時代の歯車を前に進めることになる（といってもそれが又、新しい殻を作るきっかけになるのだが）。人口爆発、環境破壊、核兵器、南北問題等々これからの人類の存続を脅かす問題に立ち向かうには、より多くのより斬新な個性の存在を必要とする。そのような個性の出現を現代社会が阻んでいる可能性はないだろうか。たとえば科学研究費の配分は日本においてもSSC程ではないが徒党を組んで研究を行なうビッグサイエンスにかたよりがちで、個人の創意に基づく一般研究の占める割合は年毎に低下している。さらにリトルサイエンスのメッカたるべき大学の学問環境は荒廃が著しい。それに加えて講義中、何も質問せず既製の概念や知識を鵜呑みにする学生がやたら多い。これでは時代の殻をより強固にまとう人間を大量生産するのみである。レーヴェンフックの顕微鏡は、現代科学の発展の勢いの陰でしばしば忘れられがちな個性の重要性を指摘すると共に私達に科学とは、社会とは、教育とはを考えさせる機会をも提供している。

（生物学）

三八二号　一九九四年二月九日

娘にはいえないインドひとり旅

長崎暢子

今から三〇年以上も前の話になるが、二年間のニューデリーの留学の任期を終えた私は、訳の分からない冒険心にかられ、寝袋と蚊帳とをかついで、夏のさなかのインド亜大陸を三ヶ月の一人旅に出かけた。蚊帳といっても蚊だけでなく、南京虫もよけられるよう、シーツを袋のようにしっかり縫い合わせた手製のものである。それまで二年間、留学といっても「まず生活することが大事です」と指導教官の荒松雄教授がはなむけにくれた言葉通り、毎日の生活に精一杯で、インドを気ままに旅行するなどほとんどできなかった。もうこれが最後のチャンスだと、有り金全部を下着のなかに着込んで汗びっしょりになりながらも弾む心でデリー駅に向かった。ニューデリーから時計回りで、東へ向かい、ベナレスを経てカルカッタへ、ダージリンで憧れのカンチェンジュンガ山を一目見てからマドラスへ下り、スリランカにちょっと渡って、またインドに戻り、ゴアへ抜け、ボンベイを通ってデリーへという汽車旅行の計画だった。

毎夜、やおらイギリス人の書いた案内書を広げ、翌日の行き場所を決める。目的地に近いところまで列車で行って、列車を降り、そこからバスに乗ったり、人力車や牛車を雇ったりしながら、ラクナウの古い都やカジュラーホのような有名な遺跡や、インド大反乱の激戦地の弾痕のあとを見たりして一人感激していた。多くの場合、そこからまたその日のうちに引き返して、大体はインドの鉄道の駅の待合室に泊まった。安宿に泊まったこともあるが、一度鍵のない部屋に入れられ、一晩中ドアを押さえていた経験をして以来、駅の待合室が当時は一番安全な場所だということが分かったのである。寝袋を広げ、洗濯をし、食事は駅の食堂。そのあと蚊帳にもぐり、翌日何処へ行こうかと案内書を読みながら寝てしまう。そんな毎日が三ヶ月続いた。北インドの町は、何処に行っても、ぎゅうぎゅうにインド人の住む旧市街、イギリス人のかつて住んでいた壮麗な住宅地、そこに兵営（カントンメント）の三部分から構成されていて、今更ながらインドがかつて植民地であったことが実感された。

一人旅はおしゃべりにならなければいけない。目的地につく前に、あらかじめ汽車の中などで知り合いになった人に、駅から目的地までのリキシャやタクシーの料金、やっていいことと悪いことなどを聞いておく。それも大抵は二カ所で聞くことにしていた。「現地の人のやらないことはやらない」という原則を自分では守っているつもりであった。それでもファイザーバードの駅のベンチである夜寝ていたときのこと、何となくうるさいので目を開けると、私の周りに人だかりがしていて、駅長を始めみんなが心配げにいろいろなことを聞く。どうしてこんなところに寝ているのか、女がこんな危ないことをしていてはいけない、前もって手紙を書いてくれれば(!?)、宿を手配してあげておいたのに、等々。挙げ句の果て、町一番のタークル(旦那・地主のこと)のうちに夜中、ぞろぞろとつれて行かれて、大歓待され、翌日駅を発つときは、見送りの人たちの中に、何処で手に入れたのか、日の丸のバッジをつけてきたマルワリ商人の紳士さえいて、私を感激させた。

その逆に怪しい女と思われることも多く、あちこちの警察に何度も出頭を命ぜられた。デリーで旅行届も出しているから、何も悪いことはしていないといっても警官は私の部屋の中に入ってきて私が出頭するまで動かない。警官も暇でやることがないから「もう結婚してるの?」などとどうでもいいことを聞く。主観的には結婚しているけど、法律的には結婚していない、などといっても分かるわけがない。結局、しつこさに参って出頭してしまうのだった。警察に行くと何のことはない。さんざん待たされたあげく、これまたどうでも良い質問をして帰される。ビカーネルという砂漠の町にいたときのこと、貴重な時間なのにと「烈火のごとく」怒ったことがあった。すると、お詫びのつもりか、「インド舞踊は好きか」などと警察署長が聞く。思わず、好きだと答えると、その夜、大きな車の迎えが来て、町のエライサンと一緒に秘密めいた家でびっくりするほどきれいな芸者(?)の舞踊を見せてもらったこともあった。

二ヶ月目を過ぎ、スリランカに渡ったころから、自分は何も見ていないという気がするようになった。「旅人は自分の持って出たものしかもって帰れない」という言葉がちらちらと頭に浮かぶようになり、帰国した方がいいかな、と感じた。デリーに戻ったら、今はやりの猿岩石のように、デリー発ロンドン行きのバスでイラン、ギリシアを通ってロンドンへ行き、そこから帰国しようと思っていたのを、止めてそのまま帰国することにした。

この危なっかしい一人旅の話はいまだに娘には言えないでいる。もし、今娘がこんな旅行をする、といいだしたら、心配でたまらないからである。女子学生が行くと聞いても、慎重にねなどとよけいな注意をするだろう。とはいえ旅の途中、何人かの女性と道連れになり、女性の冒険家というのは世界には案外いるなあ、と強く印象に残ったのも事実である。実はあれ以来の私は、いつでも、何処へでも旅立てるようにスーツケースのなかに旅支度を整えておくようになってしまった。寝袋と蚊帳も未だに捨てることができない。

（地域文化研究専攻／歴史学）

四一六号　一九九七年一二月三日

動物の「ボディープラン」の謎を探る

シグナル分子と形態形成遺伝子

浅島　誠

1・生体の遺伝子は一部しか使われない

動物の個体発生の中で、各々の動物に固有の形「ボディ」は、どのような設計図（プラン）のもとに規則正しくつくられていくのであろうか。

親から子へ、子から孫へと伝わっていく遺伝情報（主としてDNA・デオキシリボ核酸の略）の中身の解析が今、世界中で急速に進んでいる。藍藻（ラン細菌）や枯草菌などのもつ全遺伝子の配列はすべて解読された。そして今、ヒトを含めて他の生物の遺伝子の解読が急ピッチで進んでいる。特にヒトの遺伝子の解析は世界中でなされ、「ヒトゲノムプロジェクト」といわれている。ところで、このような全生物のもつ遺伝子の解析が進んだら、それで生命が本当に理解できるのであろうかというと答えは「ノー」である。なぜなら、その生物がもっている全遺伝子量のうち、卵から親へ、親から孫への個体発生の間に本当に使われているのはそのうちのごくわずか十％にも満たないのである。逆にいえば、九十％以上は、ほとんど使われないままの遺伝子といわれている。そうなると、使われる十％弱の遺伝子だけで、どうしてこれほどまでに各生物の特有の形や機能をもってくるのだろうか。例えば、ヒトが百人いれば百人とも顔形は少しずつ違う。そこまで、個体というマクロな部分の形づくり〝ボディー〟からミクロな指紋の違いについて、DNAによる個体識別にいたるまですべて遺伝子の本体であるDNAの設計図（プラン）の中にあるとすれば、その設計図とはいったいどのようなものであり、どのような調節機構により成り立っているのかという謎解きは極めて重要である。その扉が少しずつ開かれようとしている。

2・ボディープランへのアプローチ

現代の生命科学は、今まで神秘といわれてきた生命現象を少しずつ〝分子の言葉〟で説明できるようにしてきた。その一つは、ごく一部の例外を除き、全ての生物はＤＮＡという遺伝子情報のもとにつくられてくる。しかも、そのＤＮＡを構成する単位はたったの四つの文字（Ａ・Ｔ・Ｃ・Ｇ）で構成されている。そして、これらの四つの文字の配列がすべての情報の源泉であり、個体のマクロな部分からミクロな部分まで構成を決めている。そのようなことが分かってくると、私達には全く異なって見えた生物であった植物も動物も、そしてトンボもウニもカエルもヒトも、ボディのプランの中に共通の遺伝子の配列をもったものがみつかったのである。代表的なものはホメオボックス遺伝子とよばれる遺伝子であり、これは遺伝子の発現に直接に関与する部分である。そして、これらには多くの種類があるが、ショウジョウバエもカエルもヒトも基本的に非常によくにており、規則的な順番をもって並んでいることがわかってきた。つまり、膨大な遺伝情報の中で、特定の部分だけを読み出す転写遺伝子の一つだったのである。そうすると、いかにしてこのような形づくりに直接に関与する遺伝子（形態形成遺伝子）にはどのようなものがあり、それらがどのようにして発現し、そして相互関係をもっているのだろうか。特に動物の初期発生での個体の発生という時間軸の中で、これらの遺伝子たちをどのようにとらえるかが重要となってくるのである。そうすると、それらの形態形成遺伝子の働きを調節している物質（シグナル分子）がどのようなものなのかを明らかにすることが重要となってくる。シグナル分子は細胞と細胞の間のやりとりや組織相互間の情報伝達を担ったり、また細胞の表面から細胞内の情報伝達を担ったりして、必要な時期に、必要な量だけ特定の場所の遺伝子を活性化して、必要な情報を読んで取り出す働きをすることになる。

３・シグナル分子と形態形成遺伝子

ヒトも含めた多くの動物は、沢山の細胞（ヒトの場合は約六十兆個の細胞）から成り立って、調和のとれた機能する一個の有機体としての〝個〟を形成している。このようにしてみた時、もともと一個の細胞であった受精卵がどのようにして、細胞が分裂して増殖し、やがてそれぞれの特異的な組織や器官に分化していくのか。その道筋はどのようにして決まってゆくのであろうか。別の言葉で言い換えると、個体の発生のプログラムの正確な進行の担い手を調節する機構とは、分子の言葉でどのようにして理解していったらよいのであろうか。そこへのアプローチにはいろいろの攻め方や切り口があるが、私達は今、細胞間に存在し、形態形成遺伝子の発現を調節するシグナル分子としてアクチビンを用いて様々な研究を進めている。

４・シグナル分子としてのアクチビンの働き

アクチビンはＴＧＦ-β（細胞成長因子の一つで、形質転換成長因子）スーパーファミリーに属し、分子量二五〇〇〇のタンパ

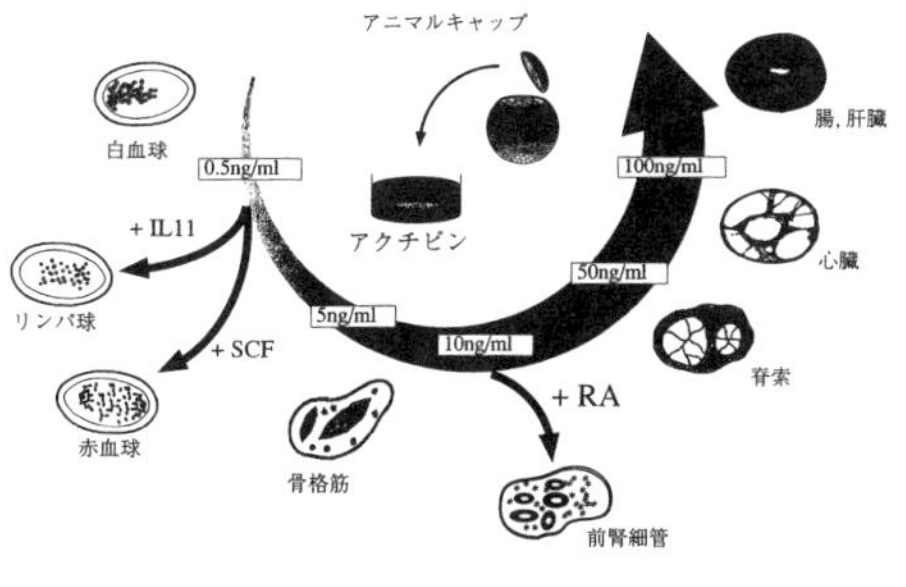

図１　アクチビンによるアニマルキャップへの器官形成の誘導（チャート）

ク質である。このタンパク質はすべての脊椎動物が持っており、現在までに六種類知られている。私達がシグナル分子としてアクチビンAに筋肉や脊索などの中胚葉分化誘導能があると最初に発表したのは一九八九年である。それは、卵から親へのボディープランを分子の言葉で理解する大きな突破口となった。アクチビンは、未分化細胞（アニマルキャップ）に対して、濃度依存的に様々な組織を作ることができる。低濃度（〇・五ng）では、腹側の血球や体腔内上皮、中濃度（五ng）では筋肉、高濃度（五〇ng）では動物の形づくりのセンターとなる背側の脊索まで分化誘導することができる。それでは、更に濃度を高くしたらどうなるのだろうか。私達の研究室では、世界で初めて単一の物質で拍動をする心臓を試験管内でつくることもできたし、肝臓や小腸までも正常発生と同じようにつくることができたのである（図1）。そうすると、アクチビンというシグナル分子は未分化細胞に働いて濃度依存的に様々な組織や器官をつくることができ、しかもつくられてきた組織や器官は正常胚のものと寸分の違いがないのである。生物のボディーを形成する様々な器官などが一つの重要なシグナル分子によってある分化の方向性が示されていることがわかってきたのである。そして、その時シグナル分子を介して、その組織や器官に特異的な遺伝子も、規則正しく、発現していくのである。先に述べたホメオボックス遺伝子や細胞接着分子も規則的に発現してくることになる器官形成は様々な遺伝子が時間とともに発現し、変化してくるが、それらの流れにある一つのシステムのカスケードの総和とみることができる。アクチビンはそのカスケードの最初の引き金をひく分子シグナルといえよう。ちょうどすでにプログラムされていたドミノ倒しのように正確にかつ、規則正しく発現していくのであり、その調和の機構はまさに芸術品である。科学者が生命をみる時、その世界は限りなく美しく、ミクロになればなるほど、そこにみられる分子の美しさとリズミカルな動きに魅せられる。発生過程の形づくりでみせてくれる分子と細胞の動きは私達の創造を越えて見事な芸術をみせてくれることになる。

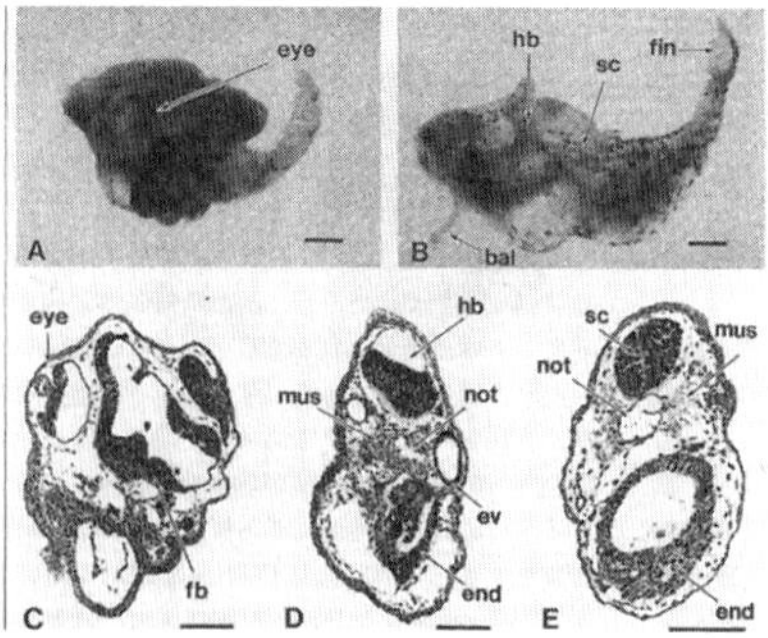

図２　アクチビンによるアニマルキャップへの体軸構造の誘導（イモリ）

ＡとＣ（組織）は後期に再結合され、頭部が形成された外植体で、ＢとＤ（組織）は早期に再結合され、胴尾部が形成された外植体。CNS：中枢神経系、eye：眼、sc：神経管、not：脊索、mus：筋肉、ev：耳胞、end（gut）：内胚葉性組織（腸管）、fb：前脳。

５・ボディープランと〝個〞の調和

今までアクチビンによって私達の体を形成する様々な組織や器官ができてくることについて述べたが、それらはいってみれば有機体の一部である。〝個体〞の中にある各部分のパーツである。このパーツがまとまって統一のある〝個〞ができるのである。この形成における〝個としての統一性〞の形成と維持こそが、またボディープランのつぎの大きなテーマである。そこには動物の持つ体軸（頭尾軸、背腹軸、左右軸など）がある。アクチビンを処理した未分化細胞は中胚葉や内胚葉の器官や組織になることは上記のように述べたが、まだボディープランの一部分しか見ていないことになる。ところが、アクチビン処理した細胞を未分化細胞（アニマルキャップ）でサンドウィッチすることによって、試験管内で胴尾部構造や頭部構造をつくることができる（図２）。そこには、いままで見られなかった軸をもった体の一部ができるのである。このような時、どのような遺伝子が関与し、どのような順序でつぎつぎに正確に発現していくのかは、今後の大きなテーマである。特にこの時、脳を含めた中枢神経系の形成がみられる。神経や脳の研究は二一世紀の生命科学の大きなテーマとしてとりあげられている。その形成構造を知る入口が、今まさに開かれようとしているのである。動物の発生における「ボディープラン」の研究は、今大きな流れとなろうとしているのである。その過程で私達は様々な思いもかけない新しいシグナル分子や形態形成などを見つけ、更に生命の美しさと魅力に出会うことであろう。今から楽しみにしている。

（生命環境科学系・生物学）

四一七号　一九九八年一月一四日

脳の不思議

酒井邦嘉

脳は不思議に満ちている。

脳の一部がこわれただけで、視野の右半分で色が消えてしまったり、知っている人の顔を見ても誰であるかわからなくなったりする。過去の記憶をなくしてしまうこともあれば、新しいことを全く覚えられなくなったりすることもある。脳に関するさまざまな謎は、科学者の挑戦を待ち続けている。

脳はもちろん体の一部分であるが、脳ほどその人の全体を代表している部分はない。アインシュタインや夏目漱石の脳は、今もホルマリンの中に保存されているという。脳のかわりに偉人の心臓を保存したところで、その人を偲ぶ気持ちは起こらないだろう。脳は臓器とは根本的に違う。臓器移植ができるようになったからといって、脳をそっくり移植するのは技術的にも倫理的にもできない相談である。「脳移植」という誤解を招きやすい言葉があるが、実際は発生初期の脳組織のごく一部を移植して、神経細胞の再生を促すだけのことである。

脳が特別であるならば、どこにその個性が現れているのだろうか。外から見てすぐにわかるのは、その大きさや形と、たくさんの「しわ（脳溝）」である。指紋や声紋は、個人識別に利用されているが、脳のしわを見ると、明白な個人差がある。最近のＭＲＩ（磁気共鳴映像法）の技術を使えば、頭に全く傷を付けることなく、その人の脳の写真を撮ることができる（図参照）。左右の指紋はほぼ完璧に鏡に映した関係にあるが、左脳と右脳のしわは、まるで別人のように違っている。また、脳のはたらきのほとんどは、左脳と右脳のどちらかが優先権を握っている。しかし、左脳と右脳をつないでいる神経線維が切れたとしても、二重人格になってしまうことはない。脳は、全体として一つの「個」をつくっているのだ。

脳は、百億以上の神経細胞がつくり出す巨大な「組織」である。そして、脳の一つ一つの神経細胞は、実に個性的である。形もさまざまで、錐体細胞、星形細胞、シャンデリヤ細胞、バ

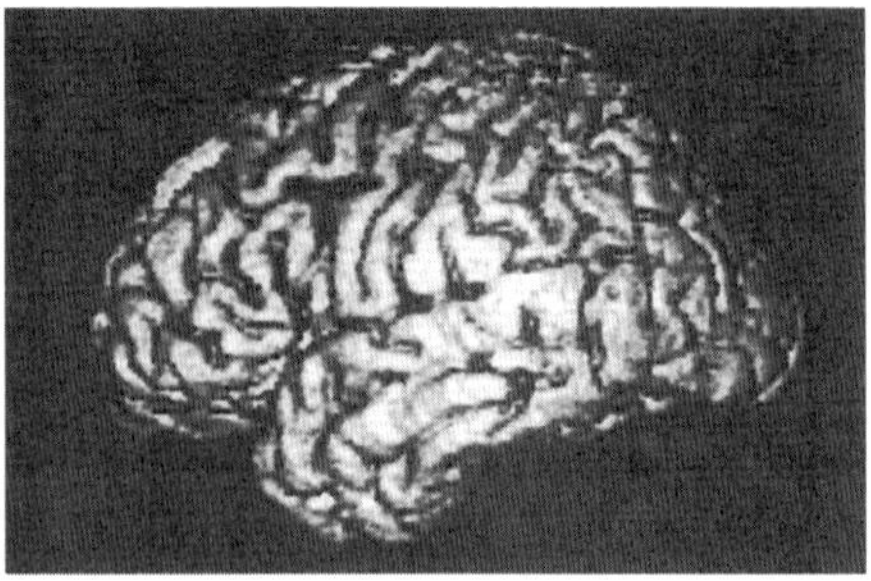

MRI による脳の３次元画像（図の左側が前）

スケット細胞などと名前がついている。とくに大脳皮質では、大まかに見ると層になってはいるが、神経細胞の配列や神経線維の走行は実に複雑である。このような神経細胞の多様性が、全体の脳のシステムの豊かさを生み出しているのだ。駒場のキャンパスが活気に満ちているのも、学生諸君の個性の多様性に支えられているのではないかと思う。

　脳の不思議にいどむための科学もまた、多様性に富んでいる。分子レベルのアプローチもあれば、行動レベルのアプローチもある。現在私がとり組んでいるのは、ＭＲＩを使って脳の機能を画像化する方法である。この方法は、物理学の核磁気共鳴の原理を使っているが、脳機能の測定は生理学の原理に基づいており、実験には心理学や言語学のパラダイムを持ち込んでいる。私自身、物理学→生理学→心理学と遍歴を重ねてきたので、このように多彩なアプローチの融合に慣れてはいるが、脳研究は伝統的な大学教育の枠を越えている。むしろ、このように理系と文系の境がないところに、新しい脳科学の未来があると私は考えている。

　脳から心までを対象とする総合的な学問を、「認知脳科学」とよぶ。認知脳科学の目標は、心を脳のはたらきとして理解することである。私が去年から受け持っている講義には、前期課程向けの「認知神経科学」や、後期課程向け（生命・認知科学科）の「認知脳科学概論」などがあるが、どちらも理科と文科の両方の学生が、熱心に受講している。理科と文科の学生が、脳に対する共通の関心を持って語り合うことができるのは、駒場のキャンパスの素晴らしい特色である。「脳と心」の二分法が過去のものとなるのと同じように、学問の進歩と共に理科と文科はますます接近してくるだろう。学生諸君がこれから進路を選ぶときに、理科か文科かという所属にとらわれることなく、「何に興味を持ち、何を知りたいのか」を自分で考えてみることが、大切だと思う。

　アメリカでは、一九九〇年に「脳の十年」という脳科学推進のためのプロジェクトが開始された。日本では、二十一世紀を「脳の世紀」とする研究体制の強化が五年前から進められており、「脳を知る」、「脳を守る」、「脳を創る」という三本柱のスローガンが掲げられている。海外の研究者からも、この三つの名前についてよく質問を受けるので、反響も大きいことがわかる。ちなみに私は、「脳を創る」に参加している。

わが国の脳科学プロジェクトの旗頭である伊藤正男先生が最近書かれた本のタイトルは、『脳の不思議』である。まさに「脳の不思議」こそが、心を生み出す脳のメカニズムを解明していく推進力である。若い研究者は、この未知のフロンティアに勇敢に挑戦していくことを期待されている。そこで、朝永振一郎先生が遺された次の言葉を、新学期を迎える学生諸君に贈りたい。

ふしぎだと思うこと
　これが科学の芽です
よく観察してたしかめ
そして考えること
　これが科学の茎です
そうして最後になぞがとける
　これが科学の花です

（生命環境科学系／心理・教育学）
四一九号　一九九八年四月八日

言語の壁
日本の学問が見えない

三谷　博

今年三月末、アメリカの首都ワシントンで開かれた全米アジア学会に顔を出した帰途のことである。空港に向かうタクシーの運転手が、いきなり「日本はアメリカみたいに文化覇権を狙っているのか」と聞いてきた。答えは「ノー」。ややあって、「日本語は三種類の文字を組み合わせて使う世界でもっとも難しい言語の一つだから、たとえ覇権を狙っても、漢字文化圏の人々以外が学ぶはずがない。無理だ」。運転手は納得しない。よく聞いていると、アメリカで英語だけがまともな言語とされているのが不満なようである。彼は流暢な英語を話す黒人だから、いま問題となっているスペイン語による小学校教育を特にひいきするいわれはないのだが、とにかく「英語帝国主義」に不満らしい。「日本語帝国主義」への傾向を警戒するというよりは、「英語帝国主義」へのカウンター・パワーとしての可能性を問いただしているようだった。

このとき、まだ彼の発言の意味はよく分からなかった。しかしその後、半年ほど滞米するうち、その意味は身に滲みて感じられるようになった。私の専門は一九世紀の日本研究だが、アメリカの日本研究者の間で、日本人による日本研究がほとんど読まれていないことが分かったのである。いまアメリカでは大量の日本研究書が出版されている。大学院生たちも教師たちもそれを読むのが精一杯で、日本語の著作は、専門分野のうち特定テーマのものしか読む時間がない。日本人による英語著作や翻訳はほとんどないから、いきおい読むのは結局アメリカ人の著作だけになる。アメリカにおける日本研究の専門分野としての発展は、日本の学界とアメリカの学界の分断現象をかえって強めているのである。しかも、英語の著作は世界で読まれるが、日本語の本は読まれない。「日本は技術的に優れているかも知れないが、人間に関する学問・思想はあるはずがない」。かつて、インドで聞いた言葉は、ますます真実味を帯びて聞こえるようになった。

アメリカの日本研究の英語への自己閉塞は、若い世代が日本語を話したがらなくなった事実にも現れている。アメリカに学問的な日本研究を作り上げた人々は、きちんとした日本語教育のシステムを作り上げ、成功を収めたのであるが、最近は上記の事情で、かえって日本語力は低下しているようである。私は滞米中、自分の練習のためできるだけ英語を使い、真に尊敬する相手とだけ日本語で話したが、年輩の研究者が真意を見破って「日本語を話さないのは恥ずかしいことだ」と語った反面、若い世代はこの皮肉を感じ取れず、英語で大いにまくし立てた上で、「データをくれ。解釈は要らない」と無邪気に語ることがあった。それは現在流行している学問的方法とも無縁でない。研究対象をまとまった実在と考え、その内部構造を相手のコンテクストに即して内在的に捉えるのは「古い」。いまの教授たちから評価を受け、就職するには、何が何でも「新しい」理論を身につけ、英語でのディベイトに勝たねばならない。研究対象の人々の生き様は大した問題ではなく、「普遍」理論を例証することだけが、関心の的となりがちである。

「普遍」理論が悪いわけではない。歴史や地域の研究には、本人が意識していようといまいと、何らかのモデルが使われる。それを洗練し、シャープにすることは、自縄自縛にならない限り、むしろ研究を豊かにする。問題は、彼らが、権威ある哲学者たちによる既成の「理論」の当てはめに汲々としている点にある。彼らの「理論」は「普遍」形式を備えているが、中身はけっして「普遍的」でない。発想の出発点は西欧社会とその密接な関わりを持った「外部」に限定され、インド・ヨーロッパ語という表現形式にも束縛されている。それを「普遍」的と信ずる限り、彼らが観察しようとしている（はずの）他の社会はバラバラに解体されるか、「特殊」や「例外」に放り込まれるほかはない。

このような知的状況は何も日本社会に限ったことではなく、東アジアの漢字文化圏、韓国や中国などに共通である。欧米はかつて植民地化した地域を徹底的に「研究」したが、東アジアはおおむねその「外部」に位置し、漢字という障壁もあったため、まともな「研究」対象とならなかったのである。冷戦によってその研究が奨励されることもあったが、その成果は、いくら優れたものであっても、欧米の知的社会のメイン・ストリームからは無視されてきた。いま流行のカルチュラル・スタディーズやナショナリズムに関する論文集成をみればよく分かる。欧米や中東、インド、東南アジア、オセアニアに関する論文は数多いが、漢字圏に関するものはわずかで、日本に関しては皆無なのである。アメリカの大学院生たちは、こうした論文集成の読書から学問を始める。最初から漢字圏を無視する知的習慣が再生産され続けているのである。

かつて欧米に植民地化された地域の知識人は、多くがかつての宗主国の大学に学び、それぞれヨーロッパ言語世界の一員として暮らしている。アメリカの場合、英語を媒体にブリティッシュ・エンパイアの遺産を引き継ぎ、よく整備された大学環境と卒業後の就職機会を提供することによって、世界中から人材を吸収し、英語を媒体とする一大知的コミュニティーを創りつつある。グローバルな金融市場や衛星放送、インターネット、ＥＣやＡＳＥＡＮの共通語、そして例えば日本人と韓国人が対等に話すに必要な言語、それはいま、英語しか考えられない。アメリカの大学町ではいま韓国や中国からの留学生を数多く見かける。黒人よりも多いかも知れない。彼らは英語人となり、いずれアメリカ人となりながら、母国を英語圏に組み込んで行くことであろう。しかし、日本はどうだろうか。世界で唯一、欧米の植民地にならず、独力で近代化を成し遂げた国、その国は日本語による達成が仇となって孤立を深めつつある。アメリカは日本のたった二倍の人口しか持たない小さな国であるが、その人間学問における存在感は、控えめに見ても百倍はある。言語への自己閉塞がこんなにも正反対の結果を生みつつあるとは……。

　東京に帰って、めまいがした。本屋をのぞくと新刊書の洪水である。アメリカの大学町の書店には、たとえ日本研究であっても英語の本しか置いてない。日本はどこにあるんだろう。そう思って帰国したら、日本は本が満ちあふれていた。中身を見ると歴史物の書き方はアメリカの流行とそっくり。なのに、どうして、両者は関係がないんだろう？　帰国の直前、ハワイで、滞米中に考えていたナショナリズムの理論をまとめ、講演した

（勿論、英語で）。先には数々の難関が待ちかまえているに違いないが、ともかくも、一歩を踏み出してしまったのである。

（地域文化研究専攻・歴史学）

四二四号　一九九八年一一月四日

ノーベル賞資料の使い方

岡本拓司

表1は、一九〇一年から四七年の間に、日本人が推薦者または被推薦者としてノーベル物理学賞・化学賞に関わりをもった年を列挙したものである。被推薦者に日本人の名前が挙がった年を、だれが推薦者であったかに注意しながら追っていくと、同僚によって散発的になされた鈴木梅太郎や本多光太郎への推薦と、一九四〇年以降、四二年と四七年を除いて毎年続いた湯川秀樹への推薦との対比が、強く印象に残るのではないだろうか。

今年もノーベル賞受賞者の発表は世界中でニュースとして取り上げられたが、物理学賞、化学賞、医学・生理学賞の発表があった時期、筆者は、機会に恵まれて、ストックホルムにあるスウェーデン王立科学アカデミーに滞在し、一九四七年までのノーベル物理学賞・化学賞の選考に関する資料を調査を行っていた。ノーベル賞そのものについては様々な論じ方があると思われるが、授賞から五〇年以上たった賞に関する選考の資料が一九七四年以来公開されている（例えば湯川秀樹が受けた一九四九年の賞の選考資料は二〇〇〇年一月一日以降公開される）という事実は、科学史家の間では知られていても一般にはよく知られていないようである。ここでは、主として科学史の立場から、ノーベル物理学賞・化学賞の選考過程に関する資料の使い方を紹介してみたい。

ノーベル物理学賞・化学賞の受賞者は、それぞれ五人の委員からなるノーベル物理学賞委員会および化学賞委員会、スウェーデン王立科学アカデミーの関連部会、そしてアカデミー総会という三つの段階を経て選考・決定される。選考に先立って、各賞への推薦状が集められるが、これを提出する資格をもつのは表2に示された人々である。ノーベル賞資料は、ノーベル賞委員会が出した結論に関する報告書、注目すべき候補者に関してノーベル賞委員会の委員がまとめた報告書、世界の各地から集められた推薦状、および主として会計関連の資料などから構成されている。従って、ノーベル賞委員会の中でどのような議論が行われたかを知るためには、ノーベル賞資料だけでなく、各委員の手紙や日記（手紙はノーベル賞資料の中に挟み込まれていることもある）をも詳細に見る必要がある。

さて、以上の資料を用いた研究の関心の主流は、予想されるとおり、特定のノーベル賞受賞者の選考・決定がどのように行われたか、というものである。すでに、スウェーデンの科学界の事情や、ノーベル賞委員会の委員の専攻分野が受賞者の決定を左右した例や、特定の人物を受賞させるためにノーベル賞委員会の委員を巻き込んで行われた運動の存在などについての詳細な研究が発表されている。最近では、Physics Today の一九九七年九月号に、物理学者リーゼ・マイトナーが、核分裂の発見者の一人であるにも関わらず受賞できなかった経緯を明らかにする論文が発表された（日本語訳は『パリティー』一九九八年九月号に掲載）。また、時代は遡るが、表1の田中館愛橘の推薦は、ポアンカレを受賞させようとするフランスのG・ダルブーを中心とする運動に加わってなされたものである。

賞の選考過程に関する研究は、特定の人物の科学上の業績を判断するためのほぼ絶対的な基準として使われがちであったノーベル賞も、生身の人間の推薦状をもとに生身の人間が選考するものであることを改めて認識させるという点で重要である。しかし、ノーベル賞資料は、ほかにも様々な研究のために使うことが可能である。以下では、表1から二名の日本人推薦者の例を取り上げ、実際どのような話題が見つけうるかを紹介しよう。

一九四〇年の賞以降湯川の名前が頻繁に現れ始めるのは冒頭に指摘したとおりであるが、それと一見関わりがないように思われる一九四二年の賞への荒勝文策の推薦は、実は湯川の業績に複雑なかたちで言及している。荒勝は、中間子の発見という業績によりネッダーマイヤーとアンダースンを推薦しているが、この中間子の存在の可能性は、荒勝によれば、彼自身が一九三二年に初めて示唆し、ついで湯川が特定の場合について理論的に強調したものであるという。通常、推薦状には被推薦者の業績を明らかにする論文などが示されるが、荒勝の推薦状には、彼自身が台北帝大時代に書いた一九三二年の論文と、湯川の一九三五年の論文のみが記されている。京都における湯川の同僚であった荒勝が何を思ってこのような推薦状を送ったか、明らかにしてみたいところである。

もう一人取り上げたいのは、長岡半太郎である。長岡は一九一四年の賞以来、判明した限りで七回の推薦を行っているが、一九四〇年の賞に湯川を推薦するまでは一度も日本人の名前を挙げなかった。数多い推薦状の中には、科学上の業績を度外視してむりに同国人や同僚の名前を挙げたように思われる例もあるが、長岡の推薦はそのようなものではなかったようである。

一方で、長岡は、日本の科学が成長を遂げ、日本人の名前が候補者や受賞者の中に挙がることを、既に初めての推薦状を書

表1　日本人がノーベル物理学賞・化学賞の推薦者・被推薦者となった年：1901-47

年	種別	被推薦者	推薦者
1910	物理	H・ポアンカレ	田中館愛橘（東京帝大理科大学）
1911	化学	秦佐八郎（在ドイツ）	T・コッヒャー
1914	物理	H・カメルリング・オネス	長岡半太郎（東京帝大理科大学）
1925	物理	P・ワイス	本多光太郎（東北帝大理科大学）
1927	化学	鈴木梅太郎（東京帝大農学部）	町田咲吉（東京帝大農学部）
1930	物理	W・ハイゼンベルク E・シュレディンガー	長岡半太郎（理化学研究所）
1932	物理	本多光太郎（東北帝大総長）	中村左衛門太郎（東北帝大理学部） 大久保準三（東北帝大理学部） 三枝彦雄（東北帝大理学部）
1933	物理	P・ブリッジマン	長岡半太郎（理化学研究所）
1934	物理	J・チャドウィック F・ジョリオ I・ジョリオ・キュリー	長岡半太郎（理化学研究所）
1935	物理	J・チャドウィック	玉城嘉十郎（京都帝大理学部）
1936	物理	C・アンダースン	長岡半太郎（理化学研究所）
1936	化学	鈴木梅太郎（東京帝大農学部）	平塚英吉（東京帝大農学部） 三浦伊八郎（東京帝大農学部）
1938	物理	E・ローレンス	長岡半太郎（理化学研究所）
1940	物理	湯川秀樹（京都帝大理学部）	D・コステル 長岡半太郎（理化学研究所）
1941	物理	湯川秀樹	松本敏三（京都帝大理学部）
1942	物理	S・ネッダーマイヤー C・アンダースン	荒勝文策（京都帝大理学部）
1943	物理	湯川秀樹	L・ド・ブロイ
1944	物理	湯川秀樹	L・ド・ブロイ
1945	物理	湯川秀樹	M・ド・ブロイ
1946	物理	湯川秀樹	G・ヴェンツェル J・ティボー

注：1901年から1909年、および1947年には推薦者・被推薦者のどちらにも日本人の名前はない。
出典：The Nobel Archive, the Royal Swedish Academy of Sciences.

表2　ノーベル物理学賞・化学賞の推薦資格をもつ人々

（1）スウェーデン王立科学アカデミーの会員（外国人会員を含む）
（2）ノーベル賞委員会委員
（3）ノーベル物理学賞・化学賞の過去の受賞者
（4）北欧の諸大学の教員（大学、専攻、地位に関して規定がある）
（5）科学アカデミーが選んだ諸外国の大学の関連科の長（最低6名）
（6）科学アカデミーが適切と認めた個人

注：上記（1）から（4）は毎年推薦する資格をもつ。
出典：Special Regulations, concerning the Distribution etc. of Prizes from the Nobel Foundation by the Royal Academy of Science in Stockholm.

いた段階で強く望んでいた。このときの彼の推薦状には、日本の科学がまだ揺籃期にあり、日本人を推薦できないことを残念に思うとの感想と、次世代には受賞者が現れてほしいという期待とが綴られている。長岡の希望は、一九四九年の湯川の受賞によって実現したといってよい。この湯川を一九四〇年の賞に初めて推薦した二名の推薦者のうちの一人は長岡であるが、彼の推薦状には、このときの推薦で初めて自信を持って同国人の名前を出すことができたという感慨が述べられている。四半世紀以上あとに、長岡が一九一四年の賞の推薦状に自分が何を書いたか覚えていたかどうかは明らかでないが、二つの推薦状を併せて読む者は、長岡という観察者の言葉を通して、日本の物理学の流れの少なくとも一つの側面を感じとることができよう。

推薦者たちもノーベル賞委員会の委員たちも、五〇年後に賞の選考資料が公開されるとはもちろん予期していなかったに違いない。彼らが書いたものを読んでいくと、一見事務的な推薦状や報告書のはしばしに、賞賛はもちろん、羨望、嫉妬、身びいきなどの感情や、彼らが所属していた組織の諸事情を窺わせる文章を見つけることができる。ここで初紹介できたのは、ノーベル賞資料が提示する多様な話題のうちのごく一部に過ぎない。今後も機会を捉えて、調査結果の紹介をしていきたいと考えている。

（相関基礎科学／哲学・科学史）

四二五号　一九九八年一二月二日

芥川賞を受賞して

松浦寿輝

　第百二十三回の芥川賞は町田康氏の「きれぎれ」と拙作「花腐《くた》し」に与えられることになった。

　決定が伝えられたときから予想されたことではあったが、何とも異様な騒がしい夏になった。テレビで受賞決定が報道された翌朝早くから電話が鳴りっぱなしになり、それは数日で収まったものの、お祝いの花束やら蘭の鉢植えやらで家の中は埋めつくされ、シャンパンやワインが次から次へ届く。わたしはアルコールに弱い方なので、台所の床に溢れ出した酒瓶はほとんど減ってくれない。友達を呼んで全部飲んでもらおうと思いながらも、インタビューを受けるやら急な原稿を書かされるやらでそんなのんびりした夕べを過ごす暇もない。そもそもお祝いを贈ってくださった方々へお礼の葉書を書く余裕もない。

　いざ受賞パーティに出てみると、今年は芥川賞二人、直木賞二人となったこともあってとくに大人数だったそうだが、東京会館の大きなホールいっぱいに参加者がひしめき合い、人々がわたしの前に列を作って入れ代わり立ち代わりおめでとう、おめでとうと口々に祝福してくださる。わたしはと言えば呆けたようになって、ありがとうございますとひたすら芸もなく繰返すばかりである。

　テレビに出ないかとか、映画化したいとか、騒ぎはその後も続く。もちろんテレビなどという醜悪な機械に付き合う義理はないが、今まで何度もあったように、テレビなんかには出ませんと断るとあの連中は「ええっ」と大袈裟に驚き、さもプライドを傷つけられたような態度でいつまでも粘るので受話器を置くとぐったり疲れる。「なぜですか」「嫌だからです」「どうして嫌なんですか」「嫌なことに理由はありません」「しかしですねえ……」。連中は、テレビに出してやるとひとこと言えば物書きだの大学教師だのは尻尾を振って飛びついてくると高を括っているのだ。馬鹿にされたものである。

　いったいこれは何なのか。もとより芥川賞は単なる新人賞にすぎない。実際、わたしの小説も、駆け出しの作家が書いたやや長めの短篇小説といった程度のものでしかなく、本来、そんな大騒ぎの対象になるような代物ではないのである。日本では文学賞は他に沢山あって、長い時間と労力が注ぎこまれて成った大きな作品に与えられる賞として谷崎賞だの野間文芸賞だのもあるのだが、それらに対してはマスコミはこんなに熱狂しない。要するに、芥川賞とは文学の出来事というよりはむしろ社会的事件なのである。ロラン・バルトならば「現代の神話」の一つと呼ぶであろうこうした制度は、いったいどのような欲望に支えられて機能しているのだろうか。

思うに、ハレの儀礼として年二回執り行われる芥川賞選考は、紅白歌合戦などと同様に一種の村祭りのごときものであり、その基盤をなしているのはきわめて土俗的・前近代的な心性である。芥川賞をはやし立てる大部分の人々にとって、受賞作が優れた文芸作品であるかどうかなど実はどうでもいいのである。問題なのは、村上龍を加えて今回から十人になった選考委員たちが最終的にそれを選び、お墨付きを与えたという事実だけである。新聞で言えば文化面ならざる社会面の話題としての芥川賞に興味を持つ人々にしてみれば、作品の「文学的価値」とは祭礼を成立させるための単なる口実でしかない。

祭礼には神輿《みこし》が必要である。誰かをかつぎ上げて練り歩き、無礼講を交えた大騒ぎの中で、ケの時間としての単調な日常生活を通じて滞りつづけていた欲望の回路の堰を切って落とし、共同体の心的世界を一挙に浄化する。「紅白」「高校野球」「総長選挙」「アカデミー賞」などと同様に、芥川賞もまたそうしたフォークロア的機能を果たす共同体の装置の一つなのである。

だから、言うまでもないことながら芥川賞は文学とは無縁である。実際、客観的に見て、過去六十五年の芥川賞の受賞作で本当に傑作と呼べるのは大江健三郎の「飼育」や古井由吉の「杳子」など数えるほどにすぎず、大部分は他愛のないものばかりだ。そもそも選考委員にしたところで、小説を読む力があるとはとうてい思えない二流三流の作家が複数紛れこんでおり、彼らに最良の候補作を選べる能力があるなどとは誰も信じていない。

祭礼には供犠《くぎ》が必要であり、神輿の上にはサクリファイスの対象を高だかと掲げなければならない。それにふさわしい個体として共同体が求めているのは、端的に言って「美しい若者」である。受賞式の挨拶で審査員代表の古井氏がいみじくも言ったように、文壇は「天草四郎時貞」が欲しいのだ。新人を発掘するための賞が文壇最大のお祭りになるのはそれゆえであり、またそれだからこそ四十年以上昔の「太陽の季節」が今もってノスタルジックに回顧されるのだ。受賞当時の二十四歳の石原慎太郎が本当に「美しい若者」だったのかどうか、まあ「裕次郎の兄です」という程度のことだったのではないかと思われるが、それはともかく、今日読み返してみて「太陽の季節」がきわめて下手糞に書かれた風俗小説の小品以上のものでないのは誰の眼にも自明だろう。しかしそうしたことと無関係に、また今の都知事がその後書き散らしてきた長短の凡作愚作の数々に「太陽の季節」を越えるものが皆無であることとも無関係に、「芥川賞作家」の最良のモデルはなお依然として石原慎太郎でありつづけているのである。

一種の「破滅派」のオーラを漂わせた町田氏はともかくとして、トウの立った可愛げのない四十男のわたしがこうしたサクリファイスの役割にまったくそぐわしくないのは明らかだ。西武の松坂大輔やサッカーの中田英寿の等価物を何とか文学の世界に出現させたいと思っている人たちにとって、「東大教授」の松浦寿輝なんぞに芥川賞をくれてやるのはさぞかし無念だったろう。しかし、これこそまさに文学の地盤沈下のせいと思って彼らには諦めてもらわねばならぬ。「茶髪・ピアスの現役京大生」に眼が眩んでつい飛びついてしまったものの、おおかたの嘲笑の的になって恥をかいた記憶がまだ新しいのだから。

さて、最後に、それでは「花腐《くた》し」は文学としてどの程度のものなのか、大部分の芥川賞受賞作並みの他愛ない代物なのか、それとも傑作の片鱗程度のものはまとっているのかという問題が残る。だがこれは、読んでくださる方々一人一人が孤独な時間の中で作品とどう対話してくださるかということにかかっているので、わたしとしてここで言うべきことは何一つない。少なくともそれが、芥川賞とはまったく無関係の問題だということだけはたしかである。

（超域文化科学専攻・仏語）

四四二号　二〇〇〇年一一月一日

美しく立つ
〈私のいち押し〉

渡會公治

私のいち押しはスクワットです。教養学部の学生に勧めるだけでなく、足腰の痛みをかかえ病院にやってくる中高年の人たちや明日のスターをめざすスポーツ選手達にも勧めています。とりあえず、学部報の読者のみなさん、健康保持のために、体を鍛え競技力をたかめるトレーニングのために、こころの安寧のためにやってみましょう。

スクワットは人間の運動の原点です。トレーニングの王様という人もいますが、トレーニングの基本の「き」だと思います。この基本中の基本という意味はスクワットが立つトレーニングであるからだと私は思っています。重いバーベルをもって立ち、しゃがむのだけがスクワットではありません。空手や相撲など格闘技には欠かせないトレーニングとして昔から行われているものです。

蹲居、腰割り、四股立ち、騎馬立ち、三珍立ちなど名前はいろいろと付けられていますが本質は変わりません。バレエのレッスンはプリエと呼ばれるスクワットが中心で練習が行われます。さまざまなスポーツ、運動、武道、芸術の中にスクワットに共通の動きが認められます。立ち居振る舞いの基本というわけです。

ところで重いバーベルを持ち上げて立つ重量挙げとサッカーとどちらが人間的なスポーツであると思いますか? 多くの人は重量挙げはとてもプリミティブな原始的なスポーツで、サッカーのほうがスマートであると考えると思います。サッカーにかぎらず、トップのすぐれた人の動きは目を見張るものがあります。

しかし、その俊敏なスポーツ動作は野生動物のような動きと表現されることに気がついてください。それに比べ、重量挙げの単純な動作はどうでしょう、ただしゃがんでバーベルを持ち上げて立つだけです。立つだけですが、これが奥深いのです。全身全霊を傾けて一瞬の動きに集中しタイミングを測りバーベルを持ち上げるというより放り上げる、その下に潜り込んで落ちてくるバーベルを支える。そして立つ。四〇億年の生命の歴史の中で一Gの重力に逆らって二本足で直立した人間でなければやらない動きであることに気がつきましたか。

一kgでも重いものを他人より上げてやろうという人間のやるスポーツである重量挙げの基本はスクワットです。スクワットにもいろいろなやり方があります。スクワットで膝を痛めたり腰を悪くする人も結構います。これはスクワットが身体によくないのではなく、スクワットのやり方、フォームが悪かったからです。重いバーベルトレーニングのスクワットから正しいスクワットを伝授しましょう。

ひとことでいえばよいアライメントをとることがポイントです。アライメントとは骨、関節の並び方、並べ方という意味です。生まれつきの並び方以外に身体の使い方のくせで並べ方が下手な人がいます。人の身体は多くの骨関節が並んでできあがっていますが、並べ方一つで骨関節にメカニカルに大きなストレスがかかることになります。

球形であらゆる方向に自由度を持つ股関節と屈伸主体の膝と足関節をいいアライメントに並べるということは、簡単なようでなかなか難しいことです。曲げたひざを前にださないこと、つま先より前にだすとひざにかかる負担が増えます。曲げたひざを足より内側に倒さないこと、ひざが内側にはいるとX脚のアライメントになり、お皿や半月に負荷がかかります。こうしたフォームを指導するのも難しかったのですが壁体操を考案し好評を得ています。部屋とかエレベーターの壁の角に立ち、足と膝と尻を壁から離さないように屈伸すればいいアライメントができあがります。ゆっくりと行うと結構汗がでます。

「足腰の　痛みを治す　壁体操」と五七五に並べました。一日数回、一度に十回程度屈伸するというメニューです。食事のたび、寝る前にでも思い出してやってみてください。足腰の痛みがある人は楽になります。単純な運動ですがなかなか奥が深いということをおぼえて続けてください。数週間でからだが変わるでしょう。

あし、こしの
いたみをなおす
「かべ」たいそう

1. 「かべ」のすみに立ちます。
2. 両足を「かべ」につけて立ちます。
3. かおは正面を向きせなかをのばし、おなかに力を入れます。
4. おしりと、ひざと、足を「かべ」につけたままイスにすわるようにゆっくり、こしをおとしていきます。そして、ゆっくりたちあがります。
5. この時、ひざと足を同じ方向に向けます。
6. よこから見るとかたのつけねが足の上にきます。
7. これを 4～5 回くりかえします。
8. むりせず、自分の体に合わせて、1 日に数回行います。

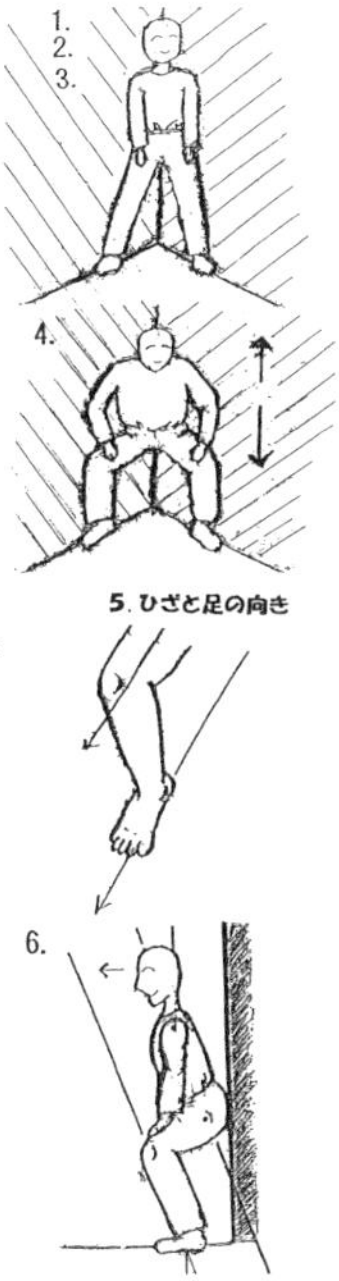

（生命環境科学系／スポーツ・身体運動）

四五七号　二〇〇二年六月五日

火星を緑の星に
藍藻研究者の夢

大森正之

私が惑星地球化研究を語ると、多くの知人は「また大森が法螺を吹き始めた」と思うに違いない。正直なところ私は惑星研究者でも地球科学研究者でもない、藍藻（教科書ではラン藻あるいはシアノバクテリアとなっている）を実験材料とする分子生物学分野の研究者である。すなわち惑星研究の素人である。その素人のちょっとした思いつきを述べてみたい。

去る八月、火星が地球に大接近した。テレビや新聞も大きくこの事実を報道し、望遠鏡が品切れになるほど売れたとか。私達の研究室も多少の影響を受け、科学未来館から藍藻の展示依頼があったり、ＮＨＫの一般向けテレビ番組にほんの一、二分だけだが駆り出されたりした。そのための準備で研究室の学生諸君も結構大変そうだった。番組の中で先生役（？）の私はある家庭の次女役の小学生に火星で藍藻を増やして、赤茶けた星を緑の星にするというお話をするのである。「なぜ藍藻なの？」「藍藻は乾いたところでも、寒いところでも、酸素が無くても生きていけるのですよ。もともと原始の火星のようだった地球が今のような緑一杯の生き生きした星になったのは、みんな藍藻のおかげなのですよ。」「へえー?!（あんまり聞いたことない生き物だけど本当かな……）」

火星の地球化に藍藻はそれほど必須なのか。然りである。現在の火星は平均気温が氷点下六十℃、最低気温は氷点下百三十三℃、最高気温三十℃であり、大気圧は千分の七気圧ほど、大気成分の大部分は二酸化炭素で、地球の大気では主成分である窒素ガスは三パーセント弱、酸素ガスに至っては一パーセントを遙かに下回っている。さらに地球のような海や川はなく、表面はレゴリスと呼ばれる赤みを帯びた酸化鉄を含む岩石の粉末で覆われている。地下には氷が存在している可能性が考えられている。もっとも地球科学の専門家に見せて頂いた写真には川が流れたような後があり、「最近、何らかの理由で地下の氷が溶けて流れ出したと考えられていますよ」「水があるなら生物も存在してもおかしくはありませんね。最近っていつ頃ですか、何百年も前ですか?」「一億年以上は経っているでしょうね」「?! (一億年が最近とは。地質学者と分子生物学者の時間認識のこの違い!)」。もう一つ大事なことは、火星の表面には有機物が存在しないことである。地球に存在する莫大な量の有機物はすべて地球上の生物たちが日夜生産し続けてきたものである。火星のように有機物が無く、かつ酸素ガスも無い過酷な環境で生きて行けそうなのは、まず高等植物や動物は駄目で、光合成微生物と化学合成無機栄養微生物ということになる。この光合成微生物こそ藍藻なのである。

藍藻の歴史は古く三十億年前の太古の地球にまでさかのぼる。そのころの地球は広い海や陸のあちこちから火山が吹き出していた。酸素ガスは未だ大気中に存在せず、硫化水素を利用して生きる光合成細菌が栄えていたと考えられる。そこに光エネルギーを利用して水を分解し、酸素ガスを発生する藍藻が出現した。藍藻はまず海に続いて大気に酸素ガスを供給し続けた。その結果、地球表面は酸化的な環境となり、私たちのように酸素ガスを利用して生きる生物が繁栄するようになったのである。

ここで、注目せねばならないことは、地球の陸の表面が土で覆われるようになったことである。今栄えている高等植物の殆どは土(土壌とも呼ぶが)に根を張り栄養を得ている。早い話、岩や砂上にはここまで豊かな植物相は発達し得なかったであろう。土とは粘土粒子の表面に無数の(一グラムの土に十億を超える)微生物が棲息して絶え間なく有機物を分解し、かつまた生産し続けている生物集団の別名である。この土を作ったのも実は藍藻なのである。太古の地球で水圏から抜け出して未知の陸上に進出し、光合成によって無機物から有機物を生産することによって、少しずつ、しかし確実に岩を土に変えていった藍藻がいたのである。その子孫は今でも陸上に、土の中に数多く生き続けている。私たちはそれらを土壌性藍藻と呼ぶ。

私の研究室には今、四種類の土壌性藍藻が土から単離され純粋培養されている。当然の事ながら、どれもこれも乾燥に強い。英国の大英博物館にも乾燥耐性藍藻が収集されており、百年経った今でも水を与えると生き返ると言われている。私達の持っている土壌性藍藻はそれほど長く保存されてはいないが、からからに乾かした状態でも水を与えると緑色の元気な姿に回復する。そして光合成を始め、盛んに酸素ガスを放出する。乾燥だけでなく低温にも、紫外線にも強い。大変なバイタリティーである。これなら砂漠でも何とか生き延びる事は可能だろうし、かつて水中から陸上に進出できたのもうなずける。このタフな藍藻に火星を緑の星に変えて頂きたくなるのも当然というものである。この藍藻を小さな透明の傘の内側に塗りつけて火星に打ち込む。地面に傘の柄が刺さると傘が開き、やがて藍藻が地面に落ちて増殖し、地面が緑になる。人呼んで大森パラソル。もちろん最小限の水は氷を溶かして供給する必要がある。私のアイデアが決してただの大法螺でないことを理解していただきたい。
　最後に一言。現代の分子生物学、ゲノム科学が我々の生命への理解を深め、発展させたことは事実である。しかし、その余りに画一化された手法、技術が若い研究者から自由な発想や夢を奪ってしまっているのでは無いかと心配である。ちょっと生意気を言わせていただければ、私の惑星地球化計画の裏には、現代の基礎生命科学から失われつつある夢を取り戻したいという願いも込められているのである。この計画、皆さんはどうお考えになりますか。

（生命環境科学系／生物）

四七〇号　二〇〇三年一二月三日

生命と地球の歴史

大量絶滅の科学

磯﨑行雄

いまや世界人口は六十億人に達した。一方、世界中の旧石器時代の遺跡分布に基づくと、当時の世界人口は約五百万人だったと推定される。人類はある時点から千倍以上に増殖したのだ。大が小を食べるという食物連鎖のピラミッド構造からはどんな生物も逃げられないので、この限られた地球の上では特定の動物が無限に増殖することは通常おこりえない。したがって、五百万人という数字は、自然状態における人類の適正人口を示している。このように考えると、今日の人類の異常繁殖は、農業・科学技術・医学という他の生物に対して三つの大反則を犯した結果であることがわかる。そもそも人類史のほとんどは飢餓の歴史であった。今もアフリカの一部で続く飢えの有り様は、そういう意味で最も自然な状態に近い。人工的に有用な食物を栽培し、住環境を整備し、種々の病気や怪我も克服して、バイオマスとしての人類はなんと千倍にまで増えた。

しかし、さすがに二〇世紀後半になるとこの無制限な増殖にも限界がみえて、皆が慌てだした。二一世紀前半に世界の食料生産と人口増加のバランスが破綻するという予測がたてられて久しい。日本だけに限ってみても、その食料のほとんどは輸入品で、既に自給能力を失ってしまっている。それにも関わらず、私達は何も意識せずにコンビニで簡単に食物を手に入れていないだろうか。いつでも食物が買えるコンビニが百年前からあの近所の曲がり角にあって、きっと百年後もそこにあるはずだという錯覚を私達はもっていないだろうか。二一世紀には難問が山積みだが、とりあえず私達は地球と生命の歴史を眺めた上で、この一瞬の豊さにもっと感謝する必要があるだろう。

というわけで、我々人類を含む地球生命の歴史に興味があり、具体的には生物の大量絶滅の研究をしている。生命進化の歴史は、いわば絶滅の歴史のミラーイメージである。光合成の開始、真核生物の出現、多細胞生物の出現などの生命進化上の重要なイベントは、地球規模での生物群の大きな入れ替わりであり、それ以前に生息・繁栄していた生物の絶滅の上に成り立っている。これらの入れ替わりは徐々におきたものではない。いずれも当時おきた固体地球の急激な変化およびそれに関連したグローバル環境の激変の結果であったことが明らかにされつつある。最近の五億年間では、巨大マントル・プルームの活動と巨大隕石衝突、また原生代末の全地球凍結（Snowball Earth と呼ばれる）事件が、生物の大量絶滅の原因となった典型例にあたる。一旦、安定状態に達していた各時代の生物群は、これらの突発的な出来事によって生物圏システムが強制的に乱されると、一挙に大量絶滅を被った。その後、生き残りの生物群の中から新しい環境に適応したものたちが急激に繁栄し、次の安定状態をつくり出した。

このように生物圏は固体地球の変動に対して常に受動的であり、かつ極めて敏感であった。そもそも惑星地球ができてからずっと、エネルギー、物質および情報の伝達はほとんど固体地球から生物圏へと向かう一方通行でなされてきた。地球生物圏および地球生命はいつも固体地球の変化に素早く対応して、後戻りができない方向へと進化してきたといえる。改めてこのように眺めると、人類の存在は進化の歴史の最初からプログラムされていたものでも何でもなくて、生物にとっては極めて偶然おきた出来事の積み重ねの結果と理解される。

巨大隕石衝突の確率は、地球誕生時と比べると極端に低くなったが、数億年スケールで活発化するマントル・プルームの間欠的活動は当分おさまりそうにない。生物が固体地球の上に住む限り、今後も同じ経験をすることは避けられない。現代の生物の未来には、次の「氷河期」、「衝突の冬」そして「プルームの冬」などの災難が待ち受けている。けっして地球は人類だけに特別やさしい惑星ではないことを我々自身が悟らねばならない時にきている。

過去におきた地球変動と生命進化の関連を解明する目的で、毎夏・冬の授業のない期間に海外へ野外調査に出かけている。ロシア／モンゴル国境のアルタイ山地、西オーストラリアの岩石沙漠地帯、中国四川省の奥地、極圏に近いカナダ北部の大スレイブ湖地域、南アフリカのカラハリ沙漠などなど。いずれもパックツアーでは絶対に行かないような所ばかりである。言葉や習慣の違いで戸惑うこともあるが、研究面以外でも、普通の日本人が味わえないことを楽しめると自己満足している。これらの調査でわかった最新情報は、一・二年生対象の「惑星地球科学Ⅱ」で、裏話も含めて公開中。

参考図書：丸山茂徳・磯﨑行雄『生命と地球の歴史』岩波新書五四三
熊沢峰夫・伊藤孝士・吉田茂生編『全地球史解読』東京大学出版会

（広域システム科学系／宇宙地球科学）

四七五号 二〇〇四年六月二日

体験考古学の試み

本村凌二

カプリ島の北東端の絶壁上にはティベリウス帝の別荘跡がある。同帝は治世の晩年をここで過ごしたので、「十年間この地からローマ帝国全域に命令がくだされた」と案内板に書かれている。そのバルコニーからナポリ湾をながめながら、それをとらえようとすると、言葉はすべて色あせてしまいそうだった。まさしくこの世のものとは思えない心ゆさぶる情景が目の前に迫ってくるのである。この場所にこの別荘を所有して日々を暮らせるなら、およそ権力欲などとは無縁な人間でも、世に並ぶ者なき絶大な権力者になるのも悪くないなあ、と溜息がもれそうになる。

ところで特定領域研究「火山噴火罹災地の文化・自然環境復元」（領域代表者　青柳正規／国立西洋美術館館長）のなかには歴史班がある。私は班長（研究代表者）として「カンパニア地方の都市とヴィッラ集落をめぐる社会史的研究」のチームを率いている。毎年、夏の十日ほどをナポリ周辺の古代遺跡の調査にのりだす。なにしろ、ここにはポンペイ、エルコラーノをはじめとしてローマ遺跡が散在しており、しかも保存度がいいのである。

ヴェスビオ山をはさんでポンペイと反対側にあるゾンマでは、東大を中心とする考古学班が古代建築の発掘を進めている。われわれ歴史班の役割のひとつは、この古代建築を生活空間として理解するとき、どのような比較の題材を提供できるかということになる。そこでカンパニア地方にある数多くの古代遺跡を広く探索し、それらをカメラやビデオに記録するのが現地調査の主たる仕事である。それとともに、それらの映像資料を文献史料とつきあわせるのも重要課題である。

ところで、今夏の一日をわれわれはカプリ島の現地調査で過ごした。カプリ島には幾つもの小高い山のような丘が切り立ち、丘上は平らな地区もあり、そこに市街集落ができている。その小高い集落のひとつであるアナカプリで遅めの昼食をとって、

「ティベリウスの浴場」と通称される海岸別荘の遺跡まで行こうとしたときだった。私はてっきりバスかタクシーで降るものと思っていたが、同行する大学院生たちの一人の提案で、階段らしきものがあるのでそこを降って行くことになった。地図上ではほぼ真下にあるから、これが近道だというのだった。

甘い期待をいだきながら、くねくねになった階段を降って行ったが、なかなか最終地点にたどり着かない。この階段はかなり急勾配をなし石造りでもでこぼこしているから、ほどなく膝ががくがくしてくる。次を降りて曲がれば今度こそ平坦な道だと思っても、また新たな降り階段が待ちかまえている。そのくりかえしで、やっとのことたどり着いたときには小一時間が経っていた。この長大な降り階段の辛さはもはや筆舌にはつくし難い。若い院生たちに一万円を出したら登るかと訊ねたら、十万円だったら登ります、という答えだった。

ところが、後に判明したことだが、この階段こそ「フェニキア人の階段」（Scala fenicia）とよばれる遺跡であった。一八七四年までカプリ島には海岸から丘上に行く道はなく、唯一の道はこの岩山の稜にそって彫り込まれた階段状の急な道だった。「フェニキア人の階段」という名の由来は不明であり、そもそもフェニキア人がカプリ島を訪れたかどうかも不明である。しかし、それくらい古くからあった道だというのだろう。もっとも、この階段は一九九八年に修復されたものであるが、それなりに原形をとどめているという。

思えば、あの絶景の広がる「ティベリウスの別荘」まで、船で着岸した人々はどうやってたどり着いたのだろうか、それは気になるところだ。あの階段であれば、奴隷なら重い荷物を担いで一日三往復はさせられたのではないだろうか、とか、ティベリウス帝も歩いて登り降りをしたのだろうか、とか想像も尽きない。

昨今、考古学の分野では実験考古学という手法が盛んである。遺品、図像、文献などを根拠に実物らしきものを再現してみるのだ。たとえば、剣闘士の武器や武具などをできるだけ忠実に作成したりする。楯を手にとったことがあるが、八キロ以上もあり、ずっしり重さが身に応えたものである。

これになぞらえれば、「フェニキア人の階段」を登るのは、体験考古学ということになる。そこで来年九月の調査では、このフェニキア人の階段を登ってみようと思っている。奴隷身分は四十分以内、騎士身分は六十分以内、元老院身分は八十分以内などと決めて、若くて元気のいい者ほど身分は下になる。だから年少者ほど今から戦々恐々としている。もちろん私は元老院身分で参加する。来夏の体験考古学の成果が楽しみだ。

（地域文化研究専攻／歴史学）

五〇六号　二〇〇七年一一月七日

豊かに生きて探求すること

北川東子・黒田玲子

現代社会のめまぐるしい変化を捉えるために、「帝国化」や「再帰的近代」など、さまざまな概念が次々と生み出される。こうした概念がメディアにあふれだすことで、ますますその変化に拍車がかかる。変化が先なのか、概念が先なのかよくわからないくらいだが、いずれにせよなんについても改革や変革について語ることが当たり前になった。では、教養学部は変わったのだろうか。

駒場もここ十年ほど「大綱化」や「法人化」などでさまざまな変化を遂げてきた。制度が変わったのか、制度を理解する仕方が変わったのか、ときどき戸惑うこともある。そうしたなかで「これは確かに変化だ」と実感できることがある。女子学生が急速に増えたことだ。そして、こちらは女子学生の増加ほどではないが、女性の教員が増えてきたのも嬉しい変化である。

多くの方はもうご存じないと思うが、かつて「駒場女性教官の会」というのが存在した。二十数年前に私が入会したときには、六人ほどの小さな会であった。歴史や独文や英文学など、それぞれ別の分野の研究者だった。ただし、この六人ほどの女性研究者たちの意気込みはすごいもので、ひとりでその分野の女性研究者全体を代表するくらいの迫力があった。年に一度「優雅なお食事会」の形式で例会が開かれたが、いつも話題となるのは駒場に女性が少なすぎる事実であり、最後は、「駒場にもっと多くの女性を」という切なる願いを確認して閉会となった。正直に言って、当時の私には、「女性の数」という量的な問題が「女性たちの活躍」という質的な問題とどう直結するのかよくわからなかった。教室でも会議でも女性たちの存在が当たり前になってきた最近になって、ようやくそれがわかるようになった。女性たちが増えている——これこそ本当に駒場の変化と言えるだろう。

日本の女性たちの社会進出を推進する公的プログラムも、形式的な男女共同参画から「仕事と家庭のバランス」という方向へ変わってきている。これは、女性にかぎらず男性にも見られる自己意識の変化、つまり、「仕事をするだけの自分」から「家庭をもち、子育てをし、介護をする自分」という変化と関わっている。けれども、「仕事と家庭のバランス」を望んではいても、現実はまだまだ厳しい。

そこで、新緑の美しい四月なかば、生物物理化学の黒田玲子先生を訪れて「若手女性研究者の支援」についてのお考えを伺った。

質問［北川］：ドイツの大学では、大学単位で「女子学生のための特別支援プログラム」や「女性の若手研究者特別援助」を行っているところがあります。そうしたプログラムのある大学では、学業や研究上におけるアドヴァイスだけでなく、さまざまな悩みに対応する心理的な支援も行っています。駒場でもそうしたプログラムが必要なのでしょうか。

黒田：理系の研究者は、グローバルな厳しい競争にさらされています。特に、科学研究における中国の台頭はめざましく、米国をはじめとして多くの科学先進国では国際競争の先鋭化が意識されています。そうしたなか、日本でも総合科学技術会議は第三科学技術基本計画で、女性研究者の活躍が必須でありそのための支援が必要と位置づけていますし、同じ内閣府の男女共同参画推進連携会議でも女性研究者支援が議論されています。職種などによるきめ細かな対応策が必要であるという認識の基に、とりあえず、研究者、医者、公務員から始める方針が出されたところです。私は、高学歴のいわゆるエリート女性のみの支援というのではなく、むしろ「専門性と継続性を必須とする職」にある女性たちの支援という幅広いプログラムとして考えられるべきと思っています。理系の女性研究者はその典型例です。

私が理系の若い女性研究者に心から望むのは、出産や子育てをしていても、「絶対にキャリアを中断しないで」ということです。科学研究は大変なテンポで進んでおり、そのため短期であっても中断することは致命的なダメージとなります。だから、まずは「何らかの形で継続する」ということを原則として研究生活を考えてほしいのです。そのためには、柔軟な仕事のやりかたを試みることが大事ですね。

これについては、技術的な基盤はどんどん良くなってきていますよ。インターネットを駆使すれば、研究書や論文を読むのに大学へ来る必要はもうありませんし、研究者同士のコミュニケーションも場を共有しなくてもできるようになりました。これを支援する新しい施策も作られようとしています。

あとワーク・シェアリングというやりかたもありますね。

質問：研究者同士のワーク・シェアリングですか？

黒田：これは私がイギリスで体験したことですが、非常に優秀なふたりの女性研究者が、時の学科長の計らいで育児期にワーク・シェアリングをとりました。この間は早い帰宅も、子供が病気のときの欠勤も、引け目を感じずにできますし、仕事も続けられます。二人とも、今はイギリスを代表する研究者です。二人の研究の内容は少々違いますので、日本で考えられているいわゆるワーク・シェアリングとは違いますが。

質問：家庭を持ちながらの研究は大変というイメージがまだまだあると思いますが、これから理系の研究者をめざそうと思う女子学生たちになにかメッセージがありますでしょうか。

黒田：日本の若い人たち（男性を含め）を見ていて残念に思うのは、「リーダーへの憧れ」がなくなってきていることですね。小さな幸福やぬるま湯の生活で良いという内向きの姿勢が一般的になってきています。ところが、日本の外へ出てみると、そんなぬるま湯は幻想だというのがわかると思います。だから、駒場の学生さんたちには是非「世界的な視野を持つ。そして世界のリーダーになる」くらいの気概をもってほしいですね。

日本の場合は、特に公的な意思決定機関に女性の数が圧倒的に少ないという問題があります。もっとリーダーになってほしいですよね。

質問：黒田先生ご自身は、これまで「女性であること」を意識されたことはありますか。

黒田：先日、東大一三〇周年記念シンポジウム「スーパー女性研究者が語る」という企画で講演をしました。そのとき、「女性として困ったことはなんでしたか。得をしたことは何ですか」と聞かれたんですよね。で、私は「逆説的ですが、ある意味で、困ったことが良かったことでした」とお答えしました。

私が研究生活をはじめたころは、日本では女性研究者はほとんど一人前扱いされていなくて、なにも期待されていなかったのね。日本にいては道が開けないので、海外に行かざるを得なかったのですが、海外に行ったからこそ、研究者として自由に専門分野を広げ、自立することができたと言えますね。世界を自分の活動舞台にできたのです。「アジアの中の日本」を感じるとか、世界という枠組みで自分の研究生活を考えるとか、そういう視点を培ってくれました。

この経験は、私が科学のありかたを理解するときの基本にもなっています。科学研究はなんといっても、自然の美しい仕組みを教えてくれます。さまざまな現象が連携した素晴らしい仕組みです。科学研究の楽しさというのは、巻貝ひとつの構造をみて、自然の謎の一端が解けるということです。だから、科学研究を世界や社会から切り離して考えることは間違っています。「社会のなかの科学」や「社会にとっての科学」という視点が大事なのです。他方、科学研究の方も、幅広い教養に根ざした研究としてのありかたを要求されます。

社会人としての意識をもち、自然に感動し、自然の不思議を探求し、そうした探求をもとにリーダーシップをもって新しい時代に向かって生きていく――その意味で、科学者というのは豊かに生きていく人でなくてはなりませんよね。

短い時間であったが、お話が進むにつれて、黒田先生の瞳がきらきら輝きはじめた。当初は「女性研究者支援」という枠組みでお話を伺う予定であった。けれども、お話を伺ううちに、科学者とはもともとが「豊かな生活経験と教養をもとに探求する人」なのだということを改めて意識させられたのである。

北川東子（超域文化科学専攻／ドイツ語）、黒田玲子（生命環境科学系／化学）

五一二号　二〇〇八年六月四日

〈特集・女性たちにとっての駒場〉より

訳読について

菅原克也

平成二十五年度から実施が予定される新学習指導要領では、高校の英語の授業は基本的に英語で行うことが定められた。大学で英語教育に携わる者として、迂闊の誹りはまぬかれないが、私にとってこれは寝耳に水のことである。小学校における英語教育の是非については、マスコミ等でも様々な論議があり、私なりに議論の行く末を見守ってきた。だが、高校の英語については、話題として耳に届かなかった。しかも、試案として新聞に発表されてから正式決定まで、およそ一ヶ月という短い期間である。これは困った、というのが偽らざる感想である。英語の授業は英語で行う、ということは「訳読」がなくなることを意味する。

訳読がなくなったらどうなるのか。そのことを考えると、やや慄然たらざるを得ない。遅きに失する憾みは残るものの、ここでは、訳読は何のためにあるのかという点を、せめては冷静に考えてみようと思う。ことは、大学の外国語教育、さらには大学レベルの教育・研究全体のあり方に波及する。具体的に言えば、駒場の初修外国語教育において、文法事項の学習を終えたあと、どのような授業を行うのか。あるいは学部後期課程、さらには大学院の演習で外国語文献を用いる際に何が起こるのか、ということに関わる。高校の英語の授業で訳読を経験したことのない大学生、あるいは大学院生に「ここはどういう意味か訳してごらん」とは、言えなくなるかもしれないのである。

ただし、以下に述べるのは、日本の高校生を網羅する英語教育についてではない。ごく少なめに見つもって、本学の受験を志す層を念頭に置いてのことである。大学入学後、知的世界での活動を求められる、日本語を母語とする人材には、英語学習における訳読という手続きを経験してきて欲しい。そういう立場からの意見である。

訳読はどのような役割を担うだろうか。以下、基本的なものを三つ挙げてみる。

（一）構文把握の確認、
（二）多義語の文脈上の語義の確認、
（三）文意・ニュアンスの確認。

仮に英語の授業がすべて英語で行われたとして、これができるというのなら、問題はない。ただし、日本語を母語とする学習者に、英語のみによってこのような確認の作業を行うのは、至難のわざである。構文がうまく把握できているかどうかを、書き換え、パラフレーズ等によって確認できる英語力を求めるのは酷である。多義語の語義の確認が、英語で与えられた選択肢を選ぶというような、受け身の作業に終始するのだとしたら、みずから語義を見定め、表現する能力は大きく低下するであろう。ある文章に込められた、反語や皮肉のニュアンスを、高校生や学部の大学生が英語で説明できるとは思えない。そもそも文意自体、うまく読み取れているかどうか、はなはだ心配なのである。文中に現れるandが、単に「そして」なのか、「そうすれば」なのか、「それでいて」なのか、「しかも」なのか、どのようにして確認すればいいだろう。

訳読を経験する学生が抱く不満の一つに、訳文の日本語がぎこちなくなる、ということがある。私自身、これには相当の違和感を持った。だが、今になって思えば、訳文のぎこちなさに抵抗を覚えることこそが、英語と日本語のあいだに横たわる、時に越えがたいほどの溝を認識することにつながったと思う。訳読は英文を理解するための手段であって、訳文を工夫する能力の涵養が英語学習の目的ではない。うまいに越したことはないが、ヘタでかまわない。自然でこなれた訳文を作るには、さらに相当の英語力と日本語力を身につける必要がある。訳読と翻訳は別物である。翻訳をするには、それなりの訓練を経て、技量を磨かなくてはならない。

私は、英語によって授業を行うことに反対なのではない。訳読を残して欲しい、と願うのである。英語によって英語をまねぶことはできるが、十分に咀嚼できるかどうか、はなはだ心許ない。ひそかに、そして強く恐れるのは、高校段階のリーディング教材が「英語で教えられる」レベルに抑えられてしまうことである。知的能力が飛躍的に伸びる時期にある高校生から、手応えのあるものに挑戦する機会と、理解する悦びを奪ってしまうのは悲しい。

訳読は、日本の外国語教育が培ってきた貴重な文化である。その意味について論じることは、残念ながらここでは紙数が許さないが、訳読という文化がここで滅びてしまうのを座視するのは、まことに忍びない。高校でやらない、というなら、大学ではじめるほかないのであろうか。

（超域文化科学専攻／英語）

五二一号　二〇〇九年六月三日

英語教師芥川龍之介の方法と教訓

井上　健

一九一〇年、第一高等学校第一部乙類に入学した芥川龍之介は、入学早々、週に独語九時間、英語七時間という、語学授業の時間数の多さにまず閉口する。「教科書は（略）存外平凡なもののように候えどもそれを極めて正確に且極めて文法的に訳させ候ま丶中々容易な事には無之候（略）I have little moneyを「あまり金を持ってない」と訳すを不可とし「金を持つ事少し」と訳させる位に候えば試験の時が思いやられ候」（山本喜誉司宛書簡）と書いているように、厳密な訳読を強いる授業内容にも相当当惑したようだ。

芥川は一九一三年、東京帝国大学文科大学文学科英吉利文学専修に入学するが、大学ほどもっともらしい顔をした馬鹿の多いところはないと言って、週に六、七時間しか講義には出なかった。その一方で、「三年間の追憶がなつかしくない事もなく候もう一度岩本《ママ》さんに叱られてみたい様な気にもなり候」（山本喜誉司宛書簡）と、厳しさで鳴らした独語教師岩元禎の名を挙げて、一高時代の教育を懐かしく思い出すのである。

一九一六年、教える側に身を転じた芥川は、横須賀の海軍機関学校教授嘱託に就任。二年余にわたって、帝国軍人の卵たちに英語を教えるのを生業とすることとなる。授業担当は平均週八時間で月給は六十円。芥川は給与には大いに不満だったらしく、婚約者塚本文宛の手紙で、「月給が六十円しかないんだから、ずいぶん貧乏ですよ」「碌な暮しは出来ませんよ」とやけにくどく、言い含めるように語っている。

教えることは性に合わない。生徒の顔を見るだけでうんざりする。会議ばかりに時間を取られるのには閉口する。入試問題作成が厄介だ。書簡から浮かび上がる英語教師芥川龍之介の像は、まずはこのようなものである。芥川はまた、採点が遅く、書類や報告書はひとりでは書けない、ちょっと困った教師でもあったという。やがて彼は、都合良く舞い込んだ慶応義塾大学からの話に一も二もなく飛びつく。そして、慶応側が手間取っている模様を見るとあっさりと翻意して、大阪毎日新聞社員作家への道を選び取るのである。

教えることが、学生が大嫌いで、入試問題作成を億劫がり、採点は遅く、書類作成では同僚に厄介をかけ、そのくせ、機を見るに敏で、転職のチャンスは見逃さない。創作を第一に考えたい新進作家としては当然の所業にしても、教師として見れば、これはもっとも同僚にしたくないタイプである。

では芥川教官の授業は学生の眼にどう映じていたかというと、存外評判がいいのである。教師芥川は、熱意に満ち、学生の心をつかむ術に長け、授業の構成にも工夫を凝らしていたという。であれば、書簡にあけすけに吐露されているような本音を抱きつつも、芥川は精一杯良き教師たらんと努めたことになる。たしかなのは、芥川先生が周囲に合わせて相当に無理をしたという点だ。そういう人となりだったからこそ、三五歳で自ら命を絶つことになったと言えなくもない。

英語教師芥川の基礎が、一高時代に学んだ精緻な訳読法にあったことは想像に難くない。それは芥川が学生時代に手掛けた、ゴーチェなどの翻訳からも容易にうかがい知れる。

私が学生だったころの大学の語学教師は総じて教育には不熱心で、学生に読ませたいものではなく、自分が読みたいもののみを教材としてなんら憚るところがなかった。そうでなくては、大学一年の語学授業テキストに、ジョイス、ジェイムズ、バルザックなどを選んで平然としていられたはずはない。

だがこれら一筋縄ではいかぬテキストに必死で取り組んで、それを日本語に移す訳読体験は、高度に知的な変換行為の実践として、容易には忘れえぬものとなって残った。その意味で我々は、一高の伝統に連なる訳読法の有効性を身を持って味わった最後の方の世代と言えるのかもしれない。わが語学の師たちと英語教師芥川とを決定的に分かつものは、ただ一点。周りに気を配って無理をするか否かであった。無理をすると命を縮める。これは一高いや駒場の教員が、今や深く肝に銘じておくべき命題であろう。

芥川はまた、英語副読本 *The Modern Series of English Literature* 全八巻（一九二四―二五）を編纂していた。私が芥川編のこの副読本二冊を、一冊千円という信じられぬ値で入手したのは、神戸・三ノ宮アーケード街の古書店においてである。ビアズレーをあしらったモダンな表紙が今でもありありと目に浮かぶ。

残念ながらこの二冊とも、もはや手元にはない。京都の大学に奉職していた頃、研究室の書棚からある日、忽然と姿を消してしまったのである。雑多な書物の山からこの二冊のみを選び出して持ち去った犯人が、相当の目利きであったことだけは間違いない。犯人が学生だったとすれば、今頃、英学史や比較文学の専門家になっているかもしれず、どこかの学会でそれと知らずに「再会」しているかもしれない。ともあれ、それから研究室にはこまめに鍵をかけるようになった。これもまた英語教師芥川から学んだ教訓である。

〔付記：芥川からの引用は新字新仮名とした。〕

（超域文化科学専攻／英語）

五二八号　二〇一〇年四月七日

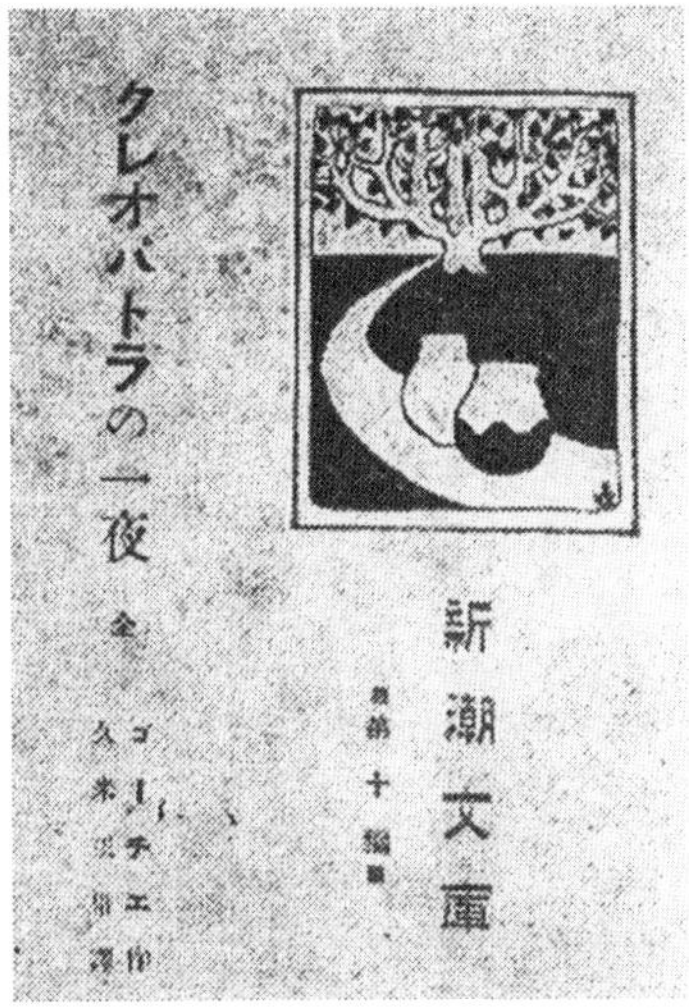

芥川龍之介訳「クラリモンド」を含む新潮文庫のゴーチェ短篇集。1914刊。訳者名は久米正雄になっている。

世界柔道選手権を制した秘技「柴山縦」

東大柔道部員が開発

松原隆一郎

昨年九月、東京で五十二年ぶりに柔道の世界選手権が開催された。結果は八階級で男子が金四個、女子は金六個。近年にない好成績であった（前年のロッテルダム大会は、男子ゼロ、女子三個）。

日本柔道界は、この結果に湧いた。そうしたなかで、国立七大学（旧帝国大学）柔道部関係者に限り、目を見張った光景があった。一般ファンは気付かず話題にもならなかったことではあるが、学部報の場を借りて紹介させていただきたい。

七十三キロ級で初めて金メダルを獲得した秋本啓之（了徳寺学園）は、全六試合のうち、決勝も含め三つの一本勝ちを寝技の抑え込みで奪った。それがいずれも、「柴山縦《しばやまたて》」によるものだったのである。

「柴山縦」とはうつ伏せ（「亀」と呼ばれる姿勢）の相手をひっくり返して押さえ込む技の名称で、東大柔道部ＯＢ、現在は医学部大学院生であり国立がん研究センターのリサーチ・レジデントでもある柴山修氏が学部三年生時（一九九一年冬）に編み出したものである。七大学柔道部では柴山氏の作になることはよく知られており、現在も主要な技として多用され、「柴山返し」「柴山縦返し」とも呼ばれている。

オリンピックや世界選手権等で目にする柔道の国際ルールでは、双方が寝姿勢に入っても十秒そこそこで「待て」とコールがかかり、立ち位置から試合が再開されるため、寝技で攻められるとうつ伏せ（「亀」）になって時間を潰すことが大半である。ところが「柴山縦」では、亀になった相手に頭方向から覆い被さり、脇に腕を差し込んで逆の襟をつかみ〈１〉、もう一方の手は帯を握って後方（縦方向）にひっくり返す〈２〉。そのまま袈裟固めになる〈３〉と、襟をつかんでいる分だけ、袖を握る通常の袈裟固めよりも強烈な押さえ込みになる。

秋本選手は切れ味鋭い背負い投げで、高校時代には六十六キロ級ながら無差別級で優勝するという離れ業を成し遂げた逸材である。すぐにでも頭角を現すかと期待されたが、減量苦と怪我で学生時代にはオリンピック・世界選手権の王座には届かなかった。背負い投げも研究され「画竜点睛を欠く」状態となっていた。その秋本選手が「柴山縦」を修得、一回戦から連発して、王座を獲得したのである（その様子はYoutubeに投稿されている）。

この技が生まれた背景として、「七大戦ルール」が国際ルールとは異なり、寝技では「待て」がかからず延々と攻防が続くことがある。それゆえ多彩な新技が、毎年のように登場する。同じく亀を裏返す京大の「遠藤返し」（SRT）も有名だ。

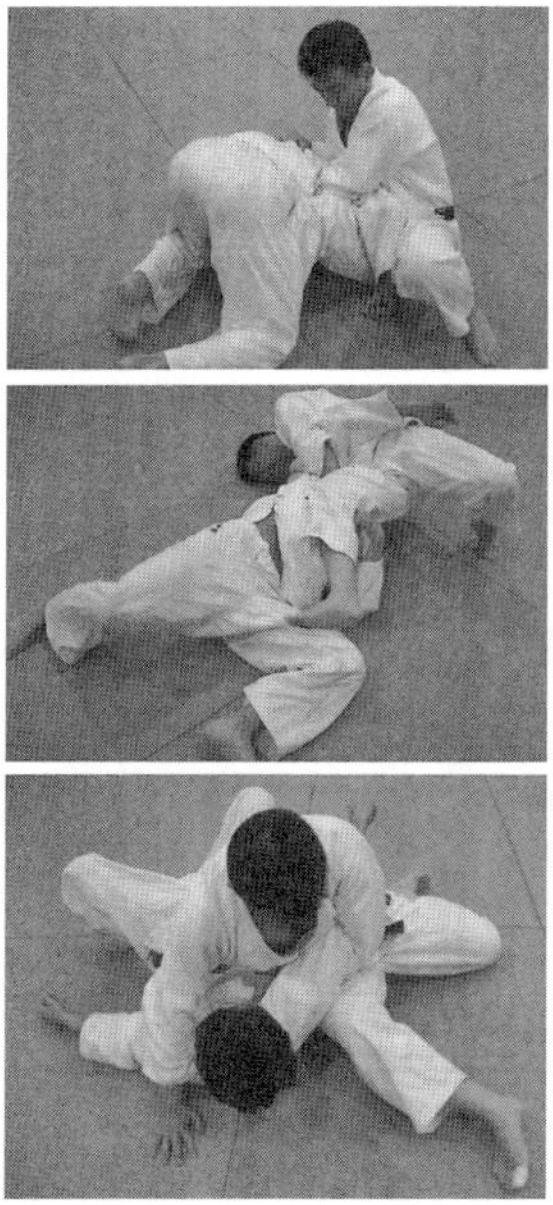
柴山修氏による実演
〈1〉相手がうつ伏せ（亀）
〈2〉めくり返す
〈3〉相手を越えて抑え込みへ

柴山氏はいったん社会人になった後、医学部に再入学、現在に至っているが、その関係で二〇〇一、二〇〇二、二〇〇三年にも七大戦に出場、「柴山縦」を駆使して一本勝ちを収めている。柴山氏は名古屋で就職していた一九九五～一九九六年に名古屋大学柔道部で稽古をしており、その時期に「柴山縦」は名大に伝わった。さらに京大でも教えたところ、翌年には阪大でも使われていたという。瞬く間に七大学に普及したのである。

けれども国際ルールの大会で強豪がこの技を使い勝利するとは、筆者などは正直言って予想できなかった。というのも世界レベルの選手となると体幹が異様なまでに発達しているため、軽量級であれ柴山縦でうつ伏せをめくり上げることは不可能と思っていたからだ。しかし秋本選手は準決勝で「絶対王者」と言われる韓国の王己春をもこの技で返し、数秒間は押さえ込んで判定勝ちを得た。世界で通用することが実証されたのである。

柴山氏によれば、この技を思いつくヒントは二つあった。一つは、襟を持って亀を返す技術。これは田所勇二元コーチが試合で見せていたものである。もう一つは襟をつかむ岡野功元師範の押さえ込み。この二つが実は一連の動きで合体することに気づいた点が、柴山氏のオリジナルといえるだろう。

東大柔道部では、このように過去の技に学び反復するなかで、新たな技の開発に取り組んでいる。そうした「発明」は、多くが稽古中に得たかすかな「気づき」を、稽古後に遊びのようにして反復するうちに技として磨き上げたものである。柔道部員は稽古後に寝そべったり喋ったり取っ組み合ったりしているが、実はそのようにゆったりした時間が新技の「揺籃期」であり、柔道修行の重要な部分となっている。東大柔道部は、他大学の多くのようには専用道場をもっていない。他のサークルからすれば「早く道場から出て行けよ」と言いたくなるかもしれないが、大目に見て下さるよう、部長としてお願い申し上げる次第である。

（国際社会科学専攻／経済統計／東大柔道部長）

五三六号　二〇一二年二月二日

三大災害(地震、津波、原子力発電所事故)の科学技術社会論的分析

藤垣裕子

本稿の目的は、二〇一一年三月一一日におきた地震、津波、原子力発電所事故を科学技術社会論の側面から分析することである。

まず、今回の日本でのできごとを外国の同業者(科学技術社会論の専門家)に説明する過程で、日本語の「想定」という言葉が多義性をふくんでいることが明らかになった。たとえば、原子力安全基盤機構は、二〇一〇年一〇月に電源喪失という事態を想定した(predicted)シミュレーションを行い公開していた。それにもかかわらず、現実の電源喪失は想定されておらず(unexpected)、対応が現場で訓練されていなかった。さらに、釜石市では津波の高さが想定(assumption)以上であったため、避難訓練どおりに避難した人が五〇人以上も亡くなった。これで少なくとも三つの意味に同じ「想定」という言葉が用いられていたことになる。問題は、科学的合理性(自然科学による確率予測)としては predicted であったのに、社会的合理性(実際に社会的対策がおこなわれるための設定基準)としては unexpected として扱われていたという点である。

次に、これらに関する専門家の責任である。科学者の社会的責任に関しては、過去の責任論のレビューから、

(1)科学者共同体内部を律する責任(Responsible Conduct of Research)

(2)製造物責任(Responsible Products)

(3)市民からの問いかけへの呼応責任(Responsible Ability)

の三つに分けられる。今回新たに提示された責任は、「想定をしないと訓練はできないが、想定が誤っていたときの専門家の責任はどう考えたらよいのだろうか」というものである。しかもこの想定に前述の三つの意味が関与する。

続いて、情報流通における課題である。たとえば、テレビによる保安院・東京電力による記者会見の情報とウェブ上のツィッターや掲示板による情報との乖離、専門家間の意見の相違

（物理学者、原子力工学者、放射線医学者間の違い）、同じ専門分野の専門家による意見の相違などである。この違いをどう扱うか。二〇一一年一一月三日、米国クリーブランドで国際科学技術社会論学会と米国科学史学会と技術史学会の合同のプレナリーが「フクシマ」をテーマに行われた際、三学会をそれぞれ代表する原子力技術史あるいは原子力社会論の研究者たちが発表を行ったが、そのなかの一人が、作業服を着た菅首相（当時）と枝野さんのスライドを映し、「日本政府は Dis-organized Knowledge を出しつづけた」と説明すると、八百人の聴衆から失笑が漏れた。

それでは Organized な知識とは何か。日本学術会議は「専門家として統一見解を出すように」という声明を出したが、これは unique、あるいは unified と訳される。Organized であることは、ただ一つに定まる知識（unique）とは異なる。異なる見解を統一（unified）することとも異なる。日本政府および日本の専門家は、時々刻々と状況が変化する原子力発電所事故の安全性に関する事実を一つに定めること、統一することに重きをおき、Organized（幅があっても偏りのない、安全側にのみ偏っているのではない系統的な知識）を発信することができなかった。しかし、これは日本政府と専門家と市民の科学コミュニケーションの問題である。

政府は、無用なパニックを避けるために「ただちに問題はない」と言い続けた。しかし、無用なパニックを起こすほど日本人の知性は低いのだろうか。政府・専門家は国民のリテラシーを低くみているからこそ、安全側に偏った情報を流したのではないか。そして逆説的なことに、安全側に偏った情報しか流さない政府を市民が信用しなくなるという現象がおきた。また、福島県の高校に勤める理科の教諭は、「政府は混乱させたくないというが、事故がおこったこと自体がもう混乱である。また、一つの答えを出したいというが、いろいろな情報が出るのが当然であり、そんなことはわかっている。統一した一つの情報を出したいと専門家はいうが、統一された一つの情報が欲しいわけではない。全部出してほしい。その上で意思決定は自分でやる」と述べた。

ここで観察されるのは、専門家や政府が行動指針となるような「統一された一つの情報」を出すことを責任と考えているのに対し、市民の側が「混乱してもいいからたくさんの情報」「幅があってもいいから偏りのない情報」が必要で、意思決定は自分でやる、次の行動は自分で決める、と述べていることである。そして市民にとって何が不安かについては、専門家や政府が「きちんとした情報がないのが不安」と考えているのに対し、市民の側は「情報が偏っているのが不安」と答えた。さらに専門家や政府が「混乱させるのが不安」と答えたのに対し、市民の側は「専門家が信用できないのが不安」と答えた。

これらは専門家や政府の考える必要な情報、与えるべき情報と、市民の側の望む情報とのギャップといえよう。もちろんここで、「一つに決めてくれないと行動できない」と言った市民もいたことを付け加えておこう。これら情報発信に関する問題は、科学者の責任に関して新たな課題を提示する。心配させないように情報を出すのが科学者の責任か。それともすべてオープンにした上で市民に選択してもらうのが責任か。

以上述べたこと以外にも、「今後の日本のエネルギー源を決めるために皆が議論する公共空間をどう設計するのか」「災害はむこうからやってくるのではない。日本の社会的政治的文脈のなかにどのように原子力発電所は埋め込まれてきたのか、その社会的政治的文脈を明らかにしてこそ、いつ災害がはじまったのかがわかる」など、海外の科学技術社会論学者から問われ必死で答えを用意した問いはたくさんあるのだが、紙面が尽きたので今回は以上に留める。

（広域システム科学系／情報図形）
五四六号　二〇一一年四月四日

（注）なお、本文にでてくる海外の研究者からの問いへの日本からの回答として以下の文献を上梓したので、興味のあるかたは参照いただけると幸いである。Fujigaki. Y.（ed.）*Lessons form Fukushima*（Springer, 2015）.

駒場の桜　由来を訪ねて

佐藤俊樹

東京には桜の名所がいくつもある。駒場キャンパスもその一つだが、他にあまりない咲き姿が見られる点で、特別な場所といえるかもしれない。

キャンパスの各所に桜はあるが、特に二号館や一四号館の研究室棟と第二グランドの間、そしてラグビー場と野球場の間に、あざやかな桜並木がつづいている。ラグビー場周りのソメイヨシノなどは花つきもとりわけ見事だが、余裕があれば、樹の配置にも注意してほしい。

坂下門から野球場門まで、南北に走る谷筋の道沿いに桜がつづくが、その東側はソメイヨシノ並木なのに対して、西側は紅と白の一重の枝垂桜が野球場を飾り、テニスコートと第二グランド脇には真白なオオシマザクラと、カンザンやイチヨウなどの彩豊かな「里桜」、すなわち観賞用に創られた八重桜が並ぶ。

この配置、実はわりとめずらしい。戦後の桜並木の多くはソメイヨシノで、道路の両側がともにソメイヨシノで飾られる。八重桜などを多品種植えしたところもあるが、そうした場所ではソメイヨシノの並木を嫌う。一方の列がソメイヨシノ、もう一方が八重桜と一重の枝垂桜という配置は少ない。

さらに第二グランドの南西隅には三月中旬に咲くカンザクラもあって、エドヒガン系の枝垂、さらにソメイヨシノやオオシマを経て八重桜へと、キャンパス全体でほぼ一ヶ月間、桜の花を楽しめる。そんな花のパノラマが、ソメイヨシノ並木を中心に構成されている。

まるで植物園の品種標本みたいだが、それだけではない。西側の列は花期も花色も微妙にずらしてあって、多彩な色の組合せと変化を長く楽しんでいた江戸時代の桜のあり方を思い起こさせる。一方、東側のソメイヨシノ並木は明治三〇年代以降の、近代的な桜名所のつくり方をなぞる。おかげで、江戸の桜と東京の桜を同じ場所で楽しめるという、桜の歴史博物館にもなっている。

どうしてこんな姿なのだろう、と私はずっと不思議に思っていた。樹も植え替えられてきたはずだし、建物の配置も大幅に変わっている。なのに、なぜかとても懐かしいのだ。

手がかりらしきものを見つけたのは最近である。京都の桜守として有名な佐野藤右衛門家、その十四代目の藤太郎氏と十五代の三郎氏が京都府立植物園の開設時に、主任技師で、当時の東京帝国大学農学部の駒場農場を兼任していた寺崎良策氏と知り合い、その桜の保護と保存の活動に打たれた、という話を読んだ。三郎氏の著書『桜花抄』（誠文堂新光社）には、寺崎さん（同僚にあたる方なので、あえて「さん」で呼ばせてもらいたい）との会話も出てくる。そのなかに「荒川堤のサトザクラを駒場の農場で接ぎ木し、みんなうまく育っている」とあった（一九頁）。

「荒川堤のサトザクラ」というのは、現在の足立区、当時の南足立郡江北村の村長だった清水謙吾氏が、江戸の名桜が失われていくのを惜しんで、染井の園芸業、高木孫右衛門氏と協力して、当時愛好されていた園芸品種を集めて旧荒川の堤防に植えたものだ。

「荒川の五色桜」として有名だったが、明治の末頃から付近に工場群ができて、急激に樹勢が衰えた。そのため、さまざまな場所に後継樹を送り保存を図っていたのだが、寺崎さんも尽力していたらしい。

「ぼくは生きているかぎり、日本中のすぐれたサクラを集めて跡つぎを残しておきたいと思う」という言葉が残されているが、五色桜を愛した寺崎さんにとって「跡つぎを残」すとは、桜の見方や愛し方の歴史と文化を後世に引き継ぐことでもあったのではなかろうか。江戸の桜と東京の桜を同じ場所で楽しめるという駒場のパノラマは、そんな彼の思いが結実したもののように思える。

寺崎さんは一九二六（大正一五）年の春に亡くなる。卒業されたのは大正二年だから、まだ三〇代半ばだったろう。駒場の桜ももちろん昔のままではない。昭和から平成へと、長い長い時間が流れた。敗戦直後は桜だけでなく、多くの樹が焼けてしまったそうだ。今の桜はその後、少しずつ植え直されたものだ。

しかし、その独特な配置、品種と文化をともに保存するような咲き姿を見ると、荒川堤の桜をここに移して残そうとした寺崎さんの心は、今も受け継がれているように思える。彼の名は忘れられても、その思いは、武蔵野の谷と丘を潤す伏流水のように、さまざまに姿を変えながら、桜を見守る人々のなかに伝わりつづけたのではないか。

年々歳々花相似たり、歳々年々人同じからず。桑田の変じて海と成るを見せつけられた今日の私たちにも、桜の花は優しく微笑みかけてくれる。花々の間を渡る風に対しながら、故人の面影を偲び、明日への想いを新たにする。そんな春と来年もまた会うことを約束して、今年の花を見送ろう。

（国際社会科学専攻／経済・統計）

五四八号　二〇一二年六月六日

サラブレッドもヒトも乳酸を使って走っている

八田秀雄

これまで乳酸は強度の高い運動で多くでき、蓄積されて疲労を起こす疲労物質とされてきた。そしてさらに拡大解釈されて、疲れたというのは乳酸が溜まっていることというように決めつけられてきたといえる。実は現行の高校保健体育の教科書にも、疲労は乳酸が蓄積することで、疲労回復は乳酸がなくなることといった記述があり、授業でそう教わった学生も多いと思われる。ただし来年度から高校教科書は改訂されるのでこの記述は消える。実際には乳酸は疲労を起こす老廃物ではない。乳酸はエネルギー源である糖を利用する途中でできるもので、やはりエネルギー源である。乳酸が多くできるということは、糖を多く使っているということである。生きているのに使っている主要なエネルギー源は糖と脂肪である。糖は使いやすいが量は余り多くない。したがって糖を使っているとすぐになくなってしまうので、身体はいつもは糖の利用があまり活発にならないように抑えている。しかし運動のように多くのエネルギーが必要になると、使いやすい糖の利用が必然的に高まる。糖を分解して利用する途中で一時的にできて、糖の使われ方を調整しているのが乳酸である。マラソンの三〇㎞の壁といわれるような後半の速度低下は、体内の糖の量が減ってくることが大きな原因の一つである。そして糖が減ってくれば、それだけ糖からできる乳酸もできなくなる。つまりマラソンの終盤は運動における疲労の極致のような状況になるが、その時に乳酸は蓄積してはいない。サッカーなどの球技でも同じことがいえて、後半になるとマラソンほどではないが糖が減ってくるので、より乳酸ができない中でより疲労している。乳酸が溜まるからではなく、むしろエネルギー源である乳酸がよりできなくなるからより疲労するといえる。ましてや日常生活では、乳酸が多く蓄積することはないので、日常生活の疲労に乳酸は無関係である。

すなわち疲れた時「乳酸溜まった！」と思うのは誤りである。乳酸はただでさえ使いやすい糖を途中まで分解してあるので、非常に使いやすいエネルギー源になる。乳酸を使うのは、細胞内のエネルギー工場であるミトコンドリアが行う。持久的トレーニングを行うと筋肉にミトコンドリアが増えるので、乳酸もより使えるようになる。またミトコンドリアが増えれば糖を乳酸に一時的にしないでより直接利用できるようにもなるので、乳酸がよりできなくなる。そこで持久的トレーニングをすれば、乳酸の産生も利用もどちらも高まることで体内の乳酸が少なくなる。

こうした乳酸の代謝についての研究は、八田研では基本的にはトレッドミルと呼ばれるベルト上でマウスを走らせて、血中筋中の乳酸濃度や関係する基質濃度、関係する酵素活性やタンパク質量、乳酸の輸送に関わるトランスポータータンパク質量を測定することを中心にして検討している。さらにJRA（日本中央競馬会）と協力して、サラブレッドの乳酸代謝に関する研究も行っている。サラブレッドは二〜三分程度の全力運動である競馬に適した、高い走能力を持っている。その高い能力をもたらす要因にはいろいろあるが、例えば心臓の機能が非常に高いことや、体重の割に足が細いので足の速い回転を行えることなどがある。筋肉の乳酸に関係する要因としては、糖が多いこと、ミトコンドリアが多く酸素利用能力が高いこと、速筋線維が多いことなどがあげられる。

筋肉は筋線維の束だが、それには大きく分ければ二種類からなり、短距離タイプの人は速筋線維が多く、マラソンタイプの人は遅筋線維が多いことが知られている。サラブレッドは足が速く、しかも酸素利用能力が高いが、それはサラブレッドの筋肉には速筋線維の性質も持ちながら遅筋線維の性質も持つ中間型の筋線維が多くあるのが、理由の一つである。このタイプの筋線維は多く乳酸を産生するが、一方で乳酸の利用能力も高い。そこでサラブレッドでは筋肉に多くある糖を使って多く乳酸を作る一方で、その乳酸を使って競走している。そうしたサラブレッドの乳酸代謝の研究にも特殊なトレッドミルでサラブレッドを走らせて行っている。体重五百キロを越えるサラブレッドがトレッドミルを走る様子は大変迫力がある。このように乳酸はどう作られるのかだけでなく、どう使われるのかが走運動にとって大きな要因になる。スポーツ科学サブコースでは、このような運動生理学や運動生化学の研究だけでなく、フォームなどの物理的な解析を中心とするバイオメカニクス分野の研究、スポーツ医学の研究などが行われている。

（生命環境科学系／スポーツ・身体運動）

五四八号　二〇一二年六月六日

イクメンザル、コモンマーモセットの子育て

齋藤慈子

私たちヒトは社会的な動物であり、生きていくためには、物理的な環境に適応したり、食物を獲得したりするだけでなく、他者という社会的環境とうまくやっていくことも非常に重要です。私たちヒトを含めた哺乳類は、親の世話なくしては生きていけないため、生後最初に接する社会的環境は、養育者との関係ということになります。この関係が社会性の発達に大きな影響を与えるもののひとつであることは想像に難くありません。そこで私は、生後の社会的環境を形づくる、養育者の養育行動を研究しています。

私が研究対象としているのは、霊長類の一種、コモンマーモセット（*Callithrix jacchus*）です。コモンマーモセットは、南米の熱帯雨林にすむ新世界ザルで、体重が二五〇～五〇〇gと小さく、果実や昆虫、樹脂や樹液を食物としています。非常に多産で、妊娠期間は約一五〇日、出産は年二回で、体重三〇g前後の子が、多くの場合双子で生まれてきます。母親は出産後一週間ほどすると、再び発情、排卵し、次の子どもを妊娠します。これは、授乳しながらおなかで次の子どもを育てるという大変な負担です。そんな母親の負担を軽減すべく、マーモセットの仲間では、母親だけでなく父親や兄姉も子どもを背負って運び、子育てに参加します。マーモセットは、最近話題のイクメンお父さんも顔負けのイクメンザルなのです。母親以外の個体が子育てに参加する種は、実は哺乳類では一〇％もいません。このようなマーモセットを研究することで、同じく母親以外の個体が子育てに参加する、人間の養育行動に関するヒントが得られるのではないかと思っています。

家族みんなで子育てをするマーモセットですが、家族の中での役割分担はどうなっているのでしょうか。まずは子どもが生まれてから八週間、どの個体がどれくらい子どもを背負っているかを観察してみました。その結果、父母ともに子どもを背負う時間は子どもの成長に合わせて徐々に減少していきましたが、

子どもが一週齢のときだけ、父親が背負う時間がその曲線から大きく外れるようにさらに減少していました。その間は、父親の減少分を補うように、兄姉個体がたくさん子どもを背負っていました。子どもが一週齢のとき、父親は何をしているかというと、どうやら再び発情した母親を追いかけていて、子育てがおろそかになってしまうようです。

また、子どもに対する反応性を調べるために、乳児を見せてどのくらい素早く近寄って背負うかもテストしてみました。子どもが生まれてから一週間テストをしてみたところ、乳児を見せると、父親個体は皆速やかに乳児のところにかけより背負ったのですが、母親個体の中には、全く乳児のところへ行かない、乳児に興味を示さないという個体もいました。一般的に哺乳類の母親は、妊娠、出産によりホルモンのレベルが変化し、養育行動をおこなうようになるといわれていますが、マーモセットの母親は、父親に比べ、子どもに対する反応性が一貫して高いわけではないようです。

ちなみに兄姉個体は、弟妹に初めて接する数日の間は、どうしたらよいのかわからない様子で、背負うまでに時間がかかってしまっていましたが、数日後には両親と同じような早さで乳児を背負えるようになりました。お兄ちゃんお姉ちゃんが養育行動をおこなうには、ある程度の練習が必要なようです。

マーモセットの仲間で特徴的な行動に、自分の手にした食べ物を他の個体に渡す、食物分配行動があります。この行動は他の霊長類の仲間ではあまりみられませんが、マーモセットの仲間では、親子間、オスメスのペア間、きょうだい間などでも頻繁にみられます。これも子どもに栄養を与えるという意味で、養育行動のひとつといえます。食物分配という場面で、父親と母親、それぞれが子どもにどのような行動をとっているのか調べてみたところ、離乳前の子には自分の手から餌をとることを許すけれども、離乳後の子に対しては、威嚇の声を出したり、ひどい時には子どもを押したりして餌を渡すまいと拒絶しました。このような行動は、父親と母親で違いなく見られることがわかりました。

このように、ひと口にマーモセットの養育行動といっても、背負っている時間や、鳴いている子どもに近寄って背負う行動、食べ物を分け与える行動など、行動の種類によって、また発達過程の時点によって、家族の誰がどのくらい行うのかが異なるようです。こういった行動がどうやって現れてくるのか、その神経メカニズムや内分泌の影響なども調べていければと思い、研究を続けています。最後に、私自身も今年二月に出産し、自分の研究テーマを実体験しています。ヒトもまた、母親ひとりでは子育てができない種であることを実感する毎日です。世の中のお父さん、お兄ちゃん、お姉ちゃん、おじいちゃん、おばあちゃん、周囲の皆さん、お母さんをサポートしてください！

（生命環境科学系／心理・教育学）

五四九号　二〇一二年七月四日

パリに到着するということ

小林康夫

とうとうパリに到着したんだ……——とまどいに似た驚きとともに、どこからかこの言葉が降ってきて、ひとたびそう表現されてしまうと、もうそれ以外のなにものでもなかった、特別ななにがあるわけでもないのに、わたしを包んでしまうその深い感慨は。

それがいつ、どのように、わたしを包みはじめたのか、よくわからない。コレージュ・ド・フランスでのわたしの最後の講義がはじまったときに、啞然とするほど若い女子高校生が四名遅れて入ってきて、臆することなく講義室の最前列正面に腰をおろしたときからか。あるいは、オデオン座のあたりを歩いていて、偶然入った書店で、かつて駒場に招いたことのあるヴァレール・ノヴァリナの会があって、その夜、かれやほかの友人たちとともにカルチエ・ラタン風の楽しい会食をしたときからか。あるいは、学生時代から憧れていた雑誌のひとつ『ポエジー』のミッシェル・ドゥギーらとカタストロフィーをめぐる詩的対話を公開で行ったときからか。それとも、エコール・ノルマルのドミニック・レステルと組んで、ある著名なメディウムを招いて「はみ出した人間」についてのきわめて実験的なシンポジウムを行ったときからか。

もちろん、そのすべてであり、どれでもない。そう、到着は、点の出来事ではなく、空間の出来事。ひとつの空間が立ち現れ、そこに溶けこんでいくことなのだ。

わたしの身体がパリとはじめて出逢ったのは、もちろんずっと昔のこと。一九七七年春だった。とうとうパリに着（き）たぞ、というそのときの興奮はいまでも鮮やかな記憶として残っているが、以来、翌年から三年間の留学、一九九五年度の文部省在外研究員としての一年間の滞在などを含めて、どのくらいの時間をこの街ですごしただろうか。昔はそれでも、ロワシー空港に着いてパリに近づくたびに、遠いモンマルトルの丘に輝くサクレ・クールの白が眼に入ると、ああ、パリに戻ってきた、と感動を覚えていたのに、いつのまにそんな心の動きもなくなって、フランス語で言えばまさに〈blasé〉（無感動）な自分を少し悲しげに見ていたのだった。

だから、とうとうパリに到着したという情動が不意に湧き上がったのは、わたし自身にもはじめは不思議だった。だが、それ以外ではありえない。いま、到着したという情動を得てはじめて、わたしはどこに到着しようとしていたのかがわかった。わたしにとってのパリが何であったのかが、ようやくわかったということなのだ。

では、いつ出発したのか。これこそ、駒場の若い学生たちにここで伝えたいと思うことなのだが、出発は、まちがいなく、わたしが駒場の学生だったときである。一九六八年に理科Ⅰ類に入学したわたしは、時代の嵐のあおりもあるが、物理学を断念して、しかし他の専門を選ぶというわけではなく、ただフランス語ひとつに人生を賭ける決意をする。「語学」などということではない。はっきり言っておく、人生の選択である。それがフランス語でなければならないのは、パリに行きたかったからだ。まるで「隣り村」に出かけるようにパリに出発しようとしたのだ。

そう、カフカにとても短い物語があって、そこでは、老人が、「人生は、驚きあきれるくらい短い」、それなのに青年が馬で隣り村にでかけようと「どうして決心できるものなのか、いささか了解しがたい」と語っていた。わたしにとって「馬」はフランス語であった。「隣り村」はパリであった。物語の老人は、「隣り村に着くずっと手前の時点でおしまいになってしまうのではないか」という恐怖について語っているのだが、幸運にも、わたしはその手前で「おしまい」にならずに、出発したことすら忘れたいまになって、気がつくと「隣り村」に到着していたということなのかもしれない。あきれるくらい短い人生に、ずっとひとつの旅をしてきた。到着するということは、その長く短い途の時間が現在という空間へと、まるで「回想」のように、溶けこむということにほかならない。

誤解しないでほしいのだが、「馬」が乗りこなせているわけではない。コレージュ・ド・フランスの講義をしながら、毎回、内心では、なんて下手なフランス語を喋っているんだ、四〇年以上の時間をかけてこの程度か、と自嘲が止むことはなかった。ひとつの言語の目も眩むような深さ！　その向こう岸にはけっして到達できないのではあるが、それでもそれは、「隣り村」くらいには連れて行ってくれるのだ。

「心満ち足りて」と歌い出して、ボードレールは「わたしは丘にのぼった」と続けたのだったが、昨年（二〇一二年）の晩秋、その詩を繰り返し思い出しながら、わたしはセーヌ河畔の石畳の上をいつまでも歩いていた。

註・もちろん人生で出発したのはパリにだけではない。到着すべき「村」はまだいっぱいあるのだ。

五五九号　二〇一三年一〇月九日（超域文化科学専攻／フランス語）

II

「自分の才能が知りたい」ほか学生に関する論考

私のすすめるもの

モーツアルトの暗殺

太田 浩一

A「『モーツアルトの暗殺』ですって！ これはまたショッキングな書名ですね」

B「ええ。最近出版されたアメリカの推理小説なんです（ワイス『モーツアルトの暗殺』上下西島洋治訳 立風書房）。もっともモーツアルトの死にまつわる伝説をもとにした小説という点では決して新しい試みではないけれども、ワイスがクロと断定したウイーン宮廷楽長サリエリが一八二五年に死んで五年後に早くもプーシキンが毒殺説をとって劇詩を書いたのは御存知でしょう（プーシキン『モーツアルトとサリエリ』河出書房版全集三巻）。」

A「モーツアルティアンにとっては耳新しくない話というわけですね。それにしてもモーツアルトが死んで二世紀もたっているのですから毒を入れたグラスに指紋が残っていたとか変装して毒薬を買いにきたサリエリを薬屋が憶えていたかというわけにいかないし探偵も大変な仕事ですね。」

B「ええ。それで近年になってモーツアルトの死因についての論争がますますエスカレートしているようですがどうも暗殺説の旗色が悪いようですね」

A「梅原猛氏にでも謎を解いてもらいましょうか」

B「柿本人麿刑死説（『水底の歌』上・下新潮社）ですか。いや実際フリーメーソンによる死刑説もあるのですよ。『魔笛』によってフリーメーソンの秘儀を公にしてしまった罰というわけですね」

A「しかし暗殺とか毒殺というのはモーツアルトの音楽にまったくふさわしくない話ですね。」

B「たしかにこれは一九世紀の伝統なのでしょうね。大音楽家としてのモーツアルトの評価が高くなるにつれ人間としてのモーツアルト――ザルツブルグの大司教に足蹴にされて故郷をすて都で就職に失敗し借金に首がまわらなくなってあげくのはてに共同墓地に葬むられた男――とのバランスがとれなくなった。それでロマンティックな伝説で彼を神秘化してしまったのでしょうか。」

A「そういえば小栗虫太郎の『黒死館殺人事件』もモーツアルトの葬式についての伝説にヒントを得て書かれているそうですね」

B「ええ。この日ウィーンは雷と雨が荒れ狂ったとどの伝記にも書いてあるでしょう。ところが実際はおだやかな日であったという記

A「それでは文学作品からモーツアルトに近づこうとするのは困難なことのように思われますね」

B「ぼくにはモーツアルトの音楽の一小節の方がそれらすべてにまさっていると思うのですがね」

A「まあそれはともかく……。例えばメーリケ（『旅の日のモーツアルト』[illegible]田[illegible]訳白水社）などモーツアルトの音楽に迫る美しさがあると思うのですが」

B「それでは夏休みにはモーツアルティアンたち、シュトルム（『静かなる音楽家』岩波文庫）、ヘッセ（『荒野の狼』新潮文庫）、サン＝テグジュペリ（『人間の土地』新潮文庫）など読んだらいかがですか。そして何よりも一曲でも多くモーツアルトを。」

（物理学）

太田浩一「モーツアルトの暗殺」（216 号、1975 年 7 月 1 日）

数学の学び方

〈大学での学問〉

杉浦光夫

数学をどのようにして学ぶかは、結局各個人の問題であるから、各人がそれぞれ選び取る外はない。それを前提として、二、三の注意を述べて見よう。

数学ブラック・ボックス説

数学そのものの追求を目的とする数学者以外の人々にとっては、数学は道具である。ここから更に次のような考えが生ずる。「車を運転するのにエンジンの機構を知る必要はないのと同様に、数学を使うためにはその結果のみを知っていればよいのであって、その結果がどうして証明されたか等ということは知る必要がない。」これは言わば「数学ブラック・ボックス説」とでも言うべきものである。（ブラック・ボックスは、すなわち暗箱で内部は暗くて見えない。）

この説は確かに正しい面を持って居り、その正当な適用範囲において用いる限り、有用であり能率的である。例えば対数表を用いて計算をする場合には、対数表の作り方については全く知る必要はないのである。

しかしこの説に無条件に従うわけにはいかない。それは数学の応用においても、上の対数表の場合のように、既に確立した算法があり、それを機械的に適用すれば求める答が得られる場合だけでなく、未知の問題を解くことが重要だからである。これは科学・技術が常に未知の新しい領域を目差していることを考えれば当然であろう。実際、科学・技術の研究・応用に際して現われる数学上の問題には、ちょっと見ただけではどのようにして解くべきかが見当のつかぬものが甚だ多いのである。このような場合には、「数学の結果を適用しさえすればよい」といっても全く無意味である。

どの結果を適用すべきかが全くわからないからである。こういうときに頼りになるのは、数学の結果を機械的に記憶していることではなくて、数学の基本の考え方をしっかり身につけて置くことである。

所でここで特にこの「数学ブラック・ボックス説」を取上げたのは、諸君の内のかなり多くの人がこの説の意識的または無意識的な信奉者であると思われる節があるからである。

例えば昨年筆者はこんなことを経験した。演習の時間に問題を解いた学生に「そこはどうしてそうなるのですか」と質問した所「それは定理です」と答えられてびっくりした。そこで「ではその定理はどうして成立つのですか」と問い返した所、「それは本に出ています」という御名答が返って来た。まさに首尾一貫した「数学ブラック・ボックス説」の信奉者だったわけである。

この「ブラック・ボックス説」の極限形態は、学生の場合には次のような矮小な形を取る。「数学とは教科書（参考書）の演習問題をやることであり、本に書いてある定理はそのための道具であり、その証明などは知る必要はない。」これは完全に本末顛倒した考えである。本や講義の演習問題は、本文の定理の理解のためにあるのであってその逆ではない。

と言っても演習問題を軽視して良いのでは決してない。定理の内容を理解し、更にそれを使いこなせるようになるには、適当な問題を自分で解いて見ることによって使い方を会得するのが、最も確実な方法であろう。しかしこの際定理と演習問題の間には、ギャップが存在する場合がしばしばあることに注意する必要がある。例えば「有限閉区間上の任意の連続函数に対して定積分が存在する」という定理が、リーマン積分の理論の基本定理なのであるが、従来積分の演習問題と言えば、初等函数の不定積分を求める問題が大部分を占めていた。このような問題は、初等函数の微分の公式を逆に見て得られる少数の積分公式に、問題の積分を帰着させる練習なのであって、リーマン積分の理論とは一応無関係である。もっともこの二つは、「連続函数fの不定積分がfの原始函数となる」という定理（微分積分学の基本公式と呼ばれる）によって、結びついているのではあるが、決して対等なわけではない。初等函数の不定積分を初等函数の範囲で求める問題は、積分論の一部に過ぎない。

諸君は大いに演習問題をやると同時に、それを通じその背後にある数学の体系そのものの把握に進む必要のあることを強調したい。

現在、数学の応用される範囲はますます広がり、物理学や工学だけでなく、社会科学、人文科学にも応用が盛んになって来た。諸君も将来相当に高度の数学を必要とするようになる可能性が増大したわけである。それぞれの専門に進む諸君が、基礎的な教養を身につける時期である駒場在学中に、安易な説を克服して、数学の基本的な考え方をしっかりと体得することを希望する。

参考書について

講義の教科書・参考書については担当教官の指示に従うべき

である。ここでは定評のあるものを二三あげておこう。解析の方では、高木貞治『解析概論』（岩波）が、まず挙げられる。この本は精選した内容を、高木先生が洗練された筆致で解説されたものである。余分な夾雑物を排除して、本質的な事柄のみを追求しようとする態度で一貫している。ただしこの本は微分方程式を含まない。この本と対照的なのがスミルノフ『高等数学教程』（共立）である。この本は豊富な例に特徴があり、物理学との関連が強調されている。微積分を扱った最初の四冊の邦訳（原本の第一部第二部）が駒場における教科の内容に当る部分である。この後に線型代数、函数論、微分方程式、特殊函数、積分方程式、ルベック積分、ヒルベルト空間等を扱った巻が続き、全体で十二冊よりなる。

　駒場で幾何と呼ばれている講義の中心は線型代数である。これについてもいくつかの本がある。古屋茂『行列と行列式』（培風館）は、小冊子であるが、線型代数の重要事項が巧みにまとめられて居り、さらに、類書に見られない種々の数値解法に詳しい。

　この本はわかりやすいように、行列論の形で述べてあるが、斎藤正彦『線型代数入門』では、現代数学としては抽象的なベクトル空間の概念も是非必要であるという立場に立って書かれている。しかし斎藤氏の本においても天下り的に初めから抽象的な概念を導入することを避ける等、読者が理解し易いように配慮されている。またこの本では連立一次方程式の解き方を、行列式を用いず、行列の基本変形によるアルゴリズムの形で与えているのは有用である。また経済学等で用いられる線型計画法や非負行列、ラグランジュ乗数法などを含む線型代数の教科書として、竹内啓『線形数学』（培風館）がある。

数学史の本

　数学史の本を読んでも数学がよくできるようになるわけではない。しかし、数学に現われる種々の概念の歴史的な発展を知ることは我々の視野を広げ、数学の理解をより深いものにするであろう。もっともそのためには、読者が数学自身についてある程度の知識を持ち、数学について自ら考えていることが前提になる。また数学史といっても発明発見物語のようなものでは役に立たず、数学そのものの内部に立入って、概念の発展を分析したものでなくてはならない。この立場からする数学史の本は必ずしも多くない。ブルバキ『数学原論』（東京図書）の多くの分冊につけられている「歴史覚えがき」は、そのような数少ないものの一つである。特に『実一変数函数1』にある微積分の歴史や『位相2』の実数概念の発展史などは諸君にも興味があり、有益と思われる。この二冊はいずれも今年の五・六月頃には邦訳が出版されるはずである。また高木貞治『近世数学史談』（共立）〈絶版〉はガウスやアーベルによって近代数学が作られて行く、決定的な時点での歴史を極めて生き生きと描いている。近藤洋逸『新幾何学思想史』（三一書房）は非ユークリッド幾何学の成立という革命的な思想の転換が行われる迄には、どのような巨大な困難を克服しなければならなかったかを、詳しく分析した本である。近藤洋逸『数学思想史序説』（三一書房）〈絶版〉は十九世紀における解析学の発展についてのすぐれた叙述をふくむ。

すぐれた数学の本

数学をある程度以上深く理解することと、数学の面白さを実感することは殆んど同じことではなかろうか。そして数学の面白さを知るためには、すぐれた数学書を熟読することが最も手近な方法である。すぐれた数学の本は少なくないが、筆者は次の三冊の本を推薦したい。

田村二郎『解析函数』（裳華房）は複素変数の解析函数の基本的な事柄とガンマ函数や楕円函数などの重要な箇々の特殊函数を丁寧に解説した書物である。特にリーマン面については正確な定義が詳しく述べられて居り、大局的な意味での解析函数の概念が明確にされている。

高木貞治『初等整数論講義』（共立）〈絶版〉は、数学の中でも特に美しい整数論を第一歩から解説した本である。実用とは無関係に、数学の面白さ、美しさを味わおうとする人達には是非すすめたい本である。この本を読むのに予備知識は不要であるが、整数論に関する若干の「感受性」を必要とするかも知れない。この本の初版発行以来殆んど四十年近くになるが、現在でもこの本は整数論の教科書として、世界中で最もすぐれた本の内の一つである。

ペトロフスキー（渡辺毅訳）『偏微分方程式論』（東京図書）は、数学および物理学で重要な偏微分方程式の古典的な結果をすっきりとまとめた、極めてすぐれた本である。一年の初めでは、この本にはやや難しい点があるかも知れないが、理・工学部の数学を良く使う学科へ進む人、解析の好きな人は何時かは是非読んで欲しい本である。

これらの本は皆、深い内容を持った理論を扱っているのであるから、説明は丁寧であっても、一度でその真髄が理解されるとは限らない。また一度に全部読み通せないことも多いであろう。しかしそれでもかまわない。しばらくしてまた読み出せば良いのである。その本に対する関心さえ持続していれば、何年かの内には必らず読み通すことができるものである。

以上の三冊またはこれらに並ぶような内容を持ったすぐれた数学書を一冊で良いから、四年間の在学中に諸君が読み通すことを最後に希望しておく。

（数学）

一五六号　一九六八年四月一一日

アンデスで黄金をみつけた話

大貫良夫

一九八九年九月十六日のことである。南米ペルー北部、アンデスの山奥にあるクントゥル・ワシという遺跡での私たちの発掘は終盤にさしかかっていた。一週間ほどの間、ある建物の床下に作られた深い穴を掘る作業が続いていた。二・五メートルほど掘り下げたところ、穴の壁の一部が荒削りの石を積んでふさいである。その日、それらの石の除去にとりかかり、午後になって石の奥の狭い空間から、鮮やかな赤い色をした朱の粉にまみれて一体の人物の埋葬が現われた。強く折り曲げられた人骨とともに、土器三点、青い石の耳飾り、貝製のペンダント、大きなほら貝三個、そして頭のところにきらきらと光る黄金の冠がみつかった。このような墓は都合四つ、並んで作られていた。いずれも金製品、貝製品、石製品の上等な装身具を副葬したものであった。

日本人による古代アンデス文明の調査と研究は、教養学部の文化人類学研究室を中心に一九五八年から開始され、これまでに十二回の現地調査を実施し、アンデス高地の紀元前一〇〇〇年前後の遺跡の発掘を重ねてきた。クントゥル・ワシは、一九四六年にペルーの学者が試掘をし、石彫や小さな金製品を持つ墓を発掘して以来有名になり、多くの本に名前は出るものの、その正確な時期、建築の形、遺物の全体像についてはほとんどわかっていなかった。不便な場所での長期的な調査が必要なため、ペルーの学界は実績のある日本のアンデス研究者へ期待を寄せていた。私たちは一九八八年からこの遺跡の発掘にとりかかった。そして第一次調査は一九九〇年までの三回の発掘で終了した。

学問的には黄金とて遺物のひとつにすぎない。しかし、冠二点、胸飾り四点、耳飾り二点、いずれもかなり大きな黄金製品であり、そのほかにも小さな金銀細工や、重さ二・四キロにもなる石と貝のビーズ細工や形のよい土器六点その他となると、地元の住民が興奮した。それまでほとんど注目されなかった、ただの山が宝の山になり、特別の意味を持ちはじめた。人々は息を切らせて遺跡のある山の頂上に登って来る。プロテスタント系の宗教の信者の集会が遺跡の上で開かれることもあった。クントゥル・ワシは紀元前一〇〇〇年にさかのぼる神殿遺跡で、紀元前二〇〇年頃破壊されたあと放棄され、自然の山になっていた。黄金発見とともに大昔の神殿が現代において新しい意味を持ちはじめたとさえ思える。

地元の村ではクントゥル・ワシもそこの黄金も村の宝だといいはじめた。近くの町は行政的には村よりも上位であり、したがって宝物は町に帰属するという。ペルーの文化庁は国法により出土遺物は国家の文化財であり、その保管場所は文化庁が決めるという。事実、これまで私たちはその国法に従ってきた。しかし、今回は遺物を村から首都のリマまではとても持ち出せる状況ではない。無理をすれば自動車はひっくりかえされ、私たちの命すら保証の限りでない。

村との話し合いの末、一九八九年は遺物を町役場に預けた。ところが町長選挙が年末にあって、それまでの町長が落選してしまった。事の経緯を知らない新町長にはまかせられないということで、村人は遺物を役場から引き上げ、どこかにかくした。鉄棒の一本もあればすぐに壊れてしまう程度の家屋で、電気も水道もない寒村である。かくし場所は秘密にされた。一九九〇年私たちが到着するや、村人はすぐに宝物を持ってきて、私たちに預けるという。かれらのほっとした顔はみものであった。ひとびとは黄金そのものではなくそれを秘密に保管するという責任の重みで疲れきっていたらしい。

しかし、調査が終わると、また保管の問題が出てきた。村会が何度も石油ランプのもとで開かれた。そしてついに結論が出た。誰かが、「黄金は日本に預けよう」と叫ぶ。全員一致、賛成。条件は、ペルー文化庁に渡さないこと、村に博物館を作ること、というものである。三回の発掘を通じてのつきあいで、私たちの信用が高くなってはいたが、そこまでいわれればこちらの気分の悪かろうはずがない。「わかった、日本に持って行こう。そして金を集めよう。集まらなかったらわが家を売ってでも金を作る」と、調子に乗って思わず重大なことを口走ってしまった。

村を去る日、予定より数時間出発を早めることにした。案の定、そのあとで町長たちが持ち出しを阻止しようと村にやってきた。文化庁の地方支所も途中の町の警察に連絡をしていた。こういうこともあろうかと、私は前の晩に支所長宛に金その他の重要遺物を文化庁に提出する旨の書類を作っておいた。警察はそれを見てカハマルカ支所まで護衛をつけようという。私たちの監視というのが本音だが、国法にしたがって発掘遺物を文化庁に提出するという書類がある以上、私たちの通行を違法とはいえない。

カハマルカの町で、リマの文化庁に電話を入れた。幸い当時の長官は考古学者で、私とは以前からの友人である。事情を知って、遺物をリマに持参するようにという正式の命令を出してくれた。翌日カハマルカからリマへの飛行機便があった。キャンセルが日常茶飯であるのに、運が良かった。

結局遺物はリマに一年間預けたのち、貸与の形で日本に持って来ることができた。そして昨年から今年にかけていくつかの都市で展覧会を開催し、好評を博した。そして本年四月二十七日から六月十三日まで、丸の内の出光美術館で開催される。

私たちのクントゥル・ワシ第二次調査は本年から始まる。期待と不安半分ずつの気持ちで準備をすすめている。

（人類学）

三七五号　一九九三年五月一二日

入試の「誤答」の光と影

池上嘉彦

毎年、入学試験の採点の時期になると、「ことば」というものについていろいろと考えさせられる。ある年の英語問題の解答の中で、「海水浴客」というのを"swimming customers"としているのが出てきた。初めは、適当な訳語をたまたま思いつかず苦しまぎれのものかとも思ったが、同じ解答が次から次に出てくる。そうなると、もしかしたら受験生は自らの解答のおかしさに気づいていないのではないかと次第に不安になってくる。この程度だったら、まだよい方なのかも知れない。別な年に「辞書をひく」というところに"draw a dictionary"という訳を当てたものが誇らしげに、これまた次から次に出てきた折には、おかしさを通り越して、一体ことばというものとどのようにつき合うよう教えられてきたのか、本当に考え込まされてしまった。

誤った解答であっても、このような暗い不安な気持ちにさせられるものばかりではない。むしろ、われわれのつき合っているることばというものの、もっと積極的な興味深い側面を垣間見させてくれるものもある。例えば、いつかの年に「日本人はたけのこが好きだ」というところに"Japanese like to eat bombs"という解答を出していた答案などがそうである（これも百枚に一枚というような低い頻度ではない）。この極めてショッキングな解答がどのようにして引き出されてきたかは、想像に難くない。"bamboo shoot"→"bamboo"→"bomb"という連想が頭の中で起こったということであろう。

ワープロで表記の転換をする時に、よく思いがけない表記が一つの可能な選択肢として提示されてきて驚くということがある。そして、驚くと同時に、しばしば面白いとも思う。このような時、われわれが日常つき合っていることばなどは本当に限られた表面に出ているごく一部であって、実はことばにはまだわれわれの気づいていない意味が潜在的にまだ限りなく豊かに秘められているのではないかとふと思う。詩人の創った「ことばあそびうた」――例えば谷川俊太郎の「かっぱらっぱかっぱらった……」で始まる作品――と接して、ことばというものについてはっと感じさせられるあの気持――それとも決して異質なものではないのである。

受験生の想像力も決してひけをとらない。捉えられそうで捉えられない"bamboo shoot"のイメージを追って、"bamboo"は"tamboo"("take + bamboo")になったかと思うと今度は、"baboon"に変身し、逐には、"boomerang"となって飛び去ってしまう。"shoot"の方が引き金になると、一方では、「竹の宮(shrine)」や「竹槍(spear)」が現れ、他方では可憐な"baby bamboo"が生まれる。しかし、この"baby"はすぐ"infant, infancy"を経て"fancy"となって夢散したり、"fang(s)"をむき出す恐しい存在に変身する。ある場合の「誤答」は、一定の形と意味のことばから、どれ位創造的で詩的な読みが引き出されうるかを見事に示してくれる。「受験答案の詩学」は、いつか書かれてよい書物の題名である。

しかし、もっと現実的な問題として真剣な取り組みが必要なのは、最初に触れたような誤答の背後にあるところのものである。そのまま受け取るならば、受験生はまるで日本語と英語の単語は一対一に対応していて、一つを他に置きかえればそれで同じ意味が表わせるとでも思い込まされてしまっているかのような印象を受ける。人工的に作り上げられた「言語」ならともかく、いわゆる自然言語ではそのような現象は例外と考えるのが、ことばについての正当な感覚であろう。誰しも記憶があるであろうが、英語を習い始めた頃、例えば日本語の「アニ」と「オトウト」が英語ではどちらも"brother"となって区別されなくてよいと知った時のあの新鮮な驚き――ことばについてのそのようなみずみずしい感覚がいつの間にか失われてしまうとしたら、本当に残念なことである。ことばでは、一つの意味、一つの用法として一応分類されていても、境界あたりで他のものと重なったり、一方が前面に出て他方が影のように寄り添うというのはごく普通のことである。「これは○○用法ではなくて、△△用法ではないか」といった質問が寄せられてくる時、その点が理解されていないと感じる。ことばの問題が常に「正」か「誤」か二値的に処理できると信じ込まされているとしたら、恐しいことである。選択肢から「正答」を選ばせるという問題の場合も、満点の選択肢から零点の選択肢まで段階的な配点が与えられているという前提で問題が作られ、その前提で解答に取り組ませるという方がことばの本質の認識ということの関連で遥かに教育的であろう。現在のセンター試験の前身の共通一次試験の委員を務めていた時、そのような提案をしてみたら、採点でコンピューターを走らせる回数がふえて、それだけ予算がかかります、という明快な機械的理由で却下になった。しかし、それでも、何年か先の試験では、ぜひそうなっていて貰いたいものである。

(英語)

三七九号　一九九三年一一月一〇日

森の乳

船曳建夫

ニューギニア高地の周辺部に住むサンビア社会の人々は、精液を社会を動かす血液のごとく重要な、それも希少で有限な資源と考えています。その点われわれ、たとえば教養学部報読者とは、考え方が異なります。われわれは、精液は子供を生むためにはほんの僅かしか必要でないし、男はそれ以上の量を何十年もの間（無駄に？）いくらでも自家製造するものと思っています。われわれの間ではそれよりも卵子や女性の生理的働きの方が希少性を認められているようです。

サンビア社会で精液が特別の意味と価値を持っていることについては深いわけがあります。

まず妊娠について彼らは、性交を繰り返すことで多量の精液が女性の子宮に送り込まれ、それが溜まって固まり、胎児が形成されると考えていて、卵子の存在も働きも認めていません。赤ん坊は生まれたあと、母親の乳によって育ちますが、その乳というのも、夫が母親にフェラチオによって与える精液によって作られます。女性は精液を胎児へ、そしてまた母乳へ変換する器械と考えてよいのです。

乳離れしたあとの幼児にとって重要な栄養は、父が働いて育成しているパンダナスの木の実です。特に女の子はその位の栄養で「自然に」育つと考えられています。女らしく育つための月経の血を作る器官は、母親から胎児の時に受け取った月経の血を素に作られます。

しかし、男の子は男の子らしくなるための、そしてなによりも男として精液を製造するための器官を自然には発達させることが出来ません。それは少年になってから男子の秘密結社に入り、そこで結社の先輩の、未婚の男達からフェラチオによって精液を受け取ることによって可能となるのです。妻が夫から精液を受け取るように、少年は年上の男達から何年にもわたって繰り返し精液を受け取って、それを溜め、精液を製造する器官を発達させます。

ここでこの社会には男達による精液のイデオロギーによって二つのゲームのあることが見えてきます。一つは男と男のあいだ。精液はある個人に取って有限と考えられていて、その量は、少年の時にいかに多く受け取るかによります。しかしその有限性は、与える兄貴分達に取っても同様で、「快感」に溺れて使いすぎては、将来結婚したときに子を作り乳を作るための分が無くなってしまいます。ここに有限の資源をめぐってのゼロサムゲームが成立します。

次に男と女のあいだ。女は胎児の時に月経の血を母から受け取って生まれてきて、その後自然に育ちます。その女に男は精液を与えることで、初潮をうながし、胎児を作り、乳を作ります。しかしこの精液授与は、男達に取っては、サンビア社会の男系原理の下、自分の男系グループの子を得、かつ「快感」を得るという利益がありますが、女性に取っては生まれてくるのは女の子であっても夫の男系グループのメンバーであり、女性には性の快感がない（ことになっている）ので、利益はありません。ここには男達が自分達の秘密を隠しながら、本来自然に女を張って行ける女達をどうにかしてゲームに引き込もうとする、不均衡な「一人相撲」というゲームが見えます。

しかしこの二つのゲームの裏には、男子結社の高位の者しか知らないある一つの大きな秘密が隠されています。若者そして妻との間で精液を消費し、資源が枯渇しかけた年長の高位者は、森に入り特別の種類の樹と蔓から出る樹液を飲むことで精液を補充するのです。これによって有限の資源をめぐるゼロサムゲームと見えたものは、実はより大きな外部を持つ虚構であることになります。そして、その樹液が「母なる樹の乳」という名を持つと知ると、このサンビア社会の宇宙は別の相貌を帯びてきます。

男達は自分達が出す液体の精液が子を作り、乳を作り、社会がそれによって成立すると考えています。そしてそのプロセスのなかで女達は変換器の役割を果たすだけであり、快感の分配も彼女達には無いのだとしています。

しかし、別様の解釈が成り立ち、すべての源は女が出す、相互変換可能な液体であるところの、乳と月経の血であり、血が精液によって固まることで子供は生まれ、血が変換されて乳は作られ、その乳を飲んで男は精液を作るのであり、女は性的快感を隠しているだけ（男達は実はそうではないかと疑っています）だとしたらどうでしょう。「母なる樹の乳」という名はサンビアの宇宙の根元のところで、男達による非対称的な支配のイデオロギーと見えた「性と精液の原理」全体を、より大きなジェンダーの原理が包み込んでいることを示しているのかも知れません。そしてこのときジェンダーの問題が性をも包括した分類と認識の次元で捉えないとならないことも同時に示唆されているようです。

（参考文献：Herdt. G. H. 1984. *Ritualized Homosexuality in Melanesia* University. of California Press.）

（文化人類学）

三八二号　一九九四年二月九日

大学の勉強と「学力」

柴田元幸

七月二十八日の毎日新聞夕刊によると、大学一年生が共通一次試験に再挑戦したら、受験生時代より大幅に学力が落ちていることが判明したそうである。

入学して一年経った大学生に、その年の共通一次を模擬受験してもらい、前年の「真剣勝負」の成績と比較する。この実験を八年かけて千五百人について行なった結果、入学後一年で学力が上がったのは一割に満たず、平均して百人中の順位でいうと七位程度成績が下がったという。教科別に「落ちぶれ方」を見てみると、英語、国語、数学は百人中順位で五―八位程度、社会、理科は二十位近く落ちていて、文系学生にとっての理科、理系学生にとっての社会など、大学で「関連の勉強」をしない場合に特に学力低下が著しい。

僕が駒場の学生だった二十年くらい前にも、「大学へ入ると勉強ができなくなる」という俗説というか神話がよく口にされたものだが、はからずもその神話が「真理」であることがどうやら立証されたようである。

もちろん、大学に入ったあとまで「共通一次的学力」を伸ばす必要があるのかどうかは議論の余地があるところだろう。かつて「大学へ入ると勉強ができなくなる」という（元）神話が口にされたときも、多くの場合そこには、大学へ入ったからには「勉強」の枠に収まらないことを学び考えるのだ、という自負がこもっていたと思う（実のところ我々が何を学び何を考えたかは、よくわからないのであるが）。

学力とは何か、という問題を考えはじめたとたん、人はどこまで有益なのかも定かでない錯綜した議論の底なし沼に沈み込んでゆく。とはいえ、現在駒場で英語教師をやっている人間として言わせてもらえば、少なくとも英語に関しては、高校までの勉強の積み重ねの上に成り立っているわけであって、大学で学んでいることが当然「関連の勉強」にもなっているはずである。べつに「共通一次的学力」を伸ばすことを目標にしなくても、少なくともそういう学力が低下するようなかたちで勉強してもらってはいない。

共通一次受験者一般はともかく、駒場の学生の「学力」もやはり、駒場で一年を過ごすことによって、向上するのか低下するのか。これは教師にとって大きな関心事である。それを測るひとつの目安となりそうなデータが出たのでご紹介する。

		平均点			
	人数	問1　読む	問2　聞く	問3　聞く	合計
1年文1	696	22.86	21.36	13.30	57.53
1年文2	413	20.13	18.33	11.24	49.70
1年文3	488	21.24	20.63	12.77	54.64
1年理1	1234	18.28	18.98	11.40	48.66
1年理2	545	16.86	16.95	11.26	45.07
1年理3	83	27.28	24.06	14.93	66.27
1年合計	3459	19.83	19.42	12.02	51.27

		平均点			
	人数	問1　読む	問2　聞く	問3　聞く	合計
2年文1	450	24.49	23.07	17.77	65.33
2年文2	270	21.37	19.92	18.44	59.73
2年文3	392	22.99	22.57	18.43	64.00
2年理1	977	20.49	20.40	16.92	57.81
2年理2	419	17.55	19.71	16.89	54.16
2年理3	64	24.95	25.91	20.05	70.91
2年合計	2572	21.29	21.17	17.53	60.00

周知のように、教養学部では一九九三年四月から英語のカリキュラムが大幅に変わった。統一教材を使用した大人数授業「英語Ⅰ」と、小人数で内容も多様な「英語Ⅱ」。この新しいシステムによって、学生の英語力がどれくらいついたのか、あるいはつかなかったのか。それを探るべく、我々は九四年四月に、入学したばかりの新一年生と、一年前に入学しすでに新カリキュラムで一年間学んだ新二年生とに、まったく同じ問題を受けてもらってみた。三〇〇語程度の英文に基づく「読む」問題一題（問1）と、一〇〇―二〇〇語程度の英文朗読に基づく「聞く」問題二題（問2、問3）。結果は表の通りである。

ごらんのように、唯一の例外（理科三類の問1）をのぞいて、全科類、全問題に関し、二年生のほうがすぐれているという結果が出た。得点の伸び方をみると、

問1（読む）七・三六％
問2（聞く）九・〇一％
問3（聞く）四五・八四％
（問2＋3　二三・〇九％）
全体　一七・〇二％

数字を見るかぎり、読む力も上がっているが、聞く力の伸び方のほうが著しいということになる。英語Ⅰの授業では、毎回みんな聞き取りにフウフウいっているけれど、それなりの効果は挙がっていると思ってよいのだろうか。同時に行なったアンケートでも、この一年で読む力が「大変伸びた」「少し伸びた」

と答えた学生は合計で二五・五三％であったのに対し、聞く力が「大変伸びた」「少し伸びた」と答えた学生は合計四二・九四％であった（「かえって落ちた」と答えたのは読む力が一七・六〇％、聞く力が七・八七％）。

ただし、ここで割り引いて考えたほうがいいかもしれないのは、四五・八四％という問3の驚異的な「伸び率」である。というのも、問3に限り、二年生については、ほかの問題のように九四年四月に一年生と同時に受験したのではなく、その二か月前の、一年冬学期期末試験のときに受験しているのである。つまり、問3も一・二年が同じ問題を受験したことに変わりはないのだが、一年生は「気楽に」、二年生は成績のかかった「真剣勝負」で受けたわけである。（ちなみに、冒頭で挙げた大学入試センターの調査にしても、そういった「真剣勝負ファクター」を考えに入れるべきなのかもしれない。）

しかし、問1・問2だけを考えても、合計で八・一八％は上がっている。このデータから見るかぎり、少なくとも「大学に入ると勉強ができなくなる」という「神話」は、こと現在の駒場生の英語力に関しては、あくまで「神話」であるとひとまず言ってよさそうに思う。

カリキュラム改革以前については同様のデータがないので、「新カリキュラム効果」がどれくらいのものなのか、（教師の「実感」としてはある程度あっても）数字的にはわからないし、また、一七・〇二％、もしくは八・一八％という伸び率が、「手放しで喜べる数字」なのかどうかもよくわからない。いずれにせよ、今後も同様の調査は続けていくつもりであるし、同様の、あるいはそれ以上の「伸び率」を今後出せるように授業の質向上に努めることが、さして高額ではないにせよ国から給料をもらっている人間としての義務であると駒場の英語教師たちは考えている。

音声テープ配布、授業時間外の質問・英語ディスカッション室開設など、授業外のサービスもできるだけ充実させていきたいと思う。テープは毎回千本単位で用意する必要がありこちらも対応に大わらわだが、質問・英語ディスカッション室は日によってはまだ空いています。現在、質問室は一・二年とも水・木・金の昼休みと五限に、英語ディスカッション室は水五限（二年）と木五限（一年）に、いずれも十号館三階で開設しています（部屋は十号館三階に掲示）。気軽に利用して下さい。

ところで、二年生用のリーダー *The Expanding Universe of English* には、一部学生の手によって、*The Shrinking Universe of English* という訳本が作られている。現代文学の翻訳の仕事をしている人間がいうのも何ですが、ざっと見たところ（「訳本」としての信頼度は保証しないけれど）「翻訳」としては結構サマになっている。この『教養学部報』で「書評」したらどうかという話も出たくらいである。

（英語）

三八八号　一九九四年一一月九日

若者たちのオカルティズム

下條信輔

最近のある調査によると、霊魂や超自然現象を信じる人の割合は、十代、二十代のほうが高く、五十代、六十代ではむしろ低いのだそうだ。「若い人ほど合理的で、年寄りは迷信深い」という図式は、もはや通用しない。実社会で長年揉まれた人々が、引退してもなお現実的な感性を持ち続け、他方、平和に慣れ物資と情報に飽食したこどもたちがオカルトを「真に受けている」状況である。三、四十年前に、こういう推移を予測できた人がいただろうか。

星座占い、霊魂、霊感、予知予言、念力。超能力、超自然現象、オカルト、新興宗教。禅、ヨガ、瞑想、そして超越的な「精神科学」やニューサイエンスへの傾斜。メンタルな神秘主義への誘惑が今の若者をとりまき、若者の側も、さしたる抵抗もなくそれに身を任せているようにみえる。

このような現象の原因として、最近のテレビ、雑誌の傾向を指摘する人がいる。当初、罪のないジョークだったはずのオカルトや超能力が、いつの間にか制作手法として定番化する。やがて根拠を検証する過程は抜きで「奇跡」が演出され、予定調和的に番組表に登場するようになる。たしかにメディアのこうした無責任な扱いが、オカルティズムを増幅したことは事実だろう。しかし、これがただちに若者たちの神秘主義的傾向の「原因」といえるのかどうか。むしろそれは視聴率競争と関連した表層の現象にすぎず、本当の原因はそれに先だってあったのではないか。

科学技術への不信感。これも多くの識者が指摘するところである。公害問題を契機として、科学の描くバラ色の未来世界が信じられなくなったという、例のあの話である。この話は（特に日本では）官公庁がむしろ率先して喧伝し、マスメディアや「文化人」が（そして一部の科学者や工学者までが）そのお先棒を担いだ、という点がきわだっている。しかし私には、この話もストレートには受け容れられない理由がある。

昨今、マスメディアのオカルティズムには、ある顕著な共通項がある。いわく、「気」の力をサーモメータで測る。念力の証拠を電磁場の測定で得ようとする。超音波を波形で示し、だから聞く者の脳からα波が出て「癒し」になるのだと結論する……。なんだこれは、と私などは呟いてしまう（言っておくが「人間の耳で感知できない」のが超音波の定義だ）。結局、科学技術に頼っているではないか。「現在の科学では解明できない」神秘的な力の存在を証明しようとしているはずなのに、説得力を高めようとして結局は現在の科学の方法に訴え、出来の悪い似非科学に終わっている。科学を否定するのではなくて、その合理的な思考方法を置き去りにし、その技術的な簡便さにすがっただけの話ではないか。

この意味で、オウム真理教の諸々の「修行技術」、とりわけあのヘッドギアは興味深かった。科学技術の力を渾身の力で根こそぎ覆そうというのではない。むしろその力に安易に寄りかかり、その喚起するイメージに頼りつつ、精神をお手軽に操作しようとしている。あるいは信者のそういうニーズを、教団が鋭敏にキャッチしたとも言える。オウムははじめ、神秘の身体的な体験を重視する「実感的」な宗教だったという。その「実感」をてっとり早く外部から注入する手段として、もっとも身体を疎外する技術に走った点に、喜劇と悲劇があった。すでに指摘されているように、彼らが崇拝し身を委ねた権威の構造は（その疑似官僚組織と似非科学ともども）彼らが拒絶したはずの実社会の戯画を描き出した。

たとえば肩書きや権威を忌み嫌う人が、実は権威にもっとも深いコンプレックスを抱いていることがしばしばある。これは心理学的常識といえると思うが、これと同じことが、今の若者にもあるらしい。つまり、彼らの科学技術に対する態度は（そして世の中の仕組みに対する態度も）、両義的で二律背反的だと思う。心理学でいう「コンプレックス」という語は、もともとこういう両義的な意味を含む。疑問を持つよりも先に与えられ、享受して育った「科学技術の子ら」は、思念の上ではくりかえし不信を植え付けられつつも、現実にはそれに頼って生きる以外には術を知らない。その価値を破壊するためにも、当の破壊の対象に頼らなくてはならないという矛盾。さらにその中身がブラックボックスで、どこまで行っても正体がわからないといういらだち。そういういらだちのただ中を、彼らは、いや私たちは生きているのではないか。だからこそ、あのヘッドギアはまがまがしい喚起力を持って彼らの心を引きつけ、私たちを不安に陥れるのではないか。

私は人の心の働きに神秘がない、と言いたいわけではない。それどころか現在の科学は浅く非力であり、まだ解明できない謎が山のようにあると思っている。神秘へのあこがれや関心そのものも、若者たちと共有できるとさえ思っている。しかしそのことと、合理精神を丸ごと放棄して、正体不明の力に自ら身を委ねてしまうこととは、まったく別のことである。本来、自然の神秘への畏怖や関心が、むしろ科学的探求の原動力だったはずだ。
今日、オカルティズムへの過度の傾斜は、思考の怠惰と責任の放棄を意味する。若者には、旺盛な批判精神と合理精神を持って欲しい。そしてそのことに伴う緊張と苦痛を避けないで欲しい。

（生命環境科学系／心理学）
四〇九号　一九九七年二月五日

寅さんはなぜ寅次郎か

「男はつらいよ」の秘密

延廣眞治

　四十八作続いて世界記録となった、山田洋次監督の「男はつらいよ」は、平成八年八月四日、渥美清の死を以て終わった。その渥美清扮する主人公は、寅一でも寅雄でもなく、なぜ車寅次郎なのだろうか。入学祝い代わりに新入生諸君だけに、そっと教えよう。

　山田監督自らは命名の由来を、山田宏一氏との対談「こんにちは山田洋次さん」（『キネマ旬報』昭和四十六年一月十日増刊号）で、次のように答えている。

　いえ、別に。これも、ひとつは語感がいいことと、なんとなく変な名前だっていうことからつけたんですよ。トラというのは、最初から考えていたんですけどね。さほど特別な意味はないんです。

　しかし韜晦癖のある監督のこと、鵜呑みには出来ない。寅さん得意の仁義、「姓は車、名は寅次郎」に従い、姓の車より吟味しよう。

　車姓の由来で極く一般的なのは、渥美清こと、本名田所康雄氏の出生地、車坂に因むとの説であろう。一例として、石坂昌三「評伝・渥美清」を挙げれば（『キネマ旬報』一九九六年九月下旬特別号）、「名付け親は山田で、車は出生地から取り」とある。ところが名付け親と目される当の監督は、渥美清を「一九二八年、東京市下谷区車坂（現台東区上野）の生まれ、くしくも車寅次郎の姓と同じである」と、偶然の一致とする（「私の履歴書」二十六回、「日本経済新聞」。平成八年十月二十七日付）。他には白井佳夫氏提唱の、人力車説がある（『黒白映像日本映画礼讃』）。即ち、「男はつらいよ」「遥かなる山の呼び声」等と、「無法松の一生」との類似を指摘し、次のように述べる。

　車寅次郎の原型というのは、おそらく『無法松の一生』の無法者松五郎ではないのだろうか、という仮説を秘かに持っている。寅次郎の『車』という姓は、人力車夫富島松五郎がひく、人力車の『車』から、とられたのではないのだろうか。

車坂説は大方の支持を得られようが、その車が何を含意するかに関しては、諸説分かれるであろう。ここで新たに提示したいのは、空想家を意味するとの推量である。根拠は中野重治が昭和十四年に発表した小説『空想家とシナリオ』冒頭の、「車善六は空想家である」。作者の分身と思われる主人公善六は、脚本「本と人生」を書こうとして様々な空想に耽る。一方、寅さんにも、マドンナとの恋の行方を初め、激しい空想癖があるのは、万人の認めるところであろう。『空想家とシナリオ』との題名から言っても、嘗ては脚本家を志した山田監督の既読作とみて誤つまい。更に注目すべきは、車善六が活字や印刷工程を空想する事である。とらや（寅さんの実家の団子屋）の裏にタコ社長経営の朝日印刷を位置させるのと無縁ではあるまい。因みに中野重治の母の名はとら、重治は次男。実にとらの次郎。山田監督著『寅さんの教育論』の一節「寅は次男だから寅次郎という名前です」と、奇妙にも合致する。

次に、その寅次郎の由来であるが、一般的なのは、喜劇の神様と称された、斎藤寅次郎（本名は寅二郎）監督に因むとの説。一例として岩崎昶『映画の前説』を掲げる。

> 山田洋次さんに聞いたわけじゃないけど、おそらく確かなことだと思うのは、この斎藤さんの寅次郎を拝借して、車寅次郎という名前を作ったに違いないと思うんですね。（略）だからトラさん、寅次郎という名前は、松竹の喜劇を代表する由緒ある名前であるわけです。

寅次郎との命名が、斎藤監督への表敬であるのは、いかにもと合点する。しかし、そればかりではあるまい。寅さんを如何に造型するかに工夫を凝らし続けた、山田監督（旧制山口高校出身）の脳裏を過ぎったのは、吉田寅次郎、つまり松陰に違いない。何を隠そう、寅さんは松陰の生まれ変わりなのである。姓の車も輪廻転生の車偏を効かせたもの。余りに突飛過ぎるとの批判もあろうが、動かぬ証拠が存する。

第一にタコ社長の本名を桂梅太郎とする点。第二にマドンナとして登場する本数が最多でありながら、遂に結ばれなかったのが、リリー松岡である点。第三に、寅さんとマドンナとの失恋が繰り返される連作中、初めてマドンナの方から結婚してもいいと告白したのが、第十作の千代である点。第四に寅さんが団子屋の次男ながら相続人である点。

以上を改めて説明しよう。梅太郎は松陰の兄の名で、姓の杉を桂小五郎（松陰門人）の桂に改めたもの。寅さんとタコ社長が前世で兄弟と解れば、喧嘩するものの何時しか仲直りをする理由も、赤の他人でありながら、不遠慮にとらやの勝手口から侵入する理由もわかる。第二点については、松陰の父を杉百合之助と記せば十分であろう。杉を松岡に変えたのは松下村塾を効したのであろう。リリーと遂に結婚せずに終わったのは、前世が父子と解れば納得できる。百合之助は萩藩盗賊改方を勤めた。リリーが負けん気で男勝りなのももっともである。第三点、千代は幼な馴染みで、「寅ちゃんとなら」と告白した途端、寅さんが腰を抜かして実らなかった。実は千代は松陰と二つ違いの妹の名。腰を抜かすのも当然であろう。因みに下の妹の名は寿と文で、四十二作のマドンナ寿子、二十七作のマドンナふみ（平仮名表記）と無縁ではあるまい。第四は、松陰出生の地が松本村団子岩。つまり松陰は団子岩の寅次郎。次男ながら吉田家を相続。一方寅さんは団子屋の寅次郎。団子岩から団子屋、団子屋から柴又へと連想が働いて、寅さん出生の地が柴又となったのであるまいか。

以上で寅さん松陰転生説は立証された。わかったかな。では転生説に立って「男はつらいよ」を見直せば、どうなるであろうか。ふみの平仮名表記の理由なども含めて、続きは教室で。

（超域文化科学専攻／国・漢文学）

四一九号　一九九八年四月八日

運動の素質を決める(?)遺伝子

石井直方

身長一九五センチメートル、体重一一五キログラム。これは、アメリカ大リーグでシーズン七十本塁打の新記録を樹立したマグワイヤ選手の体軀を示す数値である。彼は、タンパク同化ステロイドの一種であるアンドロステンジオンを用いていたらしい。しかし、薬物の威力を借りたとはいえ、このような体をつくり、それを巧みに操ることができたのは、もとより「比類なき素質」に恵まれていたからでもあろう。

そもそも「素質」や「体質」は、体の機能に関わる要因のうち、科学的検証の及びにくい部分に用いられてきたといえる。しかし、最近では、これらを遺伝子レベルで理解する糸口も見えはじめてきた。ここでは、我々の運動の素質を決めているかもしれない遺伝子について考えてみることにする。

筋量を調節する遺伝子

ヨーロッパでは古くから、筋量の多い肉牛が育種されてきた。これらの品種のもつ特性は、「筋倍化変異」(doubling-muscle mutation・以下DMMと略す)と呼ばれている。「倍化」といっても、通常の牛の場合に対する筋量の増大は十〜三十%ほどで、その程度は品種によって異なる。McPherron らは最近、このDMMが、ミオスタチン(myostatin)というタンパク質をコードする遺伝子の変異によって起こることを示した。ミオスタチンは、TGF-βスーパーファミリーに属する成長因子の一種で、筋自身によってつくられる。DMMを示す品種のミオスタチン遺伝子には、さまざまな変異があり、その変異の程度に応じて、さまざまな程度の筋量増大が起こる。

中でも、最も著しい筋量増大を示す「ベルギー青」という品種のミオスタチン遺伝子では、特定の塩基が欠損することによって、遺伝暗号が広範囲にわたってずれてしまっていた(フレームシフト変異)。そこで、McPherron らはさらに、ミオスタチン遺伝子を破壊した「遺伝子組み換えマウス」を作った。すると、このマウスの筋量は、通常のマウスの筋量の二〜三倍にもなったのである。

こうした一連の研究は、筋がミオスタチンを分泌し、自身にこれを作用させて（自己分泌）、成長を抑制していることを示す。ちなみに、「ミオスタチン」とは、「筋のサイズを一定に保つタンパク質」というような意味である。

「ヒトのミオスタチン遺伝子に個人差（多型）があるか」、「運動やトレーニングによってミオスタチンの発現が調節されないか」などはきわめて興味深い問題で、我々のグループでも研究を始めたところである。

筋持久力に関わる遺伝子

昨年、ヒトのアンギオテンシン変換酵素（ＡＣＥ）をコードする遺伝子に多型があり、これが筋持久力に関係しているらしいことが報告された。ＡＣＥは、血液中のアンギオテンシンⅠというペプチドホルモンを、活性の高いアンギオテンシンⅡに変換する酵素である。運動などによって体液の浸透圧が高まると、アンギオテンシンⅡがつくられ、これが血管を収縮させ、尿の排出を抑制するとともに、飲水行動を誘発する。

ＡＣＥ遺伝子には、余分な塩基が挿入された「Ｉ型」と、挿入されていない「Ｄ型」がある。したがって、「ＩＩ」、「ＩＤ」、「ＤＤ」の三種の遺伝子型があることになるが、Ｉ型の遺伝子を少なくとも一つ持つヒトのＡＣＥ活性は、ＤＤ型の遺伝子を持つヒトのそれに比べて低いことが分かっている。

Montgomeryらは、かつてエベレストに酸素ボンベなしで登頂した登山家十五名を調べ、彼らのすべてがＩ型の遺伝子をもつことをつきとめた。さらに、ＩＩ、ＩＤ、ＤＤのそれぞれの遺伝子型をもつグループに同一の筋持久力トレーニングを行わせたところ、筋持久力の向上は、ＩＩ、ＩＤの順に大きく、ＤＤ型ではほとんど向上がみられなかった。

ＡＣＥ活性が低く、浸透圧ストレスに鈍感なほど素質がありそうであるが、ＡＣＥ活性がどのような機構で筋持久力に影響を及ぼすかは、まだよく分かっていない。

体脂肪量を調節する遺伝子

冒頭のマグワイアの体も、体脂肪の多い「肥満」であっては意味がない。肥満に関わる遺伝子については多くの研究があり、少なくとも病的肥満については、その原因遺伝子（肥満遺伝子）が特定されつつある。

その第一候補は、レプチン（leptin）というタンパク質をつくる遺伝子である。この遺伝子を破壊した遺伝子組み換えマウスは極度の肥満を示す。レプチンは、過剰に脂肪が蓄積したときに脂肪細胞から分泌され、摂食中枢に作用して食欲を低下させるとともに、身体活動を活性化し、体脂肪量を一定に保つようにはたらくと考えられている。実際、遺伝的肥満のヒトでは、レプチン遺伝子にさまざまな変異があることが報告されている。

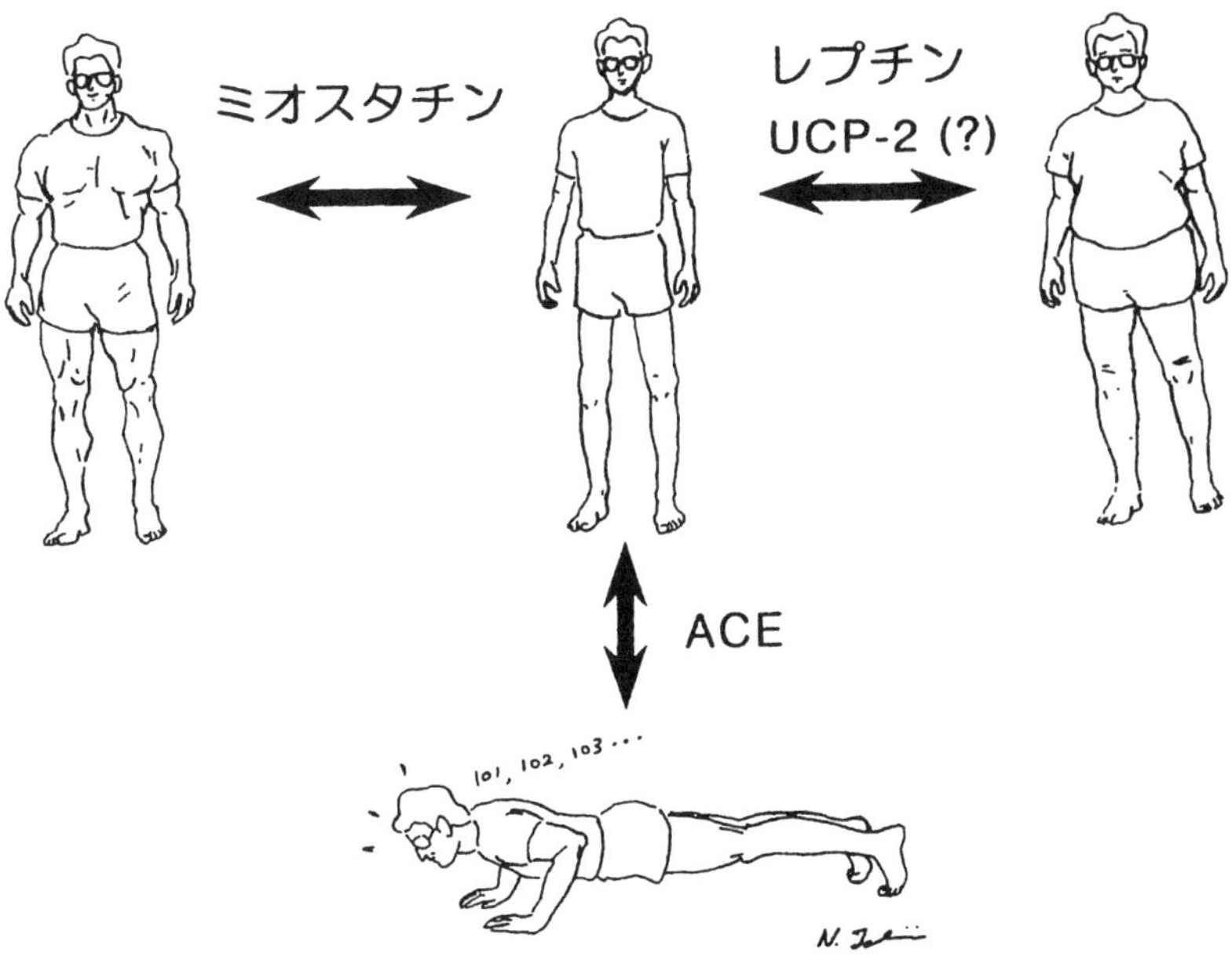

筋量、体脂肪量、筋持久力に関わるタンパク質

しかし、通常の肥満の多くは、レプチンの異常を伴わないともいわれている。生活習慣や運動が中枢のレプチン感受性に影響を与える可能性も考えられる。

また、脂肪細胞のミトコンドリア内に発現し、呼吸とATP合成の共役を阻害することで、「脂肪のエネルギーを熱に変えて無駄に消費する」タンパク質（脱共役タンパク質・UCP－2）があるらしい。こうしたタンパク質の遺伝子にも多型があり、「太りにくさ」の素質に関係しているかもしれない。

以上の概要を模式化して〈図〉に示した。理論的には、これらの遺伝子を操作することで、「スーパーヒューマン」をつくることも可能であろう。恐ろしい空想である。

（生命環境科学系／スポーツ・身体運動）

四二六号　一九九九年一月一三日

駒場の哲学
二つの授業風景

野矢茂樹

一二月一日、末木剛博先生が八十六歳で亡くなられた。末木先生は私の駒場時代（私の場合、それはあれこれあって十二年間に及ぶ）の恩師である。末木先生は当時陵禅会という坐禅サークルの顧問で、私は部員だった。禅会の帰りに電車で一緒になり、いろいろ話をさせていただいたことがあるが、そのなかで、忘れられない一言がある。私はその頃、自分が何をやるべきなのか、何ができるのか、さらには何をやりたいのかさえ、見出しておらず、あげくはなんだかもう自分にはたいしたことなどできないような気分になっていた。そんな話をぽろっともらすと、末木先生は独特の柔らかい、ちょっととぼけたような口調で、噛んで含めるように、「それじゃあ、だめだ。生きてるだけ、もうけものと、思わなくっちゃあ」と言われた。その一言で私は、末木先生を人生の師と仰ぐようになったのである。

私は理科一類だったこともあって、前期課程ではそもそも哲学の授業を履修せず、末木先生の講義にも出たことがなかった。しかし、科学史・科学哲学に学士入学してから、一度だけ、末木先生の前期課程の教室を覗いてみたことがある。

大きな階段教室だった。末木先生はマイクをもって静かに話している。宗教についてであるらしい。「宗教とは、人間が無限なるものを前に、自分の有限性を自覚するところに生ずるものであります。そのように見てみると、一見宗教には見えないのだけれども、実は宗教と呼ぶべきものが二つあります。」私は後方の席に座っていた。学生はパラパラといる程度だろうか。みなまじめに聴いているように見える。「ひとつはマルクス主義であります。」ふうん。そういうものかね。私はノートをとることもせず、そのどことなくまったりした雰囲気を味わっていた。ところが、マルクス主義の説明のあとが、すごかった。

「無限なるものを前に人間がとる態度のもうひとつは、無限なるものに対して、目を閉ざしてしまうことで、あります。つまり、寝てしまうのであります。」そして末木先生は表情ひとつ変えずに、いきなりこう言ったのである。「寝るより楽はなかりけり、浮世の馬鹿が起きて働く。」私は、なんだか前方の女子学生がこの言葉を律儀にノートしているように思えて、楽しくてしょうがなかった。そして末木先生はその日の講義をこう結んだ。「しかし、寝てばかりは、おれません。起きてしまったら、どうするか。それは、来週、考えたいと思います。」実に、私はその翌週をさぼってしまった。痛恨事である。先生、起きてしまったら、どうすればいいのでしょう。しかし、なぜだかそのことを末木先生にうかがうこともせず、ついに聞くチャンスをなくしてしまった。

「末木君は東大最後の変人だ」と言ったのは、私のもう一人の恩師、大森荘蔵先生である。お二人は同じ年で、そして、まったく対照的だった。末木先生があるとき私に、「自分のやっていることがとるにたらないことだという覚悟がようやく、できたんですよ」と言われた。どういう話の流れだったのだろう。そして私はどう返事したのか。「ああそうですか」と応えるわけにもいかんだろう。どうもそのあたりは忘れてしまった。それで、その話を大森先生にしたことがある。「末木先生が、自分のやっていることがとるにたらないことだという覚悟ができた、と仰ってました。」すると大森先生曰く、「だらしないな末木君も。だったらやめればいい。」いや、どうもこのあたりが、大森先生が私にとって哲学の師匠ではあっても人生の師匠とはならなかった所以であると言えるだろう。

大森先生の授業は、後期課程や大学院の授業だったということもあるが、いわば教師が学生に論戦を挑んでくるようなものだった。それで思い出す話がある。大昔のエピソードで、しかも噂で聞いたものなので、話半分に受け取っていただきたいが、大森先生が京都大学に非常勤で教えに行ったときのことである。授業のあとに呼び出されて、「大森君、きみ、学生に質問を許してるんだって?」と問いただされた。そういう時代だったのだろう。そしてそれに対する大森先生の答えはといえば、「そうしないと間がもたないものですから」であったという。大森先生の授業は、質問どころではない。反論を求められる。授業中に展開される大森先生自身の議論に対して、学生は反論しなければならない。そうして教師からの強力な再反論を受け止めねばならないのである。

ここには哲学の特殊性と、そして面白さがある。授業というもののひとつの姿は、反論の余地のない教科書的な事柄を教師が分かりやすく教えるというものだろう。だが、哲学史的な知識はともかく、哲学問題そのものとなれば、反論の余地のないことなど何ひとつない。いま哲学の専門家と呼ばれる人たちは、それぞれの専門領域において独自の成果をあげてきた人たちであるが、しかし、根本的な哲学問題であればあるほど、いまだに暗中模索を続けているのである。そこで、学生が教師に反論する授業というのが、哲学の場合には可能になる。現在の私自身は大森先生ほど論戦を挑むスタイルの授業をしているつもり

陵禅会三昧堂（2007 年 10 月撮影）

はないが、それでも大学院のゼミなどでは、学生から反論を受けることはまったくふつうのことである。ときに（断じてつねにではない）、その反論の正しさを認めて、私が自分の考えを修正させられることもある。それはしかし、哲学に携わるものとして、とても幸福なときである。教師も学生もなく、自由闊達に議論しあうこと、それが哲学の楽しさでもある。

私は、大森先生と末木先生という二人の対照的な先生のことを思い出しながら、哲学における自由ということにあらためて思いを馳せる。哲学は真理を求める求心力とともに、多様な考えや観点を開いていくという遠心力をもつ。そしてとりわけその遠心力に身をゆだねるとき、固化した考え方に囚われない見方や思考が多彩に広がっていくのを感じるだろう。同じ科目名の授業でも、教師が異なればそこにはまったく異なる哲学の風景が開けてくる。ひとによっては、それをもって哲学が学問として成熟していない証拠とみなすかもしれないが、私はそれこそが哲学のよさであると思っている。哲学の生命線は自由な思考にこそある。そして学生にとって駒場という時期は、まさにその自由を学ぶべきときであるだろう。

（超域文化科学専攻／哲学・科学史）

五〇九号　二〇〇八年二月六日

糞土の墻《かき》は杇《ぬ》るべからざる也

神野志隆光

また春がめぐってきて、キャンパスに新しいにぎわいがやってくる。期待と緊張がまじりあった、この時期にしかない初々しい雰囲気は好もしいが、自分がそのなかにいたのが四十年以上も前になるかと思うと感なきにあらずである。

駒場で教師として二十年以上をすごして、建物をはじめとしてすべてが大きくかわるのを見てきたが、学生の変化もまた小さくなかったと思う。標題は、それに対するわたしのつぶやきである。

わたしは学生の評判では「大鬼」ということになっているらしい。人を取って食ったおぼえもないのだが、とても厳しいということらしい。そう言われるのは、見かけの上のこわもてによるのかもしれない。ペットボトルなどを机の上に出すなとか、遅刻したら入室するなとか、教室の振る舞いに関してやたらうるさいということかもしれないと思う。

だが、それはあたりまえのことではないか。授業は、映画やテレビを見るのとおなじではない。遅れてはいってきたら邪魔だし、飲み物を持ち込むというのもおかしい。ひとの話を聞くときの常識というものがある。邪魔にならないから寝ていてもいいというのもありえないことだ。

常識知らずに対しては、ただバカといえばすむ。しかし、「大鬼」なる形容が、学ぶことについての要求水準が過酷だという意味をふくんでいるとしたら、その勘違いに対して言っておかねばならない。

＊＊＊

教師の側から言えば、しなければならないことは、学生の水準にあわせておもしろいと感じさせることではない（一歩譲って、それだけではないはずだ、と言ってもよい）。授業は、学問の水準にあわせて成り立たせねばならない。

ただ、大学で学ぶことについて学ぶ場（学ぶのは、学生諸君であって、教師は場をつくる以上のことはできない）をつくることは、必須だと思う。自然成長的に、みずから大学のレベルで学ぶことを身につけてゆくなどという楽観的な期待（あるいは幻想）は持たない。

　基礎科目――とりわけ文科系では、一年夏学期、入学して最初に必修として履修する基礎演習が、その役をになうものである。

＊＊＊

　基礎演習は、クラス指定で選択の余地はない。担当する先生の方針によってそれぞれ異なるところがあるが、大学で学ぶことを学ぶという、基本的な位置づけはおなじである。わたしは、日本について問題を見出し、調べ、発表するというかたちをとっている。この何年かの固定したかたちである。

　結論を出すことをめざすものでないとも言うのだが、問題に対して、それを考えるのにどういう資料が必要か、それをどう手に入れるか、入手したものは資料たり得るのか、得た資料から何が言えるか、という基本的な学びかたを実習することが目的である。資料がないままでものを言うのはたんに私念の披瀝に過ぎない、それは問題に応じた資料といえない等々、実際に発表を聞きながら、一般論でなく具体的に指摘する（何がダメかを明確にする）のも大事なことだ。自分でも発表し、ひとの発表に立ち会い、その繰り返しによって、学ぶことを学ぶ場でありたい。

　出席は当然のこととして、要求されるレベルは、努力なしには到りえない。ここで音をあげる（毎年脱落者が出る）のではどうしようもない。

　専門的に調べるというのではないから、テーマはなんでもよい。ただ、わたしたちは、日本列島に日本語とともに生きているという義理がある。それゆえ、日本について考えてみることをもとめている。これに対して、「テーマを日本史に限定するのは意味がない」という、アンケートへの書き込みがあったが、それすらわからなかったらしい。

＊＊＊

　基礎演習から脱落したり、趣旨がわからなかったりするものには、「糞土の墻は杇るべからざる也」と言うほかない。悪いかべ土で作った垣はどう塗り直しても手におえないという意味で、「朽ちたる木は雕《ほ》るべからざる也」（くさった木には彫刻はできない）と、対をなす（『論語』公冶長篇）。素質がないものには教育の甲斐もないという嘆きである。教師の嘆きは古代からかわらない。

　さりとて嘆くのみでは詮無い。この大学に迎えた諸君が「糞土」「朽木」ではないことを願い、信じたい。せめて「大鬼」の願いである。

（超域文化科学専攻／国文・漢文学）

五一〇号　二〇〇八年四月二日

自分の才能が知りたい

深津　晋

この教養学部報の読者は、もっぱら駒場の構成員である。そしてその大半は将来の専門を決める前の学生諸君であると聞く。駒場祭も終わり、いつしか希望に満ちあふれてこのキャンパスに足を踏み入れた頃のあの甘酸っぱい記憶もうすれつつある今、大学受験という輪郭のはっきりしたターゲットにかわる新たな目標を自ら見いだそうと苦心している頃ではなかろうか。そういう人たちに伝えるべきメッセージとして何が適当か。考えたあげく以下の○問答モドキを取り上げることにした。「見方によっては単なるへ理屈かな。」

「自分には何の才能があるのか」。誰もが必ずや一度は思い悩む、ひどく身近なこの題材を取り上げる。検討すべき命題は「自分の才能は、自分自身で発見できるか」である。まずは答えから。「それは無理」というものだ。これ「好きこそものの上手なれ」と逆行するじゃん、と思ったキミ。なかなか筋がよろしい。

さて、ではその証明に移ろう。まずは理論的背景から。これにはちょっとした思考実験が要る。今、K氏がある事象Aに対して才能をもっていた（以下、〝才能がある〟）とする。才能があることの定義は、わけなくちょちょいと問題をクリアできるということである。であれば秒殺で解決にちがいないし、記憶にすら残らない可能性が高い。次にK氏が別の事象Bに立ち向かったとしよう。残念ながらK氏、Bに関する才能はいまひとつである「というか正直「ない」（涙）」。しかし、同氏は生来の努力家で、時間はかかったけれども首尾よく問題を解決してしまった「でしたかっ！」。さて二つの事象のうち、K氏にはどちらが「自分には才能がある」と思えるだろうか。

それはほぼまちがいなく「成功事例」として泣き笑いの経験が記憶に深く刻まれるBであろう「そうでなくても証明は可能だが、ここでは置いておく」。つまり「才能がある→（だから）できた」と勘違いするのだ。ところが本当に才能があるのはA

の方だ。では、なぜAに才能があることがK氏は認識できないのか。それはこんな事情による。つまり才能があれば、たちどころに解決できるので手応えがない。スムーズに流れる時間の中で、どこに才能があるのか自身ではおよそ気づくきっかけが摑めない。畢竟、自分ではわからない。ゆえに答えは「無理」が正しい、という具合で証明は終わり。拍子抜けするくらい簡単なハナシである。

　では実験事実との整合性を見てみよう。実は、これは経験則「周囲は自分の褒めてほしいところは褒めてくれない。褒めてくれるのはきまってどうでもいいところばかり。」として知られている。自分にはこんなハナシは全く無縁だ、自身の肉体は現代生理学には従わないと信じているキミ。いままでの人生を一瞬、振り返ってごらん。きっと思い当たる節がある筈。苦心した末に達成できた事例だ。やはりこういうところに才能があると思いたいのが人情だ「ワタシだってそうだ」。しかし、実際には、お世辞にも才能に恵まれているとは言い難いというのが、客観的「科学のキホン」な判断だ。時間はかかるし、秒殺などできよう筈もない。それでも人からは褒められたい。努力の結晶であるこの部分をね。たしかに周囲は、キミが努力してできたことを事実として認めてはくれるだろう。「よく頑張った」と。しかし、「才能があるね」ではない。どちらかと言えば□□いと思っているからだ「問：適切な二語を自己責任で入れよ」。一方、キミの本当の才能への賛辞とか羨望の眼差しもあった筈なのだ。端的には「○○ちゃん、すご〜い」「事象Cのせいで発せられないことも屢々」。ところがキミにはそれが素直には喜べないし、理解できない。なぜか？　こんな簡単に雑作もなくできることはどうでもよいし、誰にでもできるにちがいないと思いこみがちだからである。「ワタシが褒めてほしいのはそこじゃない」の背景「ずれの構図」がここにある。

　では、仮に自分にはこういう才能があるのか、と気づかされたとしても、いとも簡単にできてしまう手応えのないことを、だからと言ってヒトは果たしていつまで続けていられるものだろうか。おそらく早晩いたたまれなくなるにちがいない。いきおい努力や訓練でなんとか対処可能な事象の圏内に移行して、才能の限界で行き詰まってじたばた。万事こんなところではなかろうか。人間の「性」とでもいおうか。つまりほとんどの人の職業は、およそいわゆる天職ではない蓋然性が高いということだ。またもや「ずれの構図」だ。ほんの少しだが、確実にずれている。「下手の横好き」とは、むしろこのことを指しているとすら解釈できそうだし、「適材適所」が妙に皮肉っぽく聞こえたりするのは単なるへそ曲がりだろうか。

　さて、いよいよこの逆の「好きこそは……」の番だ。諸説紛々になることとウケアイだが、おそらくはそんな人間の本性を知り尽くした上で、迷うことなくヒトに前進を続けさせるための暗示。そんなところなのかもしれない。

　そろそろ総括。自分の才能と背中はよく似ている。そのままでは自分には見えないからだ。才能を知りたければ、外なる声に虚心坦懐に耳を傾けることだ。もっとも知らない方が幸せなことだってあったりするのだ。実際、ワタシの場合、どうしても認めたくない事実が……。

　参考までに本稿は、筆者が駒場に赴任した一九九四年にはすでに想起し、証明も終わっていたが、実験的検証に時間をかけたせいで公表が今になった（笑）。剽窃は勿論、二重投稿もないことを申し添えておく。そうそう上の「そうでなくても……」が気になっているキミ、つっこみを入れたくてうずうずしているキミ。そして「でしたかっ！」がどうしても「でかしたっ！」に見えてしまうキミ。おおいに研究者の「資質」ありかも！　申し遅れたが、ワタシの専門分野は物……。【文字数超過につき以下略】

（相関基礎科学系／相関自然）

五五四号　二〇一三年二月六日

＊著者註「　」は筆者の心の声である。

III

「最後の帝大教授」ほか教員の去就に関する論考

私の一枚

住吉物語絵巻の土橋

安達　裕之

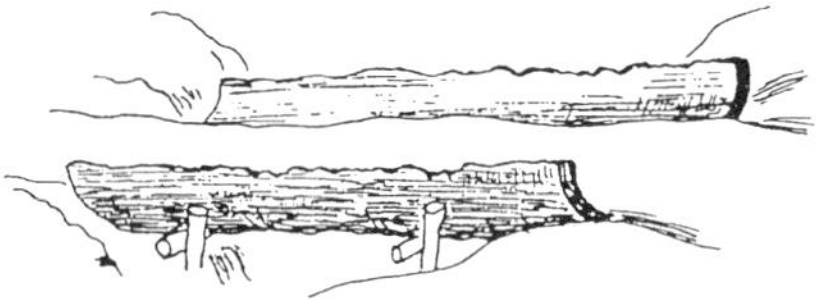

造船史に限らず技術史の研究では絵画資料のもつ重要性は、文献史料に劣らず大きい。文字から具体的な物の像を描くのはむつかしいからである。とりわけ中世の日本の船の研究には絵巻物が不可欠であるが、私の若い頃は今ほどに絵巻物の刊行が進んでおらず、とにもかくにも博物館や美術館に足を運んで実見するのが一番であった。たとえ船が描かれていなくとも、絵巻物を見るのは実に楽しい。それゆえ、今を去ること二〇年前の秋に上野の東京国立博物館で特別展「絵巻」が開催されたときには、早速、師事する石井謙治さんと誘い合せて行った。

確か、静嘉堂本『住吉物語絵巻』は二階の第三室に出ていた。ちょうど左端に人垣の切れ目があり、覗くと土橋が目に入ったので、すぐさま別の絵巻を観ていた石井さんを呼んできた。上図はその時の石井さんのスケッチである（興味のある方は中央公論社刊『日本絵巻大成』一九を御覧いただきたい）。絵巻物には数多くの橋が描かれているが、普通は板材で造られており、この土橋のように断面が円弧状の材は他に類例がない。なぜこの土橋が我々の興味を惹いたかというと、時代が中世でしかも材の形状が円弧であったからである。当時は二材以上の樟の刳船部材を前後に継いだ複材刳船が河川で、また複材刳船に棚板を付けた準構造船が海で用いられていた。刳船部材を前後に継ぐのは、優れた船材である樟が低いところで枝分かれして幅は広くとも長い材が得られないためで、通常は船首・胴・船尾の三材構成、大型船なら船首・胴・胴・船尾の四材構成をとる。とくに胴の刳船部材は、形状が瓦を思わせるところから、船瓦とか瓦と呼ばれた。ここまで説明するとおわかりいただけたかと思うが、円弧状の材は胴瓦に他ならず、廃船の瓦を再利用したのがこの土橋と我々は読んだのである。いつも絵を観る時には画家は粉本によったか、実景を取り入れたかが気になるところであるが、この土橋は画家の身近に架っていたに違いない。

これまでに複材刳船は四例出土しており、天保九年（一八三八）に尾張国海東郡諸桑村では長さ約二四メートル、幅二・一メートルのほぼ完全な四材構成の船が発掘されている。大阪で出土した三例の寸法を考え合わせると、この土橋は長さ七〜一〇メートル、幅一〜二メートルくらいはあったはずである。夏学期に技術史で絵画資料の読み方を講義した際、この土橋の大きさを推定せよというレポートを最後に課した。初めのほうで絵画資料によって古代・中世の造船史を論じておいたのだが、土橋の右手に描かれた馬上の少将と従者の一団に余計な注意を喚起したためか、橋の特異な形状は注目されず、長さが短く見積もられていた。絵画では長い物は縮めて描くのが通例だから、この土橋がそれほど長く見えなくとも無理はない。

かつては石井さんとよく展覧会に行っては、あれこれと議論したものであるが、思いもかけずこのような貴重な事例にお目にかかったことは後にも先にもなく、この土橋を見る度に、これを前にしてお互い顔を見あわせたあの一瞬が思い出される。

（情報・図形科学）

安達裕之「住吉物語絵巻の土橋」（389 号、1994 年 12 月 7 日）

教壇に隠れてヒッソリと

駒場をあとに

廣松　渉

不如帰の作中会話を捻って
「人間なぜ死ぬんでしょう」

「後がつかえているからさ」

というオチをつけた漫才落語を聞いたことがあります。

その伝でいけば
「停年なぜあるんでしょう」

「後がつかえているからさ」

というのがオトシになるのでしょうが、停年制というのは老害を軽減するうえで成る程よくできた制度だと思いますね。

「教員と乞食は三日もするともうヤメられない」とか言いますけれど、私は以前、通算五年間、名古屋の大学に勤めた時点で退職し、雑文を鬻《ひさ》いで六年間口を糊した経験がありますから、五年くらいならまだヤメられると申せます。

実を申せば、八年間で切上げようというつもりでお世話になったのでしたが、居心地の良い駒場の湯に一旦入ってしまうと、出るに出られなくなるようで、十八年間も長湯をしてしまいました。

顧みますと、奉職しました直後に、この「教養学部報」に一文を書かされました際、「四十の手習い、下手の横好きで、今から何か勉強の真似事でもやってみたい」と殊勝な決意を表明したのでした。が、しかし、生来の怠け者、ついつい何も研究らしいことをしないままに停年退職の時を迎える段になりました。

国際学会で披露するような研究成果などありませんし、海外に遊学するだけの意欲も趣味もないものですから、国外には唯の一歩も出ませんでした。学生時代にも留学経験がありませんので、いまどき珍らしい夜郎自大の天然記念物ではないかと疑われたりもします。

国内での学会にもほとんど出席したことがありません。出席しようものなら意地悪な発言などひとくさりブチかねないからです。

泰西古代の哲人は「隠れて生きよ」と訓えました。東洋では隠者を位階づけて「小隠は山林に隠れ、中隠は市井に隠れ、大隠は朝廷に隠る」とか申します。講壇に隠れるのはどのランクの隠遁者という話になるのでしょうか。唯のインポテ？　多分そんな相場でしょう。

沈香も焚かず、ハ行四字目のモノも放かず、ヒッソリと時を過ごした十八年でした。質問攻めにしたり野次り倒したりせずに、辛抱強く黙って受講してくれた学生の諸君、見て見ぬふりをしていてくださった同僚・職員の諸氏に、心から篤く御礼を申し上げる次第です。

わけても所属教室の佐々木教授をはじめとする同僚諸氏には、不肖が健康を損ねたという事情も加わったため、過度の御迷惑と御負託のおかけし通しでした。この紙上をも籍りて、二重の意味での深謝の意を表させて頂きます。

時に、停年での退職金でも貰ったら海外にも物見遊山に出かけようと計画したころもありましたが、体力上の理由でそれもとりやめです。

先輩・同輩の中には「駒場幼稚園なんかとは違ってピチピチ・ギャルのいっぱい居る大学」に再就職して、老化を少しでも遅らせる賢明な方々もありますけれど、私としましては学校ゴッコはもう飽きました。生徒役で二十数年、先公役でも二十数年、いくら何でも飽き飽きです。どうせなら、ほかのゴッコをやってみたいですね。とは言ってもカクレンボくらいしかできませんかね。

お迎えが近いので旅支度もしなければなりません。十数年前から全集出版のお誘いを受けておりますが、著作集の準備程度はしておくべきかとも思います。未定稿の山を処分しておくのが仁義だとは知りつつも、そこまでの覚悟はなかなか固まりません。

既に出てしまったものには丹念に土をかけてから立去るのが作法だと心得てはおりますものの、何せ出すべきものをまだ出し切っておりませんので、ここでも後がつかえている始末です。せいぜい後脚で砂をかけて走り去るぐらいがオチになりそうです。

我ながら呆れも果て見下げも果てた為体、嗚乎！

駒場は本当に良い隠れ家でした。もう暫く置いて頂きたい気がしてきました。

「停年制度なんて何故あるんでしょう」
「後が列をなしてつかえてるからさ」

オ後がヨロシイようで！

（科学史・科学哲学）

二八一号　一九九四年一月一九日

外國語教育への惜別

小堀桂一郎

學年末を迎へる度毎に、この一年間も無爲のうちに忽ち過ぎてしまつたな、との嘆息に及ぶのが常であつたが、それを何度積み重ねても同じ事で、大學紛争が始まつた昭和四十三年に着任して以來の二十六年は洵に呆気なく過ぎ去つた。この年月の間、ドイツ語を表看板とする語學教育に主として携つて來たのだが、外國語の授業にどうやら自信が持てる様になつたのは漸くここ十年が程以降であらう。だからそれより以前に私が勉强のお相手をした昔の學生諸君に對しては、あの頃は未熟な授業で申し譯なかつた、と今更ながらにお詫びしたい思ひを拭ひきれずにゐる。

當方の未熟にも拘らず、しかし多くの優秀な学生たちとのつきあひは、樂しくも充實した思ひ出である。出講日の關係からか、擔當したのは壓倒的に理科生のクラスが多かつたのだが、一年目の四月に全く初歩のＡＢＣの發音から始め、遲くとも十一月には文法が終り、そこで直ぐに自然科學の論文か時には文藝の文章の講讀に移る。さうして僅か十箇月ほどの間にクラスの半分以上の者が、第二番目の外國語たるドイツ語をとにかく讀みこなす様になり、年が明けた頃には、例年一人や二人は、何十年もこの外國語を讀み續けて來た私を追ひ拔いて、更に的確な讀み込みを示す様な熟練者が出現したりもする。

そんな時、その能力はこの私が開發したのだ、自分はもしや錬金術師にも似た奇蹟を成し遂げたのではあるまいかといつた自惚れと共に、語學教師ほど素敵な職業はない、といふ素朴な喜びが油然と胸裡に湧いて來るのだつた。

前期課程の語學の授業に全力を傾注する姿勢でゐたからサークルの顧問を引き受ける機會もよくあつて、この面でも樂しい思ひ出を刻むことができたのは幸せである。ただこの活動は年によつて消長があつた。一時期、防衛問題に關心の深いサークルの顧問として自衛隊の部隊見學や觀艦式參加のお世話をした。その最高潮は十人ほどの學生を引率して三澤の第三航空團に體驗入隊をしたことだつたが、この元氣のよいサークルも殘念ながらその後が續かなかつた。却つて附添役だつた私だけがそれを機會に自衛隊と深い御縁が結ばれて、以後連年教育訓練のお手傳ひをする樣になつた。卽ち空自のC1やC一三〇、海自のP3C等に乘せてもらつて、北は稚内、千歳、大湊、南は硫黄島、沖繩、西は江田島、大村、佐世保と飛び廻つては隊員の教養講座のお手傳ひをした。遂には圖に乘つて嚴重な航空生理訓練を受けて合格し、T33の後席に陪乘して雪の淺間山上空でアクロバット飛行を仕込まれ、その晩入間基地の近くの宿屋で昏倒してしまつたこともあつた。

軍用機に搭乘しての旅は、民航に比べて實はかなりきついものであるが、日頃私が接してゐる大學院生と同年輩の若い搭乘員達の實に禮儀正しくて親切な配慮のおかげで、いくら辛くても又再挑戰したくなる樂しい旅であつた。そして自衛隊の教育訓練から歸つて來る度に、打ち明けて言へば、紙屑だらけの、規律なく、しかも私語の多い駒場の教室には足を踏み入れるのも嫌だといふ氣になることが多かつたのである。そこで昭和十三年にヒトラー・ユーゲントが日本を親善訪問した時、最高の印象を得たのが陸軍幼年學校、最低なのが舊制一高だつたといふ話を思ひ出してひそかに可笑しがつた。

それにも拘らず、駒場がおそらくは日本で最も優秀で有望な才能を獨占的に吸収してゐる學園であらうといふ判斷も亦搖ぎ樣がない。東大卒業生がその世間的名聲を裏切らないだけの强固な知性の力を具へてゐるとすれば、その力の基礎的な部分は、駒場の前期課程に於ける外國語授業の嚴しい訓練を通じて「言葉」を正確に讀み取り、使ひこなす力、つまりは思索力と想像力とを十分に鍛へられたことに由來するといふのも亦私の信條である。

今後學科の編成や履習方法や又教育技術にどの樣な改革が施され、變貌してゆくのか、去つてゆく私にはもう何も口を挿む資格はないわけだが、外國語學習を通じての「言葉」の訓練こそ、謂はば萬學の基礎であるといふ、この認識だけは常に安んじて維持して行つて頂きたいものである。

（独語）

三八一号　一九九四年一月一九日

最後の帝大教授

川本皓嗣

小堀さんが、ぶあつい博士学位論文『若き日の森鷗外』で読売文学賞を受けられたのは、一九七〇年のことである。まだ三十五歳、まさに「若き日の小堀桂一郎」のさっそうたる登場ぶりだった。

あれからほぼ四半世紀、小堀さんはいつも熱心なドイツ語教師として、また大学院比較文学比較文化専攻の重鎮（この二年間は主任）として、駒場の学問的な屋台骨のひとつを支えてこられた。いつもダーク・スーツに身をかため、沈着冷静な挙措動作、正字旧仮名遣いの端麗な文章で知られる小堀さんには、早くから「最後の帝大教授」という畏れ多いあだ名が奉られていた。これは、学生時代から「学部長」と呼ばれていたという本間長世元学部長のケースと、双璧をなすものだろう。夏にクーラーをつけず、決してテレビを見ない小堀さんは、意外にもワーグナーより『こうもり』を愛する手放しのオペラ・ファンで、レストラン発掘を楽しむ食通でもある。

前記の論文以外にも、『西学東漸の門』（七六）、『鷗外とその周辺』（八一）、『森鷗外——文業解題』（八二）などによって、小堀さんはまず何よりも、日独漢文学に通じ、日本の歴史や思想、さらに医事方面にまで目配りのきいた、オールラウンドで精密な鷗外研究の第一人者として令名を馳せるとともに、イソップ寓話や仏教伝説など、説話における東西交渉の研究にも、めざましい成果を挙げておられる。

近来は、日本の政治・宗教思想史に力を注ぎ、大東亜戦争論、昭和天皇論や、神道研究など、とみに歴史と伝統への関心を深めておられるようだ。その見解をどう受け止めるかはともかくとして、小堀さんの筆致はいつも、みごとなまでに理路整然として、少しも滞りというものがない。なかでも紀要『比較文化研究』に連載された『天道攷』は、重厚で情理をつくした日本史論・思想史論の白眉である。たったひと夏の休暇中にみずから課した「宿題」の成果だという『宰相鈴木貫太郎』（八二）

で、あざやかに大宅壮一ノンフィクション賞を射止められたことも、忘れがたい。

この秋、「比較」の教官と学生数十名は、小堀さんのお供をして、遷宮さなかの伊勢神宮と、大和の三輪神社を訪れた。後者のご神体は三輪山そのもので、低いが意外に手ごわいその山に登ったとき、私はすぐ降参して中途で引っ返したが、小堀さんは元気いっぱい、軽々と頂上をきわめられた。伊勢遷宮の盛儀に参加されたときの写真を見ても、烏帽子水干の「翁」姿が実に若々しい。ますますのご活躍をお祈りする次第である。

（英語）

三八一号　一九九四年一月一九日

創造力の源泉、数学

〈時に沿って〉

小林俊行

東大に戻ってきた。五、六年ぶりである。十八歳で入学して以来、二十四歳で助手（助教）、四年後に助教授（准教授）と進み、気がつけば東大で過ごした年月が人生の約半分となった頃、私は東大を一度離れることにした。東大を離れている間、渡米してハーバード大学で大学院の講義を受け持ち、その後、数学の研究所として世界最高峰の一つといわれる京大数理解析研究所で教授をしていた。さらにフランスやドイツで短期の客員教授を務め、また中国や中欧でも講義をした。いったん母校を離れて外から眺めてみるのも面白い経験だった。

ハーバード大学では、私が創り出した「離散的分岐則の理論」を講義するように依頼され、一回九十分、週二回のコースを開講した。聴講者は大学院生よりもハーバード大学を訪れている研究者の方が多かった。聴衆の国籍はまちまちで色々なお国訛りの英語で質問が飛び交い、答えるこちらも我を忘れて脱線したりして、あっという間に十分、二十分と過ぎてしまう。数学の最先端で開拓しつつある研究領域を私と聴衆が共にみつめていた。講義の際の会話を契機にさらに理論が発展するということも、一度ならずあった。

こんなことが起こるのも、優れた俊英たちが世界から集まる場所であればこそである。教える身にとっても楽しい職場であり、ハーバード大学の底力を垣間みる思いであった。雪が解け日差しが柔らかくなるにつれ私の講義の聴講者の数が少しずつ増えていったこともまた嬉しかった。

一方、京都に暮らしてみると、学問を大事にする歴史と独特の空気が肌で感じられた。研究所には世界中からひっきりなしに数学者が訪れて来た。このような環境の中で京都の人々の、こまやかで暖かい心遣いに感激しつつ、のびやかな気持ちで研究生活を送ることができた。

究極の普遍性を追求する数学という学問であっても、その進歩は周囲の人々の心や山河の自然によって支えられていると思わずにはいられない。京都の町とそこでお世話になった方のことは、一生感謝してもしきれないくらい、心から感謝している。

さて、東大の大学院の教授としては、ポスドクや大学院生に対する指導を行うわけであるが、学部生にも講義を行う予定である。

大学では、教えるプロが講義をするのではない。最前線で新しい理論を開拓しようとしている学者が、高校を出たばかりの諸君に講義をする意義とは何だろうか。それは、単なる知識の伝授のためとは思わない。将来を期待されている学生諸君が、第一線に立っている研究者から創造の息吹や学問の奥行きの深さを感じとることにこそ、大学における講義の意義があると私は考えている。

私が駒場の学生であったとき、教養科目の英語は小田島雄志先生（シェークスピア研究の大家）に、ドイツ語は山本明先生（「新現代独和辞典」の編者）に教えていただいた。高校を卒業したばかりの私にとって、優れた学者の深い造詣や何か新しいものを生み出そうとする心意気を間近に感じた衝撃は忘れられない。今ふりかえってみると、こういった体験はその後の私の人生の大切な糧となっている。

東大では理系も文系も教養課程で数学を学ぶことになっている。そこでは一歩踏み込んで、新しい概念を積み上げて数学の理論が創造され展開されてゆくさまを学んでいただきたい。大学で学ぶ数学は高校数学を土台としているが、単なる延長ではない。

数学では、新しい理論が次々とうまれている。大学生という若い時期に数学の生命力と普遍性に触れることによって、学生諸君が将来どの分野に進んでも人真似でない新しいものを生み出すための「何か」を駒場で得ていただければこれにまさるものはない。

（数理）

五〇六号　二〇〇七年一一月七日

IV

「駒場のトイレに見るセクシズム研究序説」ほかキャンパスに関する論考

セリバヒエンソウ。駒場ラグビー場附近、
63年4月25日、
花は淡紫色、
茎の根部に赤み

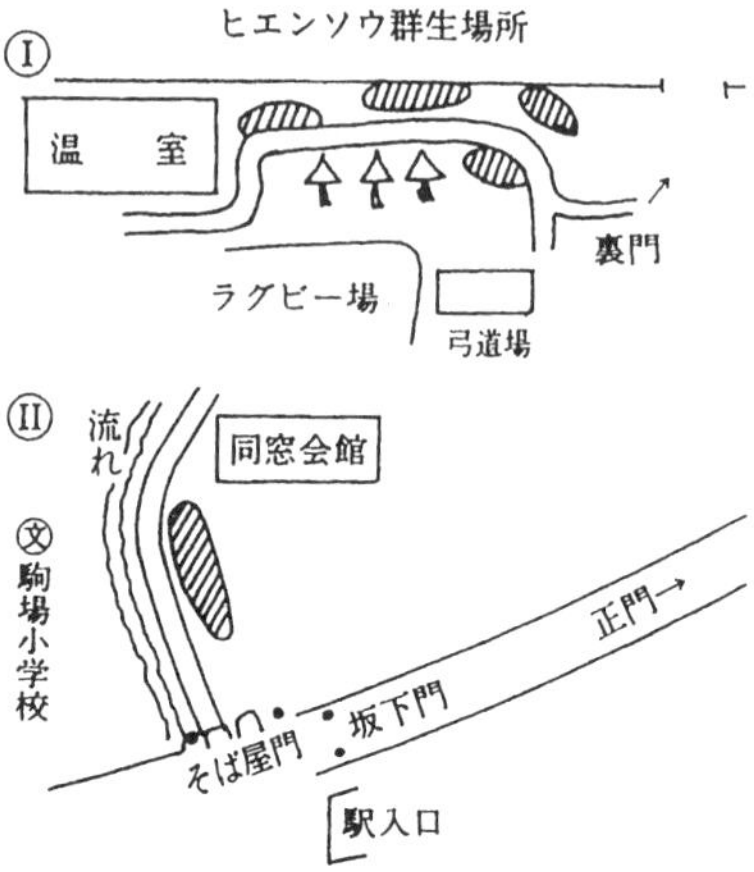

駒場の花
セリバヒエンソウを大切に

大森 荘蔵

お願いしたいことがありまして一筆認めます。

小生が退官する少し前、駒場のキャンパス北側の林中で薄紫色の可憐な花を見つけ、草木に精しい人に調べてもらいました所、かなり珍しい帰化植物でこのキャンパス以外では殆んど見られないとのことです。名はセリバヒエンソウ。先日花見に行きました所まだ健在で、ソバ屋門のあたりにも進出しているのをみて喜んだ次第です。しかし、工事とか行事とかで踏まれたり刈られたりするのではないかと気がかりです。何とか保護策をとって戴けないものでしょうか。

ついでに申しそえたいのですが、

（1）このヒエンソウにそっくりに見えるムラサキケマンが混生しています。

（2）ヒエンソウの咲く林中のくらがりには純白に輝く星芒のような通称「ベツレヘムの星」という種と、それにそっくりですが唯茎の上部で四、五枚に分枝している名称不詳の花が群生しています。ついでに保護願いを出したいと存じます。

お忙しいのに花鳥風月の一小事ですがどうぞよろしく。

昭和63年4月25日。

（元教授・科学史・科学哲学）

大森荘蔵「駒場の花 セリバヒエンソウを大切に」(332号、1988年6月10日)

ネオテニー

毛利秀雄

ネオテニー（neoteny）は幼形成熟とも呼ばれる。岩波の生物学辞典によれば〝動物において個体発生が一定の段階で止まり、そのまま生殖巣が成熟し、繁殖する現象〟ということになる。これだけでは何のことかよくわからないので、具体的な例をあげて説明しよう。メキシコ市の周辺にある湖にアホロートル（axolotl）と呼ばれる両生類がすんでいる。アホロートルはカエルのごく初期のオタマジャクシや、イモリの幼生のように、鰓を持っていて水中で生活し、ちゃんと一人前の生殖活動を営んでいる。ところがこのアホロートルに甲状腺ホルモンを与えてやると変身（態）してアンビストーマ（Ambystoma）として知られているイモリの一種になり、肺で呼吸をするようになる。もちろん成体であるからには、このものも正常な生殖活動を示す。つまりアホロートルはアンブリストーマの幼生であって、それが甲状腺ホルモンの不足か何かのために変態しないまま、ネオテニーをおこして性生活までも行なっていたというわけである。

ところでこのようなネオテニー現象は、進化をひきおこす重要な要因の一つと考えられている。たとえば、節足動物の中で最も進化していると思われる昆虫類は、幼生の間は3対の脚しか持たない多足類のネオテニーによって生じたのだろうというわけである。また親になると海底で固着生活を送るホヤには、オタマジャクシのような形の幼生時代があるが、脊椎動物はそのネオテニーによって生じてきたのではないかといわれる。

われわれヒトの場合にも、いろいろな点でサルの胎児に似ていることが指摘されている。たとえば足指の形が、サルでは木につかまるように変形するのに、ヒトでは大人になっても胎児とあまり変らないこととか、ヒトではほとんど体毛が生えないことなどがその例としてあげられている。しかし皮膚の色が白いことなどとなると、白人優位を説明しようといった臭いがしてこなくもない。

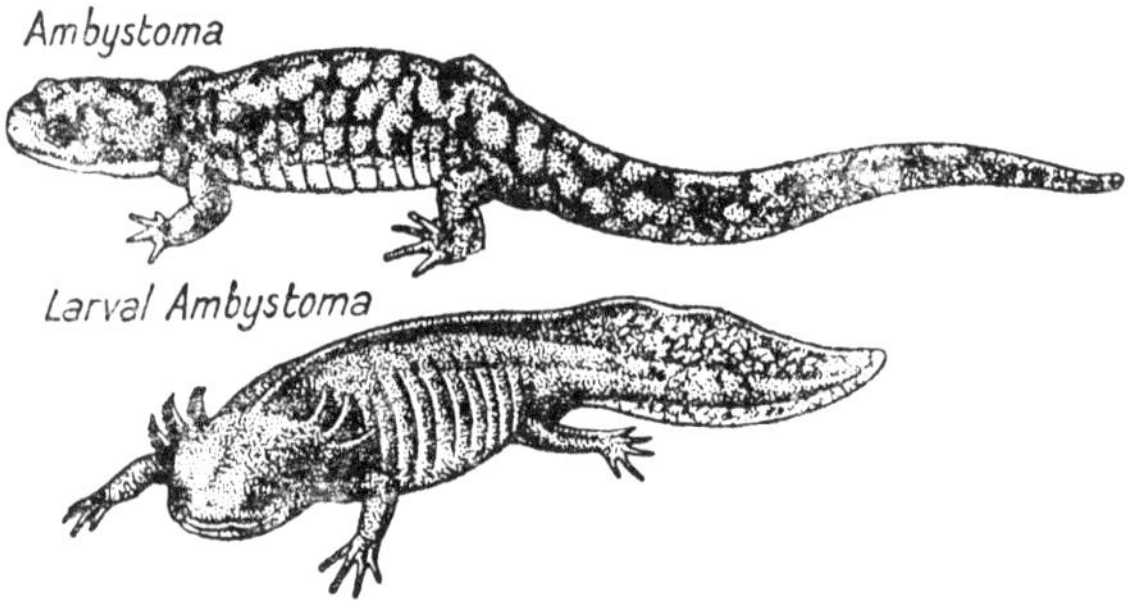

アンビストーマ（上：成体　下：幼生）

それはともかく、同じような考え方は、時間的尺度をもう少しひきのばしてみても成り立つ。われわれの手足の指の数は、いずれも5本ずつであるが、この数は両生類以上、つまり陸に上って生活を始めた脊椎動物にみられる基本的なものである。たとえば四六のガマなどというが、よくみると前足にはいぼ状になった親指がちゃんとついているし、後足の6本目の小さな突起は番外趾と呼ばれる余計者である。それよりもウマは速く走れるように中指一本ずつで立っているし、鳥の羽にはほとんど人さし指だけしか残されていない。これらの動物は、それぞれの生活環境に適応進化してきた結果、今日このような構造を持つに至ったのである。これに対しわれわれは、最も原始的な体制を維持していることになる。

一寸考えると、ある種類の動物は、それに最も近縁で、一段下等な動物から進化してきたように思いがちである。そこでゴリラやチンパンジーがヒトになった、というような誤解を生ずる。実際にはヒトもゴリラも、あるいはニホンザルも、いずれもきわめて原始的なサルから枝分れしてきている。また爬虫類は高等な両生類から生じたのではなく、両生類の中でもきわめて原始的なものから進化してきている。このように、高等な動物は、下等な動物の中でも特殊化していないものから生じてくるわけで、この関係を進化における〝非特殊型の法則〟と呼んでいる。このような過程には、ネオテニーが大いに関係していると思われる。つまり個体発生における幼生や、系統発生における特殊化の進んでいない種類は、融通のきかなくなった成体や特殊化の進んだ種類に比べて、環境の変化によく適応し、変化することができるというわけである。

扨これから先はいささか私見も混じえるが、人類は現在もなおネオテニー現象をおこしているようである。頭脳の発達は、胎児期における脳と体全体との割合が大きいことに基づき、昔はどうしても受け入れられないことは、サルの社会でも観察されている。

（生物学）

一九一号　一九七二年一一月一七日

からネオテニーの例証としてあげられている。最近の青少年は身長がぐっと伸びて、私のような戦時標準型の人間は、いつでも上を向いて歩かねばならないが、この点はどうであろう。もちろん栄養の影響は大きいが、これもネオテニーではなかろうか。何故なら身長が伸びるのは手足の骨端の軟骨がいつまでも固まらないからであり、また日本人だけでなく、残念ながら（?）スウェーデンの女の子も背が伸びているからである。一方性的に成熟する時期が、中学校から小学校へとどんどん下っていることも周知の事実である。

しかし反対に、精神的、情緒的な面では、いわゆる大人になるのが、昔より遅れてきていることも否めない。十何歳で元服して大人になった昔の武士と、学生時代はもちろん、就職してまでも親や世間に対する甘えを捨てきれない現代の青年との差は、単に社会制度の違いだけによるものであろうか。世界的にも同じ傾向がみられるとすると、これは社会全体がネオテニー現象をおこしているのではあるまいか。私にいわせると、従来少女時代に限られたものであったミニスカートが流行するのも、一種のネオテニー現象ではないかと思うのだが、いかがなものであろうか。

とはいえ前にものべたように、新しい環境に適応していくのは、大人ではなく子供である。これまでの社会の変革も、若者の手に負うことが大きかった。新しい文化が子供に始まり、それが次第に若者から中年へと広まっていくが、年寄りの一部に

夾竹桃と文書館
トルコの滞在から

山内昌之

まったく異質な風景が何の脈絡もなしに、思い出のなかで像を結びあうことがある。アナトリアの初夏に鮮やかな紅色の花を咲かせていた夾竹桃と、紙魚に喰われて判読もおぼつかない古ぼけた文書の組み合せ。一年ほど滞在したトルコの思い出は、この二つの光景が奇妙に交錯した印象とともによみがえってくる。

私は一九八四年三月から八五年三月まで、日本学術振興会に派遣されてトルコのアンカラに滞在した。共和国の首都で私を研究員として受け入れてくれたのは、トルコ歴史協会という由緒ある研究図書館であった。歴史協会は、人文・社会系のアカデミーであるアタチュルク文化・言語・歴史高等研究院に付属しており、その建物はアンカラの山手と下町が交わる地域に瀟洒な構えを誇っている。道をはさんですぐ隣にはアンカラ大学文学部がある。高原の真中にほとんど人工的に築かれたアンカラとしては珍らしく、歴史協会や文学部の裏手にはよく手入れされた春の花々が妍をきそっているのが印象的であった。その木々のなかに混じっている夾竹桃に気付いたのは、初夏に入ってからである。

私は、「一九―二〇世紀トルコの対外関係」の研究と史料調査に従事していたが、歴史協会の文書保管部の他に、従来外国人には閉ざされていたいくつかの文書館で閲覧許可を受けたのは幸いであった。とくに参謀本部戦史・戦略研究本部では、現役・退役を問わず多数の学者将校たちの好意と友情のなかで実に楽しく仕事を進めることができた。一九〇四年にダマスカスで生まれアラビア語とフランス語をトルコ語同様に駆使するA退役騎兵大佐は、私が判読に苦しんでいた文書をいつも「一緒に勉強しよう」と言いながら手伝ってくれたものである。また、最初に「お前、本当にオスマン語が読めるのか？」と文書をとりだし私をテストした七〇歳を越えるZ退役憲兵大佐はいつもタバコは健康によくないから吸うな、などと小言をいうのでやや閉口したが、文書保管庫の中を案内してくれるなど破格の好意を示してくれた。

戦史・戦略研究本部で手続きの問題などで助けてくれた私と同年輩のS少佐や、貫録と気品に満ちた女性のG大佐の友情や俠気も忘れることができない。彼女たちは、私が閲覧希望をだした、トルコ人にも制限されている時期の保管文書に許可をだすために、関係部局と交渉してくれただけでなく、不許可の結論の後に、おそらく悄気返っていた私をあれこれ激励してくれた。研究本部の庭に美しく咲いたトルコの草木花卉を指し示し、「日本リンゴ」「日本傘」という素敵な名前を教えてくれたG大佐の繊細な思いやりは、史料閲覧以上に異国の学徒にとって感謝にのこる思い出である。

明るい笑声に溌剌とした自信をたえずみなぎらせていた参謀本部の学者将校団と対照的に、一九八〇年のクーデタから三年以上たっても大学や研究機関の雰囲気がやや沈滞しているように感じられたのは私の気のせいであろうか。高等教育審議会の厳しい「改革」をつきつけられた大学では、大多数の研究者たちの表情は暗く、キャンパスを横切る人びとも寡黙で足早であった。「改革」によって、大学の教育・研究の責任体制を明確にするという理由から一学科一教授という新しい原則がつくられ、教授担当年齢の有能な研究者の昇進が不可能になった。そのうえ、修士・博士課程への進学者が同時に助手に任命されて研究所で指導をうける建前になったのも新制度の特徴である。

アンカラ大学トルコ革命史研究所ではひとりの教授兼所長が一〇〇人以上の若手後進の指導にあたっている。アンカラ大文学部にいる一〇人ほどの近現代史研究者は、若手の指導には関与していない。

このような事態がどうして生じたのであろうか。友人のYとP両助教授が口をそろえて、はきすてるように「イデオロギーと政治さ」と述べたときの表情がすべてを物語っていたように思える。件の教授兼所長氏は中世史の専門であるが、審議会と学長の任命で今のポストにありついたのはトルコの学界で周知の事実である。オスマン・トルコ語の文書史料も満足に読めない中世史研究者の「イデオロギー」で指導される近現代史研究の若い学徒が、いかにいびつに「成長」するか容易に想像できるであろう。トルコの友人たちは、この十年以内に生じうる学問水準の低下についてペシミスティックに断言していたのが昨日のことのように思いだされてならない。

心ある大学人たちがトルコの学術現状によせる忿懣は想像に余りある。私がアンカラに着いてまもなく、相当数の大学人たちは、高等教育審議会による人事・予算面での大学行政と自治への過度の介入に対して連名で抗議書を提出した。これを追いかけるように検察当局が署名者たちを戒厳令と憲法違反の容疑で公訴を検討中と声明した。さすがに起訴だけはまぬがれたようだが、トルコの研究者たちはこのように厳しい状況で学問をつづけているのである。

私もはじめのうち革命史研究所の文書史料の調査を認められていたが、夏休み直前になると事実上閲覧の許可を取り消された。図書室も閉館となり、私は気分転換にエーゲ海岸に出かけた。その帰途に通ったパムッカレという景勝地には、日本で見慣れた灌木とそのあでやかな花が道の両側に並木を形づくるように二、三メートルの等間隔で植えこまれていた。近づくと、やや大ぶりながら、間違いなく夾竹桃であった。実に念入りに手入れされた夾竹桃の花が三キロほども、花壇をベルト状にのばしたように咲き誇る光景は見事であった。オリーヴの白緑色とまた趣きがちがう濃緑の葉や少しばかりピンクがかった紅色の花が青く透き徹った空と調和した風景は逸品であった。

アンカラに戻ると、いつまでも再開する気配のない革命史研究所に見切りをつけて、古巣の歴史協会に戻って文書の閲覧にあたることにした。人気のない庭の一角に最近では手入れをうけたとも見えない夾竹桃を思いがけなく発見した。アンカラでも、パムッカレの光景を思い出しながら、疲れた目を休ませる喜びも知った。ある日、少しずつ淡くなる夾竹桃の花を窓から見おろしていると、会長のY教授が入って来て、アルメニア問題関係の文書を読まないようにと念を押して帰った。

オスマン帝国末期の「迫害」にまつわるアルメニア問題は、現在のトルコにおいて朝野をあげて微妙なテーマになっている。とくに、外国人が反トルコ宣伝に使う可能性を一番おそれているからであろう。私自身はアルメニア問題に直接の関心をもっていなかったが、文書館の閲覧だけはそれとなく沙汰やみとなった。日本では「風化」しかかっている現代史研究がもつ緊張感と重みを改めて経験したのは何にもかえがたい教訓となった。初秋の風が吹きはじめたある日、歴史協会の一室で変らずに好意を寄せてくれる友人たちと四方山の話に打ち興じていた。ふと、外を見やると、夾竹桃の花がすでに盛りを過ぎて散ろうとしていた。

（歴史学）

三〇六号　一九八五年七月一日

セックスウォッチングのすすめ

山本　泰

「天はヒトの上にヒトをつくらず、ヒトのなかにオンナとオトコをつくれり。オンナとオトコをしてヒトをつくらしむ。」――『セックスウォッチングのすすめ』なる本があったとしたら、その扉には重々しく、こんなふうに書いてあるにちがいない。

セックスウォッチングとはなんだろう？　もちろん、ノゾキのことではない。むしろ、ヒトがセックスを隠したり、見せたり、あるいは覗いたりするということのすべてを醒めた目で観察する学問である。（ウマやサルがセックスを隠したり、覗いたりはしない。また、見せるというのもヒトの性行動の一部だ。人々の何気ない仕種や服装をみよ。）

セックスウォッチングって学問なんですか？　答え＝立派な学問です。物質と物質の間に働く力には重力と磁力と何々があるというのと同じように、セックスはヒトとヒトの間に働く力のひとつである（権力や影響力もこの種の力の例といえる）。ほら、あなただって、オンナのヒトにクラクラッと〝引きつけ〟られたり、「いやよ、オトコなんて」と〝反撥〟したりしたことはありませんか？　セックスウォッチングは性にかんする社会的な「力学」や関係のパターンを研究するのです。

セックスウォッチングって、何の役に立つのですか？

そうですね、時と場合によっては何事にも有用です。異性にもてるようになるかもしれないし、「売れる広告」作りにも欠かせません。でも、そんなことはどうでもよいのであって、とにかくこれはおもしろい。材料は身のまわりにいくらでもあるので、実験室や調査費なんていりません。お金はないけど暇はある、そういう若い諸君にピッタリの学問です。

電車の乗客が車内でなにをしているか（どんな新聞を読んでいるか、足を組んでいるか、どこに目をやっているか）をジックリ観察して、社会学の卒業論文にした先輩もいました。家族とか学校とか、観察の場所はいくらもあります。駒場キャンパスなら正門前やテニスコート脇、教室内などが絶好のフィールドでしょう。

セックスウォッチングって真面目なヒトがやる学問なんですか？　もちろんそうです。もし、そんなのは真面目な学問じゃないと思うヒトこそ、そういうつまらない学問観を捨てなさい。オーソドックスだけが学問だなんて、本当に不毛な学問観です。

「よし、おもしろい。いざウォッチングにいこう」という諸君、すこし待て！

たしかにセックスウォッチングはエソロジー（動物行動学）の一種だが、ヒトの行動は非常に複雑な「文化」に覆われているので、バードウォッチングのように簡単ではない。

生物としての人間の性を狭義のセックス、文化としての人間の性をジェンダーというのが一般的だ。つまり、性徴や本能はセックスの領域に属し、男女の「らしさ」の観念や社会的な性役割はジェンダーの世界に属する。人間のセックスウォッチングはジェンダーの世界にも目を凝らす必要がある。

試みに、ひとりのオトコあるいはオンナを、徹底的に観察してみる（自分自身でよい）。すると、たいていの場合、そのヒトはオトコ、オンナとしての身体的特徴のどちらかを備えている（決して当り前ではないので、確認せよ）。しかし、あるヒトがオトコである、オンナであるとはこれだけのことではない。

なにより、そのヒトは自分の性について自覚（アイデンティティ）をもっている。「オレは男だ」「強くなければ生きられない。やさしくなければ……」ｅｔｃ。さらに、周囲のヒトもそのヒトの性がオトコだから、オンナだからという理由で、そのヒトがそれらしい行動をすることを予想し、期待している。

この三つのことは、当事者にとっては一つのこと（「男のくせに女々しいとはなにごとぞ！」）だ。しかし、女々しい（ここでは差別に中立的にこの言葉を使いたい）男なんていくらでもいる。そうだからこそ、「男のくせに……」とかいう紋切り型の言葉があるのです。

こうなると、性の世界は、演技とフリの世界に見えてくる。あなたの周りのオトコとオンナの小さな舞台を観察してごらんなさい。オトコがどうやって「優しい」フリをし、オンナはどうやって「弱さ」を演出しているか。「愛を確かめる」というのは、もう立派に形而上学的なドラマです。

しかし、性がヒトとヒトの間をとりむすぶのは、なにも好いたり惚れたりという形でだけというわけではありません。もうひとつの社会的力である権力や影響力とセットになって、それこそいたるところで働いているのです。これには罪が深い場合が多い。例えば、性差別。オトコとオンナの関係がいつのまにか、「オンナの上にオトコをつくれり」となっているのです。

オレは関係ない、と思ってはいませんか。でも、自治会やサークルの代表者はどうして、いつもオトコなんでしょう。教官のことをいえば、どうして圧倒的にオトコの先生が多いのでしょう。

また、大学がおこなった調査によれば「妻は家で家事に専念するのがよい」というのが東大の男子学生の大半の結婚観ですが、女子学生の多くは「結婚後も仕事がしたい」と思っているのです。

極言すれば、キャンパスにも性差別はあるのです。ほら、学生はひたすら勉強しなくては（遊ばなければ）と思いつつ、オンナはかわいくなければ（真面目でなければ）と思っていませんか。女子学生はどうすればよいというのでしょう。あなたは、こういうダブルスタンダードをひとに押しつけてはいませんか。

よいセックスウォッチャーになろうというのは並大抵のことではありません。自分自身がしている何気ないことを徹底的に観察しなければならないからです。

セックスウォッチングは真面目なヒトがやる学問だということ、ようやくわかってもらえたでしょうか？

最後に、ハワイ大学のダイアモンドという人の書いた『セックスウォッチング』という本（翻訳は小学館）を参考書として薦めておきましょう。

（社会学）

三一三号　一九八六年五月一三日

絵と詩のなかの駒場風景

芳賀　徹

本紙二月号に私の研究室の客員研究員だったスミエ・ジョーンズ教授が「麻布な話」という面白い記事を書いた。東大インターナショナル・ロッジのある白金・広尾界隈の社会史である。それならこちらは足もとの駒場の風景を絵と詩のなかに探ってみよう、と思いたった。

駒場が絵のなかに出てくる最初は、三代将軍の家光の事蹟を讃えて作られたという『江戸図屛風』ではなかろうか。六曲一双のこの屛風（歴史民俗学博物館蔵）には、左右合わせて八メートルに近い大画面のなかに、鴻巣の鷹狩りや川越の川狩りの情景までが描きこまれている。あるいは駒場もここに、と思って眺めなおすと、はたして、左隻左端上部に、真白な富士山から金雲のかたまり一つをへだてて「目黒追鳥狩（おいとりがり）」の景というのが、かなり大きく描かれている。

この広い野原、あるいはその一角こそが駒場野にちがいない。何十人もの勢子《せこ》が緑の丘から雉を原っぱに追いたて、それを狙って騎馬の武士も待機している。右手の小高い崖の上には、赤い日傘の影に将軍が座して全景を見晴らしている。この原野十五万坪には野鳥が多く、江戸の初期から将軍家の御狩場、御鷹場の一つとなっていたのだ。天保五年（一八三四）の『江戸名所図会』でも、駒場野は「代々木野に続きたる広原にして上目黒村に属す。雲雀、鶉《うずら》、野雉《きじ》、兎の類多く、御遊猟の地なり」と説明され、松を点在させた広野を見晴らす図がそえてある。

十七世紀後半の作と推定される右の屛風絵を見ていると愉快になる。両腕を振りかざし、棒を振りまわして雉を追う勢子たちはいまの駒場野の教師に、そして逃げまどう雉は学生たちに、見えてくるからである。

もう少し新しいところで、駒場野を描いた珍しい絵がある。十八世紀江戸の洋風画家司馬江漢（一七四七—一八一八）の縦長の墨絵、「享和三年癸亥春二月、諸友に同《どう》じて駒場に遊び路上に富嶽を望むの図」と題され、江漢得意のローマ字のサインも入っている。画面の中ほどに高く富士山がそびえ、それを手前の小高い路上から、脚絆すがたの男たちが十人ほどかたまって仰ぎ見ているという図である。

路の下に茅葺きの農家が一軒見えるだけ、ごく簡単な図柄で、画法もとくに洋風のところはない。だが、先頭で左手をあげて遠方を指している男は案内人か、あるいは江漢自身か。そのしぐさが、江漢が若いころ写したオランダの『職業百態』のなかの「船員」（天明五年）のそれとよく似ているのが面白い。スミエ女史も書いていたように、江漢は広尾の高台によく遊びに行ったようで、『広尾親父茶屋』という美しい手彩色の銅版画も残しているが、このときはさらに足をのばして駒場野まで来て春空に浮かぶ富士を眺めたのであったろう。

いくら享和三年（一八〇三）の澄んだ空でも、駒場から富士がこんなに高く大きく見えたはずはない。だがこの蘭学好きの画人は一方で北斎に先駆ける富士の画家、そして富士山ナショナリストだった。それで駒場の富士もかく誇張されたのにちがいない。

江漢の駒場遠足からそうへだたらぬ頃か、安藝の国竹原から江戸に遊びに来た詩人がこのあたりを歩いたことがあった。頼山陽の叔父、頼春風（一七五三―一八二五）である。その「目黒に赴く路上」と題する一詩を富士川英郎氏の読み下しで引くと――

城外　薫風　十里余
午雞《ごけい》の声近くして　田閭（でんりょ）に入る
蚕童を会集して　何の事業ぞ
主翁　几（き）に凭（よ）りて村書を写す

目黒村は広いからこの集落がどの辺を指すのか、もちろんわからない。だが私は富士川先生の『江戸後期の詩人たち』でこの一篇を読んで以来、これを駒場野の一隅と想像して楽しんでいる。駒場の寺子屋には今日も蚕童が会集して騒いでいるではないか。それに、一昨年あたりまで北寮前には一羽の雄鶏が闊歩して、昼下りの授業中にもその陶淵明田園詩風のときの声をひびかせたりしていた。

日清戦争直後のころ渋谷村に住んで、しきりに武蔵野を散策した國木田独歩も、この駒場の農科大学（明治十九年から）周辺は熟知していたにちがいない。だが、もし近代駒場の詩人を一人あげるとすれば、私の知る限り、それは昭和八年、帝都電鉄（井の頭線）開通の年から代田一丁目に住んだ萩原朔太郎でもなく、昭和十一年、農学部と入れ替えでここに移ってきた旧制一高の寮生たちでもない。それは、昭和十三年、満二十五歳の年から出征までの五年間、駒場町七六一番地の駒場会館というアパートに暮した俳人石田波郷（一九一三―六九）ではなかろうか。波郷はここに住む間に第二句集『鶴の眼』（昭和十四年）を出して自己の俳風を把握し、第三句集『風切』（同十八年）の句のほとんどをここで作った。

三月尽校塔松と空ざまに

駒場町長梅雨坂を樹を奔る
六月の日の出かぐはし駒場町
深緑やわが掌《てのひら》に駒場町
秋めくと下駄履き出づる駒場駅
一高へ径の傾く芋嵐
帰り来て駅より低き寒の町
笹鳴や一高の松その笹生

両句集から駒場、一高とはっきりわかる句をほんの幾つか選んでみても、緑多い「都辺」であった昭和十年代半ばの駒場風景がまことにあざやかに浮かび上ってくる。波郷はこのころまた「駒場にて」と題する美しい随筆も何篇か書いて、身辺瑣事に託してその鬱屈した心情を吐露していた。

『江戸図屛風』や司馬江漢からこの俳人波郷まで、駒場は意外に奥行き深い文化史的背景をもっていたことになる。だが私はここに学び教えてすでに四十四年、一体その歴史になにをつけ加えることができたのだろう。

（フランス語・比較文学比較文化）
三六〇号　一九九一年一〇月一六日

駒場の巨木たち

木村武二

一　ユリノキ

もともと駒場野と言われていた場所であるから、樹齢数百年というような古木があるわけではないが、それでも明治の農学校時代から農学部、一高、教養学部という歴史の中で、あるいは植樹され、あるいは自生して、星霜を経た樹木の中にはかなりの大木があることはご承知の通りである。だから、わざわざ紙面をさいてことさら紹介することもないはずだが、あえて書いておかねばと思ったのは、ある巨木の変化に愕然としたからである。それは、写真Aに示した、ラグビー場東北の角のユリノキである。キャンパスでも有数の巨木で毎年春にはチューリップ状の花を無数に着け、夏には半纏（はんてん）形の葉を鬱蒼と茂らせるこの木は、樹形もよく、周囲に高木のない独立樹として、亭亭とそびえていた。今は写真のように大枝があちこちで枯れ込み、無惨な姿になっている。それに気づいたのが今年の梅雨明けの頃であるから、今夏の記録的少雨に起因する変化ではない。近年この木の周囲に運動会のクラブ室がいくつか建ち、学生の往来が激しくなって、地面が踏み固められたことが原因の一つではないかと憶測している。何十年もの間風雨に耐えて成長を続けてきた逞しい木でも、ちょっとした環境の変化で一気に老化し、放置すれば枯死するのである。この現状を知って欲しいと思い、生協に走って使い捨てのカメラを買って写真を撮ったのだが、同時に私が好きな他の巨木たちの現況も見ておかねばと考え、改めてキャンパスを歩き回ってみた。

考えてみれば、いま、駒場の環境は激変を目前にしている。多くの建物の新築・改築・取り壊しが計画され、実施されようとしている。その際、周辺の樹木がどのような運命をたどるかは大体見当がつく。古木であればあるほど移植は困難であり、また莫大な費用を要する。となれば、せめて私の知る現存の巨木たちのために、今から過去帳を用意するしかないのだろうか。

写真A　ユリノキ

写真B　ポプラ

写真C　ヌマスギ

写真D　ヤナギ

それとも、彼らの存在を意識した建築計画を考えるだけの度量を当局に期待して良いのだろうか。

二　ポプラ

北寮と中寮の間、寮食堂へ通じる道沿いに巨大なポプラの木がある（写真B）。おそらく、寮の建築以前からあったものにちがいない。寮の取り壊しが予定されているが、その際にも保存されるのだろうか。なお、この木のすぐ隣には、これも立派なメタセコイヤがある。

三　ヌマスギ

炊事門のそばにある。以前は遠方からきれいな樹形を望むことのできる独立樹であったが、いまは移植されたヒマラヤスギが回りを取り囲んでしまった（写真C）。似たようなもの同士ということか、あるいは同じ樹種と見誤ってのことか分からないが、このような処置がいいのか悪いのか心配である。

四　カツラ

一〇一号館の東北の裏に二本あり、いずれも堂々たる姿を見せている。目立たぬ場所にあるので、意外に知られていないが、キャンパスではここでしか見ることはできない。

五　ヤナギ

駒場東大前の駅沿いの坂道にある柳は、春には隣の桜とともに「柳緑花紅」の見事な調和を見せる。近年大剪定が行われて自然樹形が損なわれてしまった。回復にはまだ年月がかかりそうである。一研から現保健センターへの途中にもう一本、これは樹形の整ったのがある（写真D）。

これも復活できればと思っている。

（生物学）

三七一号　一九九二年一二月九日

六　その他

キャンパスに多い巨木としては、ケヤキ、クスノキ、ヒマラヤスギ、プラタナスなどがあり、それぞれ、どの一本を代表とするかは難しい。私はクスノキは教務課東北角のもの、プラタナスは教務課掲示板の西のものが好きである。ケヤキはラグビー場北面に巨木が多い。イチョウは大学のシンボルにしては、樹齢を重ねたものは少なく、定期的に大剪定が行われる並木道のイチョウは、本来の樹形とは似ても似つかぬ様相になっている。せめてあちこちの茂みに見られる数本だけは思う存分茂らせたいものである。

農学校の名残か、珍しい樹種もある。正門守衛所裏から図書館につながる植え込みにはセコイアメスギ（センペルセコイア）とアメリカフウがあり、かなりの大きさになっている。

思いつくままに書いてみたが、これら以外にも矢内原公園や寮裏の池周辺などにはさまざまな大型の樹種があり、駒場の植物相を豊かにしている。ある意味では、樹木園あるいは庭園として管理する余裕のないことがこのような多様性を育てたともいえる。何でもかでも現状のまま保存するのが良いとは決して思わないが、残すべきもの、保護すべきものを今のうちに検討整理し、台帳を作っておくべきではなかろうか。

十数年前に一度、生物教室が音頭をとってあちこちの木に名札をつけたことがあるが、今では大部分が失われてしまった。

鳥将棋

斎藤兆史

海外研修の報告を記すべき紙面で道楽の話をするのも気が引けるが、今回の英国滞在中ちょっと珍しい体験をしたので、それについて書いてみたい。座興だと思って読み流して頂ければ幸いである。

私は昔から将棋が好きで、大学時代には将棋部員として学館に入りびたるほど熱中したものだが、西洋の言語文化を専門としながら、なぜか最近までチェスというものには全く興味を覚えなかった。今では、実に惜しいことをしたと思っている。日本で出版されているチェスの本がほとんど入門書程度のものであり、本格的に勉強するには外国で出版された定跡書を読む必要があるという事情を考えると、もっと早くチェスを知っていれば、専門と趣味との相互利益を図ることができたような気がするからである。

昨年の夏、ちょうど英国に発つひと月ほど前だったろうか、とあるデパートの一角で普及を目的としたチェスのデモンストレーションを見掛け、せっかくだから渡英前にチェスを覚えていこうという気になった。だいたい、中心になって指導しているのが元日本チャンピオン、さらにその場で指導を受けるだけでポータブルのチェス・セットがもらえるとあっては（この熱心な普及活動が、皮肉にも日本での競技人口の少なさを示しているのだが）、覚えない方が損というものだ。ともかくその場でルールを覚え、チェス・セットをもらい、さらに後日英語の定跡書を買い込んでさっそく研究開始。いよいよ英国行きの旅支度を整える段となった時、私はそのチェス・セットと定跡書を迷わず機内持ち込み用の鞄に詰めた。

とはいえ、英国に着いて早々相手が見つかるはずもなし、だいいち本業が忙しくてチェスを指しに出掛けるどころではない。しばらくはチェス・コンピュータで我慢していたが、やはり人間と指したい。ちょうどコンピュータとの試合に飽きた頃、近所にチェス・クラブがあることを知った。チェス・クラブとは言っても、日本の将棋道場のように建物ごと存在しているのではなく、レジャー・センターの一室を週一回、しかも夜だけ借り切って対局をするだけで、時間的にも無理がない。早速出掛けていき、そのクラブの会長に誘われるまま、初めて人間相手の対局とあいなった。とりあえずご指南頂こうと盤に向かったところが、いきなり勝った負けたの互角の勝負。将棋指しがチェスを教わり、その場で相手を負かしてしまったというような話は何度か聞いたことがあったけれども、正直言ってこれには我ながら驚いた。ほどなくロンドンで大きなチェスの大会があることを知り、話の種に出てみることにした。クラブでの手応えから、大恥はかかずに済むだろうと思った。

イラスト・斎藤兆史

大会当日の朝、駅の出口でキョロキョロしていた私が持っていた大会のパンフレットが目に留まったのであろう、人の善さそうなイギリス紳士が寄ってきて、会場まで一緒に行こうと言う。彼自身も同じマイナー・クラスのトーナメントの参加者なのだが、私が将棋の話をすると急に目を輝かせて、実は自分の息子は将棋の二段なのだが、イギリスでは相手が少ないから、ぜひ相手になってくれと言う。大会二日目、その老紳士から手渡された息子さんからの手紙には、郵便対局を希望する旨が書かれていた。さらに、自分はチェスも得意なので、お望みならそちらの相手をしてもいいという。だいぶ前置きが長くなったが、このようなわけで、イギリス人対日本人の、世にも珍しい将棋・チェス同時郵便対局が始まった。(ちなみに、大会の結果は、五回戦って三・五ポイントを上げ、あと一勝すれば優勝という好成績であった。)

さて、その郵便将棋だが、棋譜の書き方については英語式の表記を教えてもらい、それに統一することにしたが、これがなかなか面白い。日本の棋譜では、先手後手の区別をするために黒と白の駒形が用いられるが、その色がそのまま先手後手を指示する呼称として用いられており、チェスとは逆に、ブラックが先手、ホワイトが後手となる。また駒の名称も、チェスの駒と類似した働きのものはその名前で、チェスにはない駒は直訳名で呼ぶから、飛車、角、桂馬、歩はそれぞれルーク、ビショップ、ナイト、ポーン、金、銀、香車はゴールド、シルヴァー、ラーンス（槍）となる。その他、定跡から囲い方に至るまで実に洒落た英語名がついているのには感服させられた。もっとも普及の目的で日本人が命名したものも随分あるのだろうけど、日本人では考えもつかぬようなものも少なからずある。思わぬところで英語の勉強をさせてもらったが、一番驚いたのは、その棋友が、将棋の一変種とおぼしきゲームの図面を書き添えてきた時だ。その図面には、コンピュータ印字ではあるが、鵬、鶴、雉、鶉、鷹、燕という文字が埋められていた。彼、我に問いて曰く、「このゲーム知ってるかい？」文字の意味がわかったところでどうしようもない。残念ながら知らないと答えると、次の手紙で種明かしをしてくれた。実は、江戸時代の九世名人大橋宗英（一七五六―一八〇九）の創案になる鳥将棋というもので、一九七九年、ジョージ・ホッジズというイギリス棋士の手によって復活し、英国の将棋ファンの間で指されているのだそうだ。その名前を聞いたことがあるという日本人がどれだけいるかは知らないが、ルールを知り、なおかつ指したことがあるという人は、将棋ファンの中にもほとんどいないであろう。思わぬところで自国の歴史と文化に目が開かれたのもチェスの効用というべきか。ちなみに勝負の方は、将棋、チェスともにようやく中盤の難所に差し掛かったところ。まだまだ先は長い。

（英語）

三七三号　一九九三年二月一〇日

大ガラスの向こう側、さえも

岩佐鉄男

教養学部の正門を入ると、時計台をはさんで、一高以来の伝統を感じさせる講堂と旧図書館の古びた建物が向かいあって立っている。左側の講堂は九〇〇番教室として、旧図書館は教務課の窓口として、学生諸君にもなじみ深い場所と思われるが、実はこのふたつの建物には、駒場が誇りうる文化施設がそれぞれ備わっていることは、あまり知られていないかもしれない。それは九〇〇番教室二階のパイプ・オルガンと、旧図書館二階の美術博物館である。

私自身はこの両方の施設の運営委員会に名を連ねている関係上、一方のみの紹介では片手落ちなのだが、オルガンのほうは五月中旬の新入生歓迎コンサートで聴いていただくことにして、今回は美術博物館とその収蔵品について若干記してみたい。

さて、旧図書館の入口をくぐると、すぐ正面に殺風景なドアがあって、たいていは閉まっている。ドアの中はすぐ階段で、それを上るとロビーの奥に展示室の入口が見える。美術博物館の公開は、毎週水・木・金の三日間、それも十時から四時までと限られているから、これも下手をすると無骨なドアに行く手を閉ざされるだけという結果に終わるから注意が必要である。それでも展示室に入ることができたなら、そこにはまさしく別天地が開けている。

まず驚かされるのは、この空間そのものの伸びやかな広がりだろう。アーチ状の梁に支えられた天井は頭上はるかに高く、そのすぐ下の窓からは明るい光が降り注いでいる（実はこの窓からは光のみならず雨までも遠慮なく入りこんでくるために、台風のときなどは大変なのだが）。この静謐な空間に立ち並ぶ展示ケースの中には、古くは新石器時代にまでさかのぼる中国の土器、青銅器、瓦、朝鮮半島の馬具や土器、日本の銅鐸や埴輪など、初代学部長矢内原忠雄氏による創設以来、美術博物館が蒐集につとめてきた東洋の美術・考古学資料がおかれていて、唐代加彩婦人俑の愛らしい姿にふと足をとめて見入ったりしてしまう

「大ガラス」の裏側から見た美博展示室

ものである。美術博物館の収蔵品には、このほかにも一高以来の中村彝、下村観山らの絵画、梅原龍三郎氏から寄贈されたコプト織、レオナルド・ダ・ヴィンチの手稿複製等、興味深くまた貴重な品々が数多く含まれているのだが、そのなかでもひときわ異彩をはなつのは、展示室の奥にそびえたつ「大ガラス」だろう。

教養学部の年報「駒場1991」の表紙も飾ったこの作品は、今世紀を代表する芸術家のひとりマルセル・デュシャンが一九一五年から二三年にかけて制作し、未完のまま現在フィラデルフィア美術館に収蔵されている原作の忠実なレプリカで、作者自身の認可を得た世界で三番目にして最後の複製である。私自身もスタッフの一員だったこのレプリカの三年にわたる制作過程、そしてガラス面上に描き出された不可思議な形象群については、この限られた紙面ではとても語りきれない。ただひとつ、この作品の題名について、ここでひとこと述べておこう。

そのあまりの長さ故に、フランス語でも英語でも日本語でも「大ガラス」という通称で呼ばれることの多いこの作品の原題は『La Mariée mise à nu par sescélibataires, même』である。日本では、この作品をいちはやく紹介し、レプリカ制作の監修にもあたられた瀧口修造氏以来、『彼女の独身者たちによって裸にされた花嫁、さえも』と呼ばれるのが通例となっているが、『花嫁は彼女の独身者たちによって裸にされて、さえも』と訳される方もあり（たとえば高橋康也氏）、このほうが原題の語感により近く、欧米でたんに「花嫁」と略されることも多いのに見合っていて、いっそうの適訳かもしれない。いずれにせよ「花嫁」（上部左側にぶらさがっている形態）の独身者たち（下部左側の朱色の群像）による裸体化」という、このガラス絵の基本的物語の部分は了解可能である。なんとも不可解なのは、カンマの後にとってつけたようにおかれたmêmeの一語である。この語に関しては、本学の先輩教授の方からも「もっと妥当な訳を」という注文をいただいていて、われわれも知恵をしぼっているのだが、今もって決定的な言葉は見つからない。デュシャン自身は「もっとも美しく表された」「絶対的な副詞」で「何の意味もない」と断言してしまっていて（『デュシャンの世界』朝日出版社）、とりつくしまもない。この「絶対性」「無意味さ」は「までも」「さらに」「まさに」といった通常の副詞mêmeの訳語では表しきれるものではないだろう。もっとも原題のフランス語においてもmêmeがどれほど「無意味」でありうるかは疑問で、フランスにはこれを「水彩」「銅版」「レディメイド」などと同じく、題名の後におかれた「ジャンルの指示」と受けとめて、「大ガラス」の両義性——複数のレプリカや関連作品まで含めたその類似性と恒久性——を読みとろうとする人もいるほどである（M・ビュトール「複製禁止」）。ともあれ、すでに題名からしてこうした議論を呼び起こしてしまうところが、まさに眼の楽しみにとどまらない「知的装置」としてのデュシャン作品のおもしろさなのだから、みなさんも大いに頭を悩ませてほしいものである。

このようにいたるところに知的な罠を仕掛けた現代のガラス絵が、長い歴史の厚みから掘り出された数々の考古学資料に立ち交じって現れる展示室の光景——それを異質な要素の不法な闖入と見るか、あるいは歴史への新たな提言と受けとめるか、それはその場に立ち会った人がみずから解答を出すべき問題である。「問題がないのだから解答はない」とデュシャンは言い放った。「大ガラス」に直面すること、問題を向こう側に通り抜けてみることこそ必要なのだ。まずは美術博物館へと足を運んでいただきたい。

（フランス語）

三七五号　一九九三年五月一二日

セルバンテスの機知

斎藤文子

「機知よ、さらば、洒落よ、さらば、愉快な友よ、さらば。私の命もあとわずか。またすぐに、あの世で君たちのうれしげな顔に会えるのを楽しみにしているよ」

『ドン・キホーテ』の作者として知られるセルバンテスの辞世の言葉である。彼の絶筆となったのは、今ではほとんど読まれることのない『ペルシーレスとシヒスムンダの苦難』という小説だが、一六一六年、六十八歳でこの世を去る三日前に、この長編小説の序文を書き上げた。その末尾がこの文章なのである。

死を予感して病床にある身の、なんという軽妙な別れの挨拶。後にドストエフスキー、フロベールといった十九世紀の大作家たちが『ドン・キホーテ』を愛読し、今日、すべてのフィクションは『ドン・キホーテ』に現れるテーマのバリエーションだとまつり上げられてもいるのだから、さすがその作者ならではの悠然たる人生の幕引き、と思われるだろうか。

ところがじつは、彼の実生活はこうしたイメージからはかけ離れたところにあった。当時スペイン文学は黄金時代と呼ばれる絶頂期で、ヨーロッパ文学界をリードしていた（そんな時代もあったのだ）が、彼はその中で、さまざまな文学ジャンルに手を染めながら名を成すことができず、長い間徴税吏やスペイン海軍のための食糧調達官として各地を旅していた。破門されること一度ならず、投獄されたことも何回かあったらしい。

五十七歳のとき『ドン・キホーテ』を出版したが、これが大評判をとった。たちまち版を重ね、次々と翻訳が出て、しかもこの人気に乗じて、セルバンテスが続編を書き上げる前に、ある匿名の人物が続編を書いて出版してしまった。新大陸では教会の奇妙な論理で、フィクションの書物の輸入が禁止されていたにも関わらず（荒唐無稽な物語がインディオの間に浸透すると、聖書の真実性が疑われると危惧したという）、いち早く海を渡ったことも知られている。

しかしこうして国際的人気は得たものの、死ぬまで貧乏生活から抜け出すことはなかった。しかもスペイン文壇は、この後咲きの老ベストセラー作家に対してほとんど冷淡だった。詩と演劇こそが文学者たる者の目指すところという時代、ようやく現れはじめたリアリズム小説は異端者で、後に近代はこの作品によって始まったとされる『ドン・キホーテ』も、当時の文学という制度の中では位置づける場所がなかったともいえる。「セルバンテスほどへたくそな者はいない。『ドン・キホーテ』を褒めることほど馬鹿げたことはない」と、一世を風靡した劇作家ローペ・デ・ベーガがみそくそにけなしたことも知られている。

また『ドン・キホーテ、続編』の出版許可文には、この本を検閲した役人がフランス貴族たちと文学談義をした話が載っていて、このときフランス人たちはこぞってセルバンテスの作品を賞賛し、作者はいったいどんな人物かと大いに興味を示したという。それに対し検閲官は、彼が老人で貧しい暮らしをしているると言わざるをえなかったが、ひとりのフランス人は、それならば、彼には金持ちにはなってもらいたくないものだ、彼の貧困が生み出す作品のおかげで我々の精神は豊かになるのだから、と言ったという。本文の前に付けられた許可文にしてはひどいことを書いていると思われるが、これが結局セルバンテスのおかれた状況だったのだ。

ともあれ、彼は自分の作品に自信があった。現実を一義的に捉え、リアリティーを無視した同時代の文学に対する確固たる批判があった。だから、『ドン・キホーテ』には当時の文学のパロディが続々登場するし、その頃人気のあった三十冊ばかりの本を俎上に載せて、火あぶりの刑に処すべきか議論する場面もあり（ほとんど燃やされることになるのだが）、この小説は文学を批判する小説でもあるのだ。それ故、主人公たちの面白おかしい言動で広範な読者を得ていたとはいえ、自分に向けられた文学的評価には大いに不満を抱いていた。

じつは冒頭に掲げた辞世の言葉の前には、次のような逸話が書かれている。セルバンテスが馬に乗って旅をしている途中、ひとりの貧乏学生に出会い、「詩神の寵児」と最大の讃辞を贈られる。そこで、いやいや自分はそんな褒め言葉には値しない、それに病気でもうじき死ぬのだと告げた、というのである。実際にあった話かどうかは別にして、この後に先ほどの挨拶がつづくとなると、軽妙洒脱な辞世の言葉の中には、セルバンテスお得意のアイロニーがこめられていたと言うべきだろう。

ところでセルバンテスが自負する機知、洒落、あるいは滑稽への評価は時代によって大きく違い、それは『ドン・キホーテ』がどう読まれてきたかに見事に反映されている。十七、十八世紀には面白おかしい小説として、機知と洒落が持ち上げられたが、ロマン主義時代になってそれが無視されて、一転して悲劇の主人公を描くもっとも哀しい小説と読まれるようになった。今日では、むしろセルバンテスの近代的批判精神が問題にされているといってよい。

そうした意味でも、セルバンテスの残したこの最後の言葉の中の「機知」についてあれこれ思いをめぐらすのも悪くない。

（スペイン語）

三八二号　一九九四年二月九日

総合する知。歴史と未来
精神の三半規管について

見田宗介

教養学部報は、この号で四〇〇号を迎える。学部報として大きい区切り目であるだけでなく、教養学部それ自体も、実体として、大きい区切り目に立っている。

学部報の第一号は、一九五一年四月一〇日付で発行されている。学部自体の発足の二年後である。創刊号の、矢内原忠雄初代学部長、南原繁新制初代総長の文章を見ると、教養学部というシステムの「初心」ともいうべきものが、伝わってくる。この新しい大学の場にその精神の満ち溢れることを、「戦後の新しい日本を創造する仕事の中で、最も基本的なものの一つ」と矢内原氏が記しているように、歴史の文脈におくと、それは、戦争への真剣な反省を基底として構想された。

けれども戦争への反省が、どうして「教養学部」というシステムの創設とつながったのだろう。半世紀の歴史の中で、その理路は、自明にはみえないものになっている。

幾何学で、図形のみえない構造を明るみに出す方法として「補助線」を引くことがあるように、今一つの補助線を方法として引いてみる。戦後の五〇年目であった昨年の日本社会の大きい事件は、ある「宗教団体」の犯罪であった。この団体の中枢にあった「超エリート集団」の構成が話題になったが、それはさまざまな学問や技術の分野の、有数の「専門知」のチームであった。「あんな優秀な人たちが」という世間の素朴な驚きがあったけれども、欠けていたのは、その優秀な専門知を用いるべき方向を誤つことなく判断することのできる、総合知ともいうべきものである。「マインドコントロール」に抵抗することのできる力は、このような精神の三半規管ともいうべき、総合知以外にはない。

ナチズムを典型とするファシズムだけでなく、スターリン体制等も含めて、あらゆる独裁体制は、（少なくとも現代の世界において巨大な支配力を握ることに成功した独裁体制は、）常に優秀な専門知たちの優遇的搾取と同時に、総合知の自由な活動を削減してきた。総合知は、システムの方向や意味それ自体を批判する力をもった、「自分の目をもつ」主体の形成に他ならないからである。

一九九〇年代の一つの「教団」の犯罪の経緯の中で、人びとが強く印象づけられたのは、「マインドコントロールの恐ろしさ」ということだった。過って一人の人を傷つけたことに深く心を痛めていた優秀な医師が、教団の中で、いつか、幾人もの人を殺傷する行動の実行者となる、等々。われわれはこの同じ構造を、半世紀前に、大きい規模で経験していた。一九三七年からの南京虐殺は、家庭ではよき夫でありやさしい息子でさえあった日本人が、良心の呵責もなしに、幾十万の一般市民に暴行・虐殺を行ったという。死者の数は二〇万でなく三万「だけであった」という論争もあったが、三万人の死者であっても、オウムの百倍の犯罪である。しかもこのことは、一つの戦争の、無数の局地にあった悲惨の一つにすぎない。マインドコントロールの内の最も恐るべきものは、権力の手によるマインドコントロールである。一億人がマインドコントロールの内におかれた時代があったということを、忘れてはならない。半世紀前の歴史の経験を生きた人たちは、このような精神の三半規管の喪失を、痛恨の思いで振りかえっていたはずである。半世紀後の日本の社会の構造の、少しだけ倍率のある鏡のような集団の事件の経緯を媒介におくと、戦争に対する真剣な反省がなぜ、自由な総合知の探究を基底としておく大学のシステムの創設という事業として結実したのかということの理路を、ぼくたちは把握できるように思う。けれどもそれよりも、このことを必要とする構造が、過去のものでなく、現在も、そして原理的にどの時代にも存在しつづけるだろうということを、把握することができるように思う。

知の専門知への分化ということは、その輝かしい成果とその危うさを共に含めて、「近代」の知のシステムの構造それ自体であった。近年の知見が明らかにするように、ナチズムは勿論、日本ファシズムやスターリニズム体制でさえ、その一見して「反近代」的な情念の再回収という装置それ自体を含めて、合理主義的な思考手段の一面的な全体化という構造において、実はまさしく、このような近代の知のシステムの「鬼子」に他ならないものであった。戦争という一つの経験の真摯な反省が、もっと多くの世紀を貫通する、一層巨大な課題にまで通底することができたのは、近代という世界の構造の、この汎通性のためである。

ポストモダンという現在の流布する語彙は使いたくないが、「近代」という幾世紀かの時代の経験を、（その断固として擁護すべき側面を含めた上で、）総体として見はるかし、新しい時代の理念とシステムを構想する他のない場所に、われわれが現在立っていることは明らかである。

戦争という経験の反省の上に、専門知を活用すべき方向を自ら決定して誤つことのない主体の形成ということをめざして構想され創設された、総合知の自由な熟成の空間と時間としての一つのシステムは、今日一回り大きな視界で、〈近代〉という諸世紀の経験の光と影と、これに固有の知のシステムの総体としてのクリティークという課題の明確な自覚の上に、新しくその理念を定礎し、新しくこの巨大な課題に呼応するシステムとして編成されなければならないだろう。

（社会学）

四〇〇号　一九九六年二月七日

「一〇〇mを速く走るゼミ」報告

小林寛道

日本人の短距離走選手がカール・ルイスのような世界トップスプリンターと肩を並べて勝負することはできないものか。もし、オリンピックの一〇〇m決勝でメダル争いに日本選手が一枚加わっていたら、きっとおもしろい程興奮するに違いない。

いまや世界一流スプリンターは黒人選手ばかりであるが、これを遺伝的素質とばかりきめつけておく訳にはいかない。日本人でも知恵と努力と工夫をすれば、きっとなんとか糸口はつかめるはずである。

こうした大胆なチャレンジ精神から発想されたものが「スプリント・トレーニングマシン」である。

このマシンは三年がかりで開発されたが、実は使いものになるまでに二台を鉄のスクラップにしている。一応の第一号機が完成したのが一九九五年夏であるから、もう二年以上が経過している。

この間に「スプリントマシン」はマスコミで大きな話題となり、テレビ、新聞、ラジオ、雑誌などでたびたび取材対象としてとりあげられてきた。取材をお断りした例も十数件ある。

さて、このマシンを用いて全学自由研究ゼミナール「一〇〇mを速く走るゼミ」の開設を思いついたのは、現在進行中の先端研究の一端をリアルタイムで前期課程の学生に還元することができないかと考えたためである。それに、東大の学生にスポーツに対する自信をもって欲しいという気持ちもある。

世間一般の人の認識では、東大に入学する学生は勉強はできてもスポーツは不得手ということのようである。ところが実際には、スポーツに対する潜在能力には優れた人が多いし、スポーツに対する関心も高いものがある。中学・高校時代に十分自分の能力を生かすチャンスがなかっただけのことである。これからの時代は、スポーツはもっと重要な意義をもつようになる。

「速く走れる」ことは、ある種の自信につながるし、「足が遅い」ということは、何かしらスポーツに対して胸を張りにくい感情を心に抱かせるものである。

「足が速くなりたい」という素朴な欲求は、どうやら小学校以来の原点的なところから生じているようにも思われる。かくいう私自身も、「あの頃、もっと速く走れたら……」といった錯覚的心情をいまだに描いたりするぐらいなのである。

夏学期のゼミ開講初日には、二〇名募集のところ一六〇名の受講希望生があり、実験室の予定を急遽グラウンドに場所替えしてガイダンスを実施した。「鈍足者歓迎」ということを謳ってしまった以上、抽選で受講生を選ぶことも心情にあわず、とりあえず自然淘汰という原則で、そのまま第二週は教室でカール・ルイスの走法の分析ビデオをみた。大雨にもかかわらず一二〇名の参加があった。第三週にはビデオカメラを陸上競技場（第一グラウンド）に一〇m間隔で並べて、一人ずつ一〇〇mを走りタイムを計測した。五限から始まった授業で五〇名が走り終わった時にはすでに五月の夕日がほぼ沈みかけていた。コースに並べて撮影したビデオ映像から、各区間の走速度、ピッチ、ストライドを算出した。

第四週目から開始したトレーニングの内容は次のようなものであった。

①スプリント・トレーニングマシンによる走フォームの形成、②パワーマックスVによる自転車駆動発揮パワー・十五秒間三セット、③体幹筋力強化マシンでの筋力アップ、④三〇mダッシュ三本、他。

受講生が多いことに比較して、マシンが少ないので必ずしも十分な時間トレーニングすることはできなかった。しかし、トレーニングの効果は見事にあらわれた。

五月と七月に実施した一〇〇m走の成績を比較すると、次の結果が得られた。数値は五月と七月に走った同一人物の比較で、男子四〇名、女子八名の平均値である。

男子。五月十三秒九九→七月十三秒五三。〇・四七八秒の短縮。多くの人が十三秒台から十二秒台へ、および十四秒台から十三秒台に台がわりした。

女子では、五月十八秒七三→七月十七秒六一と一・一二五秒短縮した。

五月の男子の総歩数は五六・八一歩、ピッチ四・〇六五歩／秒、走巾一・七七m／歩であり、七月では、総歩数五四・九八歩、ピッチ四・〇七六歩／秒、走巾一・八二m／歩であった。

女子では総歩数が六八・二〇歩から六四・一八歩となり、ピッチは三・六四四歩／秒から三・六四七歩／秒と変化なかったが走巾は、一・四八m／歩から一・五七m／歩に拡大した。

『走り方のコツ』

上体はほぼ垂直か、やや前傾気味に保つ。膝は前方に大腿が地面と水平になる高さまで振り上げる。この動作は反対足のキック力を強める効果と股関節の大きな動作範囲を生み出す。但し、太ももの筋肉をリラックスさせて膝が高くあがることが大切。着地に向かって膝は伸ばされるが、足裏で円の軌道をたどるように足を運び、着地は柔らかく円が地面に接する感じで行い、腰をその上に軽く乗せる。キックは円を回転させるように行う。

（スポーツ身体運動）

四一六号　一九九七年一二月三日

カブトガニの受難

清野聡子

カブトガニは、二億年も基本的な形態を変えずに脈々と存続してきた「生きている化石」である。進化学的に興味深い研究対象であるばかりでなく、社会的色彩も濃い存在である。

夏に産卵のために岸辺を訪れるペアが観察できるが、一夫一婦を想起させるために感情移入されやすい。日本の海洋生物の保護運動史では、象徴的存在である。

地質学的時間を生きてきたカブトガニの命脈が尽きるとすれば、人間活動の影響であることはほぼ間違いない。わずか半世紀前には、日本では瀬戸内海や九州北部の内湾の浜に夥しい数が姿を見せていたのに、今では渚から姿を消してしまった。海の豊穣さの喪失の象徴でもあり、カブトガニは受難者として語られることが多い。

私のカブトガニとの出会いは、生きている化石に関する全学ゼミで短期間飼育をしたり、生息地を訪ねたりという、無邪気な好奇心から始まった。

研究としては、一九九四年から、野外実験の対象として取り組んでいる。フィールドは国内最大級の野生個体群が残っている、大分県杵築市にある別府湾奥に位置する内湾の守江湾とその流入河川である。

バイオテレメトリーという、生物の移動などの情報を遠隔的に計測し、長期間追尾する方法を使っている。夏の風物詩のようなカブトガニの成体の、人間の目に触れぬ海中での生活パターンの調査、季節回遊の経路と生活史の詳細の解明が目的である。

実験では、カブトガニの甲に超音波発信機を装着し放流する。水中からの信号は、湾内に係留したブイで電波信号にされ、陸上受信局でキャッチされる。海中での今現在の居所がリアルタイムに判明する。

資金的な理由で五尾とはいえ、放流した全個体の移動の軌跡を実験エリア内に一度は補捉した。実験付き合いのいい個体は、すでに五箇月も居所を知らせ続けている。今まで「冬眠」と表現されるほど、冬期はほとんど活動しないと考えられてきたが、その生態は見直しが迫られた。非繁殖期の放流個体は、内湾の湾口部に集中的に出現し、そこは沿岸流の影響を強く受ける場であることがわかってきた。

いわば、バイオテレメトリーとは、ある生物の役者が真っ暗闇でひとり芝居をしていた状態から、存在地点がわかり、他調査の情報も入れると他の役者の生物や大道具である海洋環境も見えてくる、海中を想像するための装置である。芝居の背景にもますます興味が湧いてきた。

カブトガニには、河川水の影響のある場で産卵し、生活史を通じて内湾と河川の双方の営力によって形成される場が必要なことも明らかになってきた。これは、カブトガニがこの数十年に激減した理由に対し強い示唆を与えてくれる。

その稀少性はその生息地の特殊性をも想起させるが、果たしてそうだろうか。

実際には、戦前の日本にはいくらでもあった「当り前の環境」が隣接してセットになっている条件、小さな川が流入する内湾奥の波の静かな砂浜や干潟が必要だったのだ。大事業として話題になることもなく、至極簡単に埋立や干拓が行われたであろう西日本の小規模な地先の海辺。そこはまさにカブトガニの楽園であり、知らぬ間に失われていった。

受難者カブトガニは、研究者に踏み絵を差し出す。この有名な稀少生物、絶滅危惧種を研究する者に、個別的研究だけでなくその生息地の保全に至る総合的な参加への有無を問うてくる。

また、カブトガニの保護史・研究史は、この悲劇的動物をめぐる人間の年代記である。様々な価値観が入り乱れた場である。私は以前は、人間的な部分に踏み込まずにスマートに研究成果を上げたいと考えていた。ところが逆に、現在、その保全に真正面から取り組んでいるのは、駒場の理念と、「総合文化研究科広域システム科学科」の看板の重さが最大の理由である。自然科学と社会の接点に貢献する、環境や保全に関する研究などを行う、と標榜しているご立派な学科に居ながらも、机上の空論ばかりで現実から離れている情けなさを感じて、自分の研究生活の方向性も考え直していた。

縁あって、実験地の守江湾に流入する河川の改修工事が、カブトガニの生息環境に与えるインパクトの検討を行う環境アセスメントにコミットすることになった。

調査の進行に従い、一地域とはいえまさに沿岸の水系に関する問題が凝縮されていることがわかった。

漁業と稀少生物の保全の両立にはじまり、海底の砂利採集による藻場など生息域の喪失、沿岸の持続的管理と地域社会の発展、内湾の富栄養化、住民の環境への無関心などに直面した。さらに、調査対象の河川で、昨年九月には台風による百年に一度規模の洪水により大水害が起き、フィールドが激甚災害区域になってしまった。学務として担当している災害科学までもが現実となってきた。

おりしもこの一年間に、全国的にも地域環境保全に関する法的な裏付けが続々となされ、具体策が求められるようになった。環境アセスメント法案が通過し、河川法が改正され、住民との合意形成や環境に配慮した地域環境づくりに取り組む機運が本格化し、保全活動が進めやすくなった。

カブトガニとは実に、関係する人に内省を迫る存在である。研究者には自己の存在意義を考えずに人生を送るハッピーな選択肢を放棄させてしまう。特に、環境や保全などの理念と現実の乖離に悩む研究者には、手厳しい。この運命的な受難者は、歓んで自ら悩むことを享受する受難者をも創り出しているのかもしれない。

（広域システム科学系／宇宙地球科学）
四一九号　一九九八年四月八日

駒場のトイレに見るセクシズム研究序説

道垣内弘人

女性用のトイレが少ないという話だと思ってもらっては困る。私が問題としたいのは、女性用トイレの設計と男性用トイレの設計の差が、著しい性差別主義に彩られているということである。以下、いくつかの例で具体的に検討していくが、ポイントは、女性用トイレは外から内側が見えないように気を付けて設計されているのに、男性用トイレにはその考慮がないものが多いというところにある。少なくとも私は、「しているのが外から見える」ところで安心して用を足すことはできない。

①最初は、教官にわかりやすい一〇二号館から。教授会の行われる建物である。ここの二階のトイレはひどい。まず、「朝顔」（男性用小便器を指す雅語）の間に仕切りがない。このあたりは女性にはわかりにくいところかもしれないが、実は仕切りがなくてもよいタイプの朝顔もある。朝顔の左右がせり出しているタイプがそれであり、私は、「仕切り・便器共用型」とよんでいる。しかし、一〇二号館のトイレはそうではない。上から見るとだいたい正三角形に見える古典的な形態の朝顔であり、私の分類では「便器専用型」に該当する。しかるに仕切りがない。そうすると「見える」。私は見たくないし、見せたくない。

しかし、より大きな問題は、外界との間の出入り口とその「便器専用型」朝顔との位置関係にある。通常、「ウナギの寝床型トイレ」（トイレ全体が縦長の部屋になっていることを指す）で、長方形の短い辺の部分に出入り口があり、かつ、その短い辺がその中心に出入り口を付けるに足りる十分な長さを有しないとき（これを「狭義の『ウナギの寝床型トイレ』」とよぶのが習わしである）、出入り口は個室の並んでいない方の壁に寄せて作られる（図を書いて考えましょう）。そして、扉を開けたところに「手洗い」（もちろん、狭義の「手洗い」。トイレ全体を指す言葉として用いているのではない）がある。その「手洗い」の向こうに「朝顔」が並ぶわけだが、通常、その間には大きな仕切りがある。用を済ませ手を洗っている人からも、外の人からも、用を足す人の様子が見えないようにしてあるわけである。ところが、一〇二号館二階トイレにはその仕切りもない。外からも完全に見える（これを専門用語で「先端見」という。先端研とは何の関係もない）。私はその途中で背中を見られるのもイヤであるが、完全に見られるのはもっとイヤである。教授会のあるときは、二階に事務の女性もいる。私はイヤである。彼女もイヤであろう。

②駒場の顔（朝顔ではない）、一号館に移る。ここの一階西側トイレのひどさは、学生時代から感じていた。しかし、現在もそのままである。

まず、外界との出入り口の扉は、常に開放されている。閉めないのが悪い、と簡単に言ってもらっては困る。ここの扉は、開放がデフォルト状態に設定されているのである。トイレ全体としては、ここは、「広義の『ウナギの寝床型トイレ』」に該当し、扉は、短い辺の中心に設置されている。ところが、その扉が開放されているということになると、廊下を通る人は、常に数多くの男性が向こうむきに並んでいる様子を目にすることになるのである。中には、なじかは知らねど、体を揺すっている人もいる。

「している」ときの背中が真後ろから見えてしまうトイレを挙げ出すと切りはない。それだけでも私はイヤだが、ここのトイレの特徴は、斜め後ろから見えるというところにある。これは危険性が高い。「している」人または「した」人が少し注意を欠いた状態で体を動かすと、「見える」。これでは phallocentrism ならぬ、phalloexhibitionism である。ちなみに私はここのトイレは原則として使わない。例外は、入試の監督のときのみである。試験時間中は廊下を通る人がいない。

これに対して、同号館の女性用トイレは、まず、入ったところに大きなついたてがある（どうして知っているのかはひとまず措く。私は研究者である）。扉を開けていてさえ、外から見えないように配慮されているのである。差は著しい。

③一二号館一、二階のトイレは、私が本研究を進めるきっかけとなったところであり、その意味では、研究者として恩を感じている。

ここのトイレの特徴は、窓が透明ガラスとなっており、外から中が丸見えである点に存する。ちなみに女性用トイレは必ず磨りガラスである（繰り返し言うが、私は学問的な研究者である）。研究のきっかけとなった事件を少し詳しく述べると、私は、駒場に赴任当時、このトイレで用を足していた。何気なく外をながめると、そこを知っている女性が通るではないか。あわてて目をそらしたが、びっくりして、止まった。それから二度と使用していない。デリケートな私には適さないトイレである。

二階なら外を通る人がいないから大丈夫か。甘い。一二号館の回りには、二号館、アメリカ研究資料センター、一四号館等の建物がある。建物の部屋からは丸見えである。本研究に興味を持った諸君は、二号館五階国際社会科学図書室を訪問するとよい。二階男性用トイレの内部を、つぶさに観察することができる。

本研究はいまだ着手されたばかりである。今後、駒場全体につき個別的研究を積み上げ、さらには、東大全体、国立機関全体、デパートなどを含めた公共の場所全体に研究の領域を拡大していかなければならない。建築関係者へのインタビュー、公共建築の基準についての検討。課題は多い。

しかし、以上の例からだけでも、駒場に蔓延するセクシズムの所在がまた一つ明らかになったと思われる。女性用トイレの設計だけに気を使うというのは明らかなセクシズムである。見せたい人は、女子校の近くや夜の公園でコートを羽織っている。私は羽織っていない。

（国際社会科学専攻・法学政治学）

四一四号　一九九八年一一月四日

駒場の素敵な芝居小屋

キャンパスプラザホール一周年記念公演

松岡心平

キャンパスの中に、いい芝居小屋がある、というのはとても素敵なことだ。

昨年七月二日に行われた、キャンパスプラザホール完成記念公演を見て、まず、そう思った。

そして、その時、ここで野村萬斎あたりでレクチャー・アンド・パフォーマンスがやれたらいいだろうな、と個人的に考えたことが、多くの方々の御協力を得て、今年の七月一日、二日に「舞台芸術の伝統と現在　京劇・狂言」となってかなった。うれしいことである。キャンパスプラザホールの一周年記念と東京大学教養学部五十周年記念をかねての公演であった。

この、なにもないけど愛すべきプチ・ホールでは、完成記念公演以来、さまざまな公演や催しが行われてきた。

いろいろな学生劇団やサークルの公演、駒場祭での文Ⅲ劇場、あるいはオルガン委員会による諸種の演奏会、はたまた表象文化論の実習授業やシンポジウムといった具合である。

そうしたバラエティーに富む公演成果に、今回の公演がなにがしかのものを付け加えられたとすれば、それは、一種の祝祭性であったかな、と思う。

単純な話だけれども、まず大勢のみなさんに来ていただくことができた。

七月一日の夜の京劇、二日の昼・夜の狂言の三公演を通して、はかったように三百五十をこえる観客が入り、ホールは熱気につつまれた。といって、入場お断りという事態にも至らず理想的な観客動員だった。

もちろん、人が入ればいい、というものではないが観客の熱気に役者も応えたと思う。

京劇公演での、解説者靳飛氏と通訳を超えた通訳刈間文俊教授との絶妙なやりとりと趣向、東京京劇団の役者による「三岔《さんさ》口《こう》」での驚くようなアクロバット演技や「霸王別姫《はおうべっき》」での豊かな朗唱はすばらしかったし、狂言公演の方でも、かつて表象文化論で非常勤講師をしていた頃からは一皮も二皮もむけた野村萬斎の話と芸に、叔父野村万之介の手だれの味がからみあって、テンションが落ちるすきなどみられなかった。

そして最終公演では、狂言「蝸牛《かぎゅう》」のラストの浮かれ囃子は観客全体を巻き上げた格好となり、それがカーテンコールでの割れんばかりの拍手やコールとなって舞台上に帰ってきた。

このとき私も役者の紹介役で、舞台の板の上にのっていたのだが、授業や講演などでは決して帰ってくることのない（？）ほんもののアプローズを身に浴びたのは役得だと思った。

とはいえ、このような拍手やコールは、狂言役者たちにとってもやはり稀有なものであったにちがいない。国立能楽堂や○○能楽堂や△△市民ホールのようなところでは、おこりようがない拍手であったからだ。

その夜、萬斎はとにかくハイで深夜の四時くらいまでわれわれに付き合ってくれたし、前夜の京劇公演の打ち上げパーティーでは、京劇役者たちは口々に、もう一度ここでやりたい、と言ってくれた。

問題はいくつも残してはいるものの、この、舞台も客席もゼロから作り上げなければならないなにもない空間の、潜在的な演劇的密度は文句なく高い。

こういうものこそが、駒場の財産である。

その一周年記念を、学部全体の五〇周年記念とともに祝う事が出来たのは、望外の幸せであった。

この駒場の宝石箱が、次にどんなものを生み出し、どんな拍手やコールにつつまれるか、楽しみだ。

（超域文化科学専攻／国文・漢文学）

四三三号　一九九九年一一月四日

爆笑問題を迎えて
新入生と考える〈教養〉問題

兵頭俊夫

五月十二日（金）に数理科学研究科棟大講義室で、昨年度芸術選奨文部科学大臣賞を受賞された爆笑問題の太田光氏と田中裕二氏を迎えて、「教養教育開発機構主催・新入生歓迎シンポジウム：新入生と考える〈教養〉問題」と銘打ったシンポジウムが行われた。学部のホームページを見て希望した学生の中から抽選で選ばれた二百余名が会場に集った。申込者が多数であったため、会場の様子は九〇〇番教室大スクリーンにも配信された。

壇上で爆笑問題の相手をしたのは表象文化論が専門の小林康夫教授。十人前後の教養学部教員が応援団として控えた。午後六時過ぎから始まり八時三十分まで延々二時間半におよぶ討論は、興味が尽きなかった。

一流といわれる芸術家の生のパフォーマンスに接しても、いつも感動が得られるとは限らない。大きな感動を得られるのはむしろ珍しい。しかしこの日は、久し振りに、本物の強い知的刺激を受けて、感動した。興奮して帰宅し、家人に冷やかされる始末であった。

当日は、「学問」あるいは「東大」に対する意識の微妙な食い違いを伴いつつやりとりが進行した。太田氏の論点のひとつは、東大人は気の毒であるという点にあった。学問をしている人間には頭がよいという評価がつきまとい、偉そうなことを言っても批判が来ない。引き戻してもらえない、というのである。その点、芸人は楽だ、「たかが芸人」ということで批判され引き戻してもらえるというのだ。

楽だ、といいながら実は、「ウケる」一点に関してはシビアにアンテナを張って、即座に判断してウケそうなレスポンスをするという。たしかに太田氏はあのとき、全員東大生か東大教員という偏った聴衆にウケるポイントを探りながら小林教授のつっこみに対応していた。その場での「ウケ」を探りながらウケること自体の重要性を語るという高度のパフォーマンスを通して、お笑い芸人のプロとしての重層的なサービスの構造がよく理解できた。

ところが後半に、小林教授の挑発を受けて太田氏のモードが変わった。意識的にモードを変えたのか、単に本気になったのかわからない。多分両方だったのであろう。あるいは、「今日の観客は地でいくのが最もウケる」という太田氏の判断があったのかもしれない。前半に比べるとはるかに単層的な、ありのままに近い太田氏だったと思う。他の番組では決して観ることのできない彼の姿を長時間楽しむことができた。その間ほとんど突っ込みを入れなかった田中氏のプロ根性も見上げたものだと思った。東大という場所と学生達と教員と爆笑問題の二人が無意識のコラボレーションで作り上げたひとつの空気がそこにあった。おそらく他では決して醸し出されることのない空気だったのではないか。

NHKはこれを二種類の違った編集で放映した。ひとつは四十五分の編集で五月二十七日（土）の深夜に放映された。もう一つは九十分の編集で七月四日二十二時に放映された。後者のほうが面白かったが、それは、太田氏のモードの切り替わりの前後のコントラストが伝わったことによる。

太田氏は、東大教養学部の教育を、幅広い総合的な中身の授業を用意して与えるというイメージで受け取り、「ほんとにそれが可能かなあ」と疑問を提出していた。世間一般の「教養」あるいは「総合文化」のイメージに基づいたこの問いかけに対して、小林教授も「そんなことはできない、身をもって手本を示すことができるだけだ」と応じていたので、論戦が盛り上がることはなかったのだが、私も、太田氏や小林教授同様、それは不可能だと思う。教養教育は、総合的な中身の授業で達成できるのではなく、教養学部のような自由な雰囲気の中で、個別の学問の神髄を伝える授業をして、それを幅広く学んだ学生が、結果として自分の中で総合することで達成されるものである。

話題になったもうひとつのポイントは、教養の基礎としてのクリティカル・シンキング（批判的思考）である。これは藤垣裕子助教授がまず言及したが、「何事も納得しなければ受け入れない」という考え方や姿勢のことである。様々な問題に対する太田氏の敏速なレスポンスは、普段からクリティカル・シンキングができていなければ不可能であると思った。彼自身は、お客さんにウケるために反応しているだけで、批判を目指しているわけではない、と言っていたが、まず「あれ変だぞ」と疑うことが彼の発想の出発点なのだから、クリティカル・シンキングそのものである。彼らの芸の質の高さの秘密がそこにあることは間違いない。

あの日の会場で行われた事前アンケート「現代日本の教養人の名前を挙げてください」の結果は爆笑問題が第一位だった。司会の山本泰教授がコメントしたようにこれは「ご挨拶」だったのかも知れない。しかし、もし事後に再度同じ調査をしたら、彼らの票は、確実に、もっと伸びていたと思う。

四九六号　二〇〇六年一〇月一一日
（相関基礎科学系／物理）

学部報とわたし
〈五〇〇号記念特集〉

斎藤正彦

きくところによれば、学部報は教養学部初代の矢内原忠雄学部長の強い意向によって始められたという。それは第一義的には、単位や進学の案内およびそのころさかんだった学生運動を鎮め、一般学生を《善導》するのが主目的だったのだろうと思う。

しかし、教官たちが執筆し編集するという、そのこと自体によって、学部報は文化的性格を徐々に強めることになる。実際、学部報には興味ふかい記事がたくさんあり、教官になっていた私も、おおいにそれを楽しみ、それに啓発された。

一九六〇年代に、私は学部報の編集委員をした（当時は第五委員と言った）。それは第八委員（寮関係）や第六委員（学生関係）にくらべるとずっと楽で、結構おもしろい仕事だった。一九六八年にはじまる学生の反乱より前の、いわば牧歌の時代である。

編集会議で決まった題目の原稿を、先生がたにお願いに行ったり催促したり。ふつうの本と違って、新聞は記事の割りつけにも気をつかわなければならない。最後には、出張校正と称して印刷所まで行き、出てくる校正刷に手を加え、おそくまで仕事をした。いまとなってみれば、若かったころの楽しい思いでである。

私が委員だったときに、学部報百五十号の特別号を発行した。それがいまや五百号だ。よく続いたものだと思う。あいだに学生の反乱という大変な事態があったのに。

＊　＊　＊

私は学部報にいくつか記事をかいている。そのなかから、私にとって思いでの深い書評ふたつを読みかえしてみよう。

二三五号（一九八三）に蓮實重彦さんの『反＝日本語論』の書評をかいた。蓮實さんがラディカルな思想家・批評家として登場してまもないころだったろう。

この本で、蓮實さんはソシュールにはじまる近代言語学を、排除と選別の体系とみなし、音声帝国主義ということばで、全否定する。私は同意しない。

敵はむしろアルファベット帝国主義だと思う。近代言語学の音声一元論によって、はじめてアルファベット至上主義が覆いかくしていた言語現象が明らかにされ、文化の相対性への認識が深まったのだと私は理解している。

蓮實さんは当時さかんだった構造主義に強く反対している。その意味で私の言語思想とはへだたりが大きいが、その論調には実存的迫力がある。

蓮實さんは、一回一回の言語体験のもつかけがえのない意味を探り、これを復権させようとする。その典型として、固有名詞を論じた部分は非常にすぐれている。しばしば軽薄な日本語論とはまるで違い、読む私に重くのしかかる。

三一四号（一九八六年）では渡邊守章さんの『パリ感覚』を批評した。しかし内実は書評ではなく、感想でもなく、この本にかこつけてかきたいことを書いただけのものだ。

パリのノートルダム寺院をごらんになったかたは多いだろう。渡邊さんは、寺院の裏側からセーヌ川ごしに見た姿がもっとも美しいという。まったくそのとおりだと私も思う。

裏側から見える尖塔が私は大好きで、画竜点睛と思っているのだが、それが十九世紀に付け加えられたと知ったときにはショックを受けた。全体が十二世紀の美的様式で統一されていると思っていたのだから。

いまでは、歴史的建造物の改修は、もっぱら昔のままの姿を残す、または復元する目的でなされる。しかし以前はそうでなかった。ノートルダムのほか、東大寺もそうだ。いつから、どうして現在のやりかたになったのか、その文化的意味は何か、知りたいと思う。

＊　＊　＊

数学者の私が蓮實さんや渡邊さんの本の書評をするなどということは、教養学部でなければできない。これからも、教養学部の特色を最大限に活用して、もっともっとおもしろい学部報を作っていただきたいと思う。

（名誉教授／数学）

五〇〇号　二〇〇七年二月七日

鉛筆の書き込み

図書館という書物の森

石井洋二郎

夏目漱石の『三四郎』に、こんな一節があります。熊本からはるばる上京して東大の本郷キャンパスにかよい始めた三四郎は、図書館で毎日八、九冊ずつ本を借りてはろくに目を通さないまま返却するということを繰り返すのですが、それでもたまには中身を覗いてみることもありました。

「三四郎が驚いたのは、どんな本を借りても、きっと誰か一度は眼を通しているという事実を発見した時であった。それは書中此処彼処《ここかしこ》に見える鉛筆の痕《あと》で慥《たし》かである」。

そこで彼は念のためにアフラ・ベーンという十七世紀英国のマイナーな女流作家の本を借りてみるのですが、これまた開いてみると鉛筆で丁寧に印がつけてある。

「この時三四郎はこれは到底遣《や》り切れないと思った」

という次第です。

図書館の本に書き込みをしてはいけない、ということが言いたいわけではありません（もちろん書き込みはいけませんが）。どんな本でも、必ず誰かがすでに読んでしまっているという事実を前にして圧倒される三四郎の姿に自分をちょっと重ね合わせ、人間の知の営みの膨大さにしばし思いを馳せてみていただきたいのです。

これまで世に送り出されてきた書物の数、それはほとんど想像を絶するものでしょう。しかも毎日毎日、さまざまなジャンルの新刊書が次々と産み出されています。私たちが生涯に出会うことのできる書物はそのうちのごく一部、砂漠の中の砂粒ひと握りほどの量にすぎません。しかし一方、どんな小さな砂粒にも必ず誰かの視線が注がれ、そこで何らかの対話がなされてきた。これまた気の遠くなるような事実ではありませんか。

皆さんの多くは三四郎がかよった本郷の総合図書館にもすでに足を運んだことがあると思いますが、日常的には駒場図書館を利用する機会のほうが多いでしょう。私はたまたま今年の四月からそこの館長という立場にあるのですが、だからといって別に紹介や宣伝をしようというわけではありません。ここにどれほどの蔵書があり、どんなサービスが受けられるかといったことは、ホームページやパンフレットを見ていただければすぐにわかります。

それよりも私は、三四郎が目にしたという「鉛筆の痕」にこだわりたい。もちろん皆さんはマナーを心得ておられるでしょうから、駒場図書館の本に書き込みなどないはずですが、私が言っているのは目に見えない書き込みのことです。

じっさい、私たちが一冊の本を手にするとき、そこには必ず過去の読者の書き込みがなされています。私たちは著者の言葉を読むと同時に、欄外に記された不特定多数の読者たちの言葉も一緒に読んでいるのです。そしてひとたび読み終えたなら、今度は自分が、これからその本を読むであろう読者のために新たな書き込みをすることになる。書物のページを介して、たがいに見知らぬ人々のあいだに次々と受け渡されていく書き込みの連鎖、それが図書館という公共空間の魅力を形づくっているひとつの要素なのではないかと、私は思うのです。

インターネットの普及とともに、今では図書館も紙媒体としての書物や雑誌の単なる収蔵庫ではなくなりました。ＯＰＡＣの検索機能を使えば、自分が目指す文献に瞬時にたどり着くことが可能ですし、電子ジャーナルも自由に活用できます。こうした技術的進歩のもたらした恩恵は計り知れませんが、しかしたまにはぎっしり立ち並ぶ書架のあいだをあてもなくさまよってみてはどうでしょうか。

そしてふと手に取った一冊の書物を開き、その欄外に記された見えない言葉たちに目を向けて、三四郎のように「これは到底遣《や》り切れない」と嘆息してみてはいかがでしょうか。

とりわけ駒場図書館は、文系・理系を問わず皆さんと同じ年齢層の学生たちがその柔軟な知性を磨き、みずみずしい感性を育んできた記憶の集積所です。試験勉強やレポート作成のために利用するのも大いに結構ですが、広大な言葉の迷宮に深く分け入ることもなく立ち去ってしまうのは、あまりにもったいない。

パソコンの画面をいったん閉じて、自分の行き先をけっして「検索」したりせずに、同世代の若者たちが残した鉛筆の書き込みをたどる放浪の旅に出かけてみる――駒場図書館が皆さんにそんな愉しみをもたらす「書物の森」であってくれることを願っています。

（地域文化研究専攻／フランス語／駒場図書館長）

五〇五号　二〇〇七年一〇月一〇日

駒場美術博物館　資料室オープン

学際的展覧会カタログの宝庫

今橋映子

昨年の夏、二〇〇七年六月二五日、駒場美術博物館の中にある資料室が正式にオープンした。まだ暑さもさほどでない、初夏の静かな夕方からおこなわれた開室式には、小島憲道教養学部長を始め関係者が六〇名近く集まり、和気藹々とした雰囲気の中で、この小さいながらも充実した資料室の門出を祝った。

この資料室の主体をなすのは、現在四千冊近くに達する展覧会カタログ（図録）である。開催館ごとに整理され、収蔵されているすべてのカタログは、東大図書館ＯＰＡＣ（および webcat）でコンピューター検索できる。東京大学に所属する教職員、院生、学生、駒場友の会の方ならどなたでも閲覧利用（一部特別貸し出しの制度あり）ができるので、次のＨＰ案内などをご覧の上、有効に活用して頂きたいと思う（http://museum.c.u-tokyo.ac.jp/library.html）。

展覧会カタログは「本であって本でない」、実に不思議な資料体である。これは元来、展覧会を案内する小冊子として制作されているものなので、書店で売っている本のようなＩＳＢＮ（国際図書番号）が付いていない。そのため図版の著作権等を免れて安価（オールカラーでも大体二、三千円で販売）で手に入れることができる反面、書店で販売されないため、入手はいつでも手間がかかる（詳細は、今橋編著『展覧会カタログの愉しみ』東京大学出版会、二〇〇三年参照。ちなみに欧米の展覧会カタログはＩＳＢＮが付いているので、書店を通じて購入できる）。実はこの度の資料室に入っている四千冊近い日本語カタログもまた、その半分以上は一冊一冊、手間暇かけて取り寄せてきたものなのである。

駒場美術博物館は、二〇〇四年度に全面的改修を行って、あのドーム型の展示室を持つ立派な美術館に生まれ変わったが、資料室はその時に、新たに設けられたものである。改修前からの展覧会カタログや各種年報、展覧会ポスターなど、すでに蓄積された資料がなかったわけではないが、あくまでも偶然寄贈されたものが主であり、研究教育にそのまま使えるような充実した状態ではなかった。

その後二〇〇五年度から三年間をかけて「資料室整備プロジェクト」が進行し、計画的にカタログのための情報収集、購入と整理、図書登録、そして図録交換事業がおこなわれていった。計画的情報収集には、大学院比較文学比較文化研究室に所属する院生たちが委員会組織でそれを担ってくれており、現在も活動を続けている。また購入と整理にあたっては、美術博物館スタッフが常勤・非常勤職員ともどもその仕事にあたっている。購入された図録はその後すべて、駒場図書館の全面的御協力によって、ＯＰＡＣ登録されるシステムが構築された。これによって、資料室は研究教育に直結した形で使用することができるようになったのである。

もちろん私たちが自前でカタログを買える予算は、毎年きわめて限られている。そこで二〇〇五年度に、全国の美術館、博物館に呼びかけて「図録交換プロジェクト」を進めたところ、有り難いことに百を超える館から反応があり、その後も何らかのかたちで寄贈を続けて頂いている。こうして約三年間にわたるプロジェクトの末に、昨年夏の開室にたどり着いたというわけである。

折しも二〇〇七年には六本木に国立新美術館がオープンし、その資料室は展覧カタログを徹底的に収集するという目標を掲げている。都内には国立近代美術館図書室や東京都現代美術館図書室など、充実した資料室を誇っている施設も少なくない。そうした公的機関に比べれば、駒場の資料室はほんの小規模なものにすぎないが、それでも関係する私たちが心がけてきたこともある。

それは、駒場らしい研究教育に直結した資料体の形成――つまり学際的展覧会への着目と、精選された資料体の収集という方針である。分野としては美術のみならず、歴史、文学などにまたがる展覧会に着目している。また「図録」として印刷精度が高いものという観点だけでなく、最新の研究成果が生かされた資料価値の高いもの、あるいはデザインの凝った美しい本にも近いカタログなどを精選して購入するように努めている。

それは近年、単に名前の通った「巨匠」の作品を時系列に並べるような展覧会から、テーマや視点に学際的成果を生かした展覧会へと、美術館博物館自身がその企画を転換させてきている状況と呼応している。興味深いことに、資料価値の高いカタログほど、一冊の本としても美しいものが多く、そこには企画者の情熱や思いが感じられる。

文化行政が「箱物」と批判されて久しいが、しかし一方ではこうした実績が確実に積まれてきていることも、カタログを通して私たちは実感できるのである。私自身はこの秋から、資料室を実践的に使うゼミも開講し、学部生や院生たちと大いに楽しみつつ勉強している。学内の皆さんの積極的利用を、心からお待ちする次第である。

（超域文化科学専攻／フランス語）
五〇八号　二〇〇八年一月九日

「矢内原忠雄と教養学部」展

川中子義勝

初夏の風わたる頃、図書館の南側にある林の木漏れ日のもと、歓談したり食事をしている人の姿を目にします。その一帯は矢内原公園と呼ばれていますが、その名前は初代教養学部長、矢内原忠雄に因んだものです。かつては近くに矢内原門がありました。

教養学部は二〇〇八年に創設六十周年を迎えました。これを機に駒場美術博物館において、学部の草創期と矢内原忠雄教授を回顧する展覧会を催します。(一) 矢内原忠雄の人物像、(二) 矢内原忠雄の学問、(三) 教養学部創設、の三つを柱として資料を展示します。

先の戦争を経た後、旧制の第一高等学校と東京高校は統合され、新制東京大学の教養学部として新たに出発しました。その転換期には、人々の多くの苦労があったことが窺えます。旧制大学における専門知の詰め込みに偏した潤いのなさに、旧制高校の「人間」教育を導入する。しかし旧制高校の野蛮な悪風は排する。その理想のもと、「膨大な組織と、複雑な内容と、多数の学生を擁」する新学部を「まとまりと落ち着きのある学園」となすべく、初代学部長として主導の任を取ったのが矢内原忠雄でした。

例えば、学生相談所が全国の大学に先駆けて駒場に開設され(本郷よりも先に)、教養学部報もまた、学生と教員の交流を願って刊行されました。学部報第一号に「教養学部の生命」と題して、矢内原は次のように記しています(一部要約)。「ここは東京大学の予備門ではなく、東京大学そのものの一部、しかも極めて重要な一部である。ここで部分的専門的な知識の基礎である一般教養、人間として片よらない知識を身につけ、またどこまでも伸び往く真理探究の精神を植えつけなければならない。その精神こそ教養学部の生命なのである。」

教養学科(教養学部後期課程)もまたこの精神において創設されました。学生運動の矢面に立つ時期もありましたが、南原繁の後を継いで東京大学総長に選出された後も、真理追究と教養の精神を共にすることにおいて、学生との信頼関係を築こうとする立場を貫きました。

矢内原のそのような姿勢には、自らが第一高等学校時代に新渡戸稲造の薫陶を受け、さらに内村鑑三のもとでキリスト教信仰を学んだことが与っています。時世の変化に動揺せず、普遍的真理観に立って学問を追求する姿勢はそこに培われました。大学卒業後は、新渡戸稲造の後任として、東京帝国大学経済学部助教授に任官し、設立されたばかりの植民政策の講座を担当します。『植民及植民政策』（一九二六）、『民族と平和』（一九三六）他を刊行するとともに、繰り返し朝鮮、台湾、南方群島などに調査旅行を重ね、当時の状況下で日本の植民地のあり方を批判的に検討する学問的姿勢を貫くうち、やがて日本の植民政策それ自体を批判する立場を取らざるをえなくなります。

一九三七年九月、盧溝橋事件を受けて執筆した雑誌論文「国家の理想」は当局の忌諱に触れて全文削除されますが、これに屈せず、日本の不義を批判しつづけた矢内原は、ついに東大教授の職を辞することを余儀なくされました。その後は、検事局への頻繁な呼び出しや著作に加えられる度重なる発禁・削除処分にも屈せず、信仰誌『嘉信』や『余の尊敬する人物』（一九四〇）等の著書を刊行し、自宅での聖書集会や土曜学校講義等の活動を続けながら、一信仰者としての誠実をもって戦中を貫き通します。

弾圧に屈せず、キリスト者としての普遍的真理観に立って、国家に正義を求め続けたその姿勢は、まさに聖書の預言者になぞらえうるものです。

敗戦ののち、矢内原はただちに平和育成の鋤を手にして、日本全国を巡りました。一連の講演は後に『日本の傷を医《いや》す者』（一九四七）にまとめられますが、その願いのもと、東大教授の職に復してからの矢内原は、経済学部長、教養学部長、東大総長を歴任し、新しい時代に平和と自由の理想を担う若者を育てるべく力を尽くしました。その後六十年を経た今日、世界と日本が大きく推移する中で、総合文化研究科・教養学部は、広範な視野と深い真理観に立って総合的な知を生み出す学舎《まなびや》となりえているでしょうか。

東京大学の将来の発展を願い、今後辿るべき方向を探るとき、この学部・研究科の歩みの始めに、どのような祈念や実践があったのかをひとりひとり思い起こすことが大切です。この展覧会はその良い機会となることでしょう。

（超域文化科学専攻／ドイツ語）
五一八号　二〇〇九年二月四日

V

#「狂気と社会」ほか本格論考

狂気と社会

ミシェル・フーコー

ミシェル・フーコー氏は、哲学や思想史の領域で構造主義を代表する人物として、わが国でも色々と紹介されてきたが、九月末から二週間ほど、日本フランス語フランス文学会の招聘によりフランス外務省派遣文化使節として来日された。本学部においても、十月七日、フランス語教室、教養学科フランス分科、啓蒙思想研究会の共催により、フーコー氏とは旧知の間柄であられる前田陽一教授の司会のもとに、『狂気と社会』の題で講演をされた。

なおフーコー氏は一九二六年生れ。パリ＝ヴァンセンヌ実験大学教授を経て、今秋よりコレージュ・ド・フランス教授。著書に『狂気の歴史』（一九六一）『臨床医学の誕生』（一九六三）『言葉と物』（一九六六）『知の考古学』（一九六九）などがある。

以下に掲載するものは、フーコー氏のご好意により、氏の了解を得て録音テープから作成した講演要旨である。

渡辺守章（フランス語）

否定的システムの研究

狂気と社会との関係のいくつかの例について語る前に、なぜ私が狂気に関心を抱くのかを申し上げておきたい。

伝統的に、ヨーロッパの社会学や思想史は、《ポジティブな》（肯定的な）現象にのみ関心をはらってきた。すなわち、一社会内で認められていた肯定的価値を研究し、一社会がその社会的システム、価値体系、信仰を主張する様態を決定し、つまり社会あるいは文化をそれに内在する肯定的な内容によって定義しようとしてきた。それに反し、近年、社会学やとくに民俗学の領域において一社会の《否定的な構造》によってその社会を定義しようとする努力がなされてきた。すなわち、社会において拒絶され排除されてきたものはなにか、その《禁忌》のシステムはいかなるものであり、どのような《不可能性》が働いていたのかこれらを研究することによって、様々な社会や文化を、以前の方法よりはるかに正確に捉えることができる。レヴィ＝ストロースが民俗学の領域で遂行したことはまさにこれであり、彼が《近親相姦のタブー》を研究する場合は、彼以前の社会学者、たとえばデュルケムなどの場合とは正反対なのである。デュルケムにとっては、一社会における近親相姦の拒絶は、その拒絶の瞬間において肯定されている価値によって意味があるのであり、つまりこの拒絶は、社会の同質性と聖性の肯定の結果にすぎないのであった。これに対して、レヴィ＝ストロースは、一社会における肯定と否定の働きはもっと複雑なシステムを持ち、肯定が否定に先行するのではなく、いわば一種の桝目模様をなしていて、そこに肯定性と否定性が、黒い枡と白い枡のように同時に存在していることを証明した。

私はこのような民俗学の企てを思想史の領域にも適用できないかと考えた。つまり、ポール・アザールやドイツにおいてはカッシラーのように、一時代、一社会の文化・科学・思想をその時代や社会によって承認され価値を与えられたものの体系から説明するのではなく、一つの社会において、一つの思想体系において、拒絶され排除されたものから探究することである。私をして狂気の研究へと導いたのはこのような観点の逆転にほかならない。

狂気とは、われわれの社会においても、また他の社会においても、《排除されたもの》である。社会の合理性の体系というもの自身、同時に《排除という否定的体系》を研究しなければ明らかになし得ない。狂気と非・狂気、理性と非・理性という二つの体系を分ける境界線上に、いわばナイフの刃の上に身を置くことによって、社会によって肯定的に価値として承認されているものと、否定され拒絶され排除されているものとを理解することができるのではないか。このようないわば民俗学的展望において、狂気とわれわれの社会——十七世紀から現代にいたるヨーロッパ型高度産業社会であるが——との関係を考察してみるとにする。

四つの排除システム

ところで、ヨーロッパ思想史の上で、通常、歴史家が極めて重要視する一つの事件があった。それは十八世紀末に、フランスとイギリスとでほぼ同時に起きた狂人の収容監禁施設の解放という事件であり、フランスでは一七九二年に（つまり大革命の最中に）、サルペトリエール病院の医師ピネルによって遂行され、イギリスではクェーカー教徒の思想に基き、チュークによってなされた。ピネルの語った言葉にあるように、以後はこれらの収容監禁施設は牢獄としてではなく病院としての機能を果たし、狂人は精神病患者として医学的治療の対象となった。ピネルとチュークによって果されたこの平行的事件は、通常、歴史家によって、狂気の歴史における根底的な切れ目だと説かれているが、このような歴史の書き方は誤っている。というのも、それはこの時期以前には狂人は犯罪者としてしか認められていず、この時期から始めて、古い規定を捨てて、病疾としての真の規定を得たのだという二重の先入観に支配されているからだ。

狂気と狂人には、一般的で普遍的な規定がある。社会規範や社会構造と関係なく、つまりいわゆる原始社会から高度資本主義社会まで共通して認められる、民俗学的な規定がある。社会が社会である以上、制約のない社会はなかったし、従ってそのような制約に従わない存在、つまり社会の外にはみ出した《周辺的な場》のない社会もない。狂人が登場するのは、まさにこの社会の周辺部においてである。しかもそこには、このようなはみ出した《周辺的存在》を規定する四つの大きな《排除のシステム》が常に認められるのである。

それは、(一)労働、あるいは生産関係との関わりで生じる排除、(二)社会の構成員の再生産過程としての家族との関係における排除、(三)言葉、つまり象徴の生産とその流通との関係における排除、(四)遊戯(jeu)との関係における排除、の四つである。これら四つの排除システムの個々について例を挙げるならば、たとえば(一)については聖職者が生産関係に加わらないという例、(二)については意志的であるにせよ意志に反してであるにせよ独身を守る人物(例えばある種の聖職者、あるいは犯罪人)を考えればよい。(三)の言葉との関係についていえば、ユダヤ教の予言者の言葉とか、あるいは詩人の言葉が通常の社会人の言葉と同じようには受けとられないことを、(四)の遊戯との関係については、遊戯の犠牲になる《贖罪の羊》のような形を思い起こせばよい。しかし、これら四つの領域から同時に締め出されている人物というのは狂人以外にはない。これこそが、社会の《周辺的存在》としての狂人の民俗学的規定なのである。以下に、この四重の排除のシステムが具体的にどのように機能していたかを、西欧社会の歴史のなかで見てみよう。

まず狂人は《働かない人物》である。中世ヨーロッパ社会においては狂人は特定の場所、特定の領主に属さず、きわめて移動性の大きな存在であった。十七世紀になると、更にはっきりした形で事態は捉えられるので、狂人は、まさに労働することの不能力によって定義されるに至る。十七世紀はあの収容監禁施設が大々的に作られた時期であるが、その目的は《働く能力のない人間》を強制収容することであった。そして十七世紀とは、言うまでもなく資本主義社会の成立期であったし、また現代に至るまで、職業上の挫折というものが、精神疾患の発現を認めしめる最初の刻印であることについても多言を要しないであろう。

家族との関係についても同様のことが言える。ヨーロッパ社会においては、十九世紀初頭までは、ある人物の収容監禁を決定する権限は家族に属しており、一八三八年に至って、はじめて医師の決定が優先することになったほどである。しかしその後も、狂人とみなされた人物は、家族構成員としての法律上の権利（離婚、所有権等々）を完全には保有していず、家族に対して周辺的存在であることに変わりはない。それどころか、性的行動の異常（たとえば同性愛とか色情狂）と精神疾患との関係は十九世紀になって主張されはじめたものであり、それがブルジョワ的家族道徳の規範と密接な関係を持つことは明らかである。フロイトが神経症をどうやって見分けるかについて語ったことを思い起こす。すなわち、神経症患者は、第一に働くことができず、第二に、正常な性的行動がなし得ない人間である、と。

第三の言葉の規範的体系からの排除もまた、原始社会と同様、われわれの高度資本主義社会においても認められるものだが、私はここでは、ヨーロッパ中世の貴族社会における《道化》の存在をその例として挙げておきたい。《道化》とは自らの意志によるにせよ、よらぬにせよ、通常人には言えぬような《真実》を語る人物であり、他の人物に忠告を与え、虚偽の仮面を剝ぐ。しかしこの《真実》は、危険な力を十分とり去ってあるから他人を傷つけることはないのだ。つまり《道化》とは、狂気の摸倣であり、狂気の言葉を社会の中に無害なものとして流通させるという意味で、狂気の言葉の体制組み込みであると言える。シェイクスピアや、十七世紀初頭のフランス・バロック演劇に出現する狂人というのも、前以て真実を語る人物であり、通常人とは異なる第二の視力を備えているが、人々は芝居が終って始めて狂人の言葉が真実であったことを悟るのである。

通常の言葉に対立するものとしての狂気の言葉というものは、十九世紀以来の通常の言葉と文学の言葉の対立にも認められる。十九世紀以来、文学は本質的に〈周辺的な〉言説となり、通常の、政治的・宗教的・道徳的・科学的言説と交叉し、その周辺をめぐりつつ、それに根底的再検討を要求するような言説となった。ヨーロッパにおいて十九世紀までは、文学の言説は本質的に、かつその深部において体制内存在的なものであり、人は一集団の楽しみや教育のために芝居を書き、小説を書いた。それが十九世紀以来、ヨーロッパにおいては、文学は、このような体制的規定を脱却して、絶対的にアナルシックな言葉に、体制を持たない言葉に、他のすべての言説と交叉し、それを破壊しようとする言葉になりつつある。十九世紀以来、文学が狂気に眩惑されているのは、まさにこの理由によると思われる。へルダーリンからアルトーまで、このような文学と狂気との奇妙かついささか怪物的な婚姻が続いてきたのであり、文学がその最も深い使命を発見するのは、狂気の言葉のなかに浸って活力を見出だす時であった。あたかも、文学がその可能なアナルシーをことごとく発揮するためには、あるいは狂気を摸倣するか、あるいは文字どおりに狂気となるかしなければならなかったかのように。

第四の遊戯との関係での排除については、ヨーロッパ中世における〈狂人の祭り〉の例を挙げておこう。それは、当時の祝祭がことごとく宗教的なものであったなかで、唯一の非宗教的な祭りであり、その日には、あらゆる社会的規定が逆転させられたのであった。富者は貧者に、権力者は力無き民に変装し、男女の性はいれかわる。年に一度の、社会体制に対するおおっぴらな異議申し立ての機会であり、そして祭りは最後に、倒錯した形でとり行われるミサによって終る。

中世社会において教会や宗教によって庇護されなかった唯一の祭りが〈狂人の祭り〉であったことの意味は大きい。それと類似した要素が、現代社会にも見出だせるのではなかろうか。現代西欧社会においては、集団的現象としての祭りの意味は失われてしまったが、それにかわって、ヨーロッパやアメリカでは、アルコールや麻薬が、人工的で一時的な狂気を作り出すことによって、社会の外側で、個人の次元での祭りを——いや〈反祭り〉と言ったほうがよいかも知れない——成り立たせている。それは社会体制に対する異議申し立ての行動として、狂気と遊戯、いや〈反−遊戯〉との関係を納得させるものである。

このように、現代社会においても、狂人の〈民俗学的規定〉を支えている〈四重の排除方式〉は機能し続けているのであり、このような排除や周辺的存在としての条件を考えるなら、かの十八世紀における収容監禁の解放という事件は、かなり皮相な重要性しか持っていないことが理解されるはずである。

しかしこの歴史的事件は存在したのであり、それによって生じた変容は、それ自体として考察に値するものである。私の第二の論点は、この変容の動因・理由についてである。

《精神疾患》の誕生

通常、構造主義に対して時間の軸の上での変化や変容を問題にしないという非難が投げつけられるが、その非難は私には当てはまらないと思う。というのも、私は構造主義者ではないからであるし、またこの非難は一般的に言っても正しくはない。というのも構造主義的分析で、変化というものの必要かつ十分な条件の分析を目指さぬものはないはずだからである。

まず注目すべきことは、中世ならびにルネッサンス期のヨーロッパ社会が狂人に対してははなはだ寛容であり、狂人とみなされる者のうちで特に兇暴な者は一時的に監禁することはあっても、それだけのことであった。それが、十七世紀になると、社会や家族のうちに狂人がいるということは、まったく許容できない事実と考えられるようになった。その理由は簡単であって、フランスもイギリスも、社会的・経済的に、また国家体制の上でも、資本主義の確立期であり、無為徒食の集団は文字どおり許容することができなくなったのである　労働の義務は当然のこととされ、各個人が労働組織との関係で自分の地位が明確でなければならず、私有財産の運営・管理は、家族と、家族をつうじて社会全体において不可欠となったからである。ヨーロッパ中で、一六二〇年から一六五〇年にかけて、それまでは存在しなかった収容監禁施設が一せいに出現した。しかもそれは必ず大都市に限って現われたのだ。まずハンブルグに、次いでリヨン、ロンドン、パリに。しかもそこに強制的に収容されたのは、単に狂人ばかりではなく、老人、不具者、家族の財産を蕩尽した父親、娼婦等が含まれており、要するに反社会的な人間をことごとく監禁したのである　この監禁は、従って、狂気という病気を治療し、病人を社会に復帰せしめるというような医学的監禁ではなく、社会の新しい経済体制の障害物を取り除くという経済的動因にのみもとづく監禁であった。このような資本主義社会の経済的規範に従って遂行された強制収容によって、それまでは四つの排除方式によって社会の周辺的存在であった狂人が、物質的にも、個人の生存においても、完全に社会から締め出されたものとなったのである。

この収容監禁がパリだけで六千人もの人間を捕えたこと、医学的治療を目的とした監禁ではなかったこと、また施設内では強制労働が掟であったこととならんで、注目しておかなくてはならないのは、この収容監禁施設の出現が、国家警察の出現と同時期のものであり、両者は深く結びついているという事実である。一六五六年に同じ一つの勅令が収容監禁施設の設立と警察代理官の設立とを命じているのだ。

この監禁体制は十八世紀末まで続き、次いで、一七九二年に、かのピネルによる〈狂人解放〉という第二の変容が到来する。しかしピネルは、老人、不具者、労働意欲のない者、売春婦、リベルタンなどは釈放したが、〈精神疾患〉と認められる者は監禁施設の内部に留めたのであり、この解放は狂人には当てはまらなかったのである。つまり〈精神疾患〉と認められた者以外の者は、すでに形成された産業資本主義の第一の要請に従って、失業者の集団として、かの「産業予備軍」となり、労働者の低賃銀を確保しようとする経済政策を順調ならしめる役割を担わされることになったのだ。古典期における失業者消去のための大々的強制収容という方式は、今やこの産業資本主義にとっては有害なものとなった。また病院としてのシステムも二重の意味を持ったわけであり、一方では肉体的な理由で働けない者を収容し、医学的に治療して労働市場へ送り出すことと、肉体以外の、つまり心理的とよべる原因によって働けない者を収容することが目的とされたのであった。

この時から、〈精神疾患者〉という新しい人物が生まれるわけである。この人物もかの〈四重の排除方式〉によって得られるものではあるが、今や、資本主義社会の要請に応じて、〈病人〉という資格を与えられたのである。医学的に治療して労働の回路に送り込まれるべき病人である。それが〈精神病医〉という新しい社会範疇の誕生と不可分な関係にあることも明らかであろう。

現代の高度産業社会においても、狂人のあの〈民俗学的規定〉は変わらない。しかしそのような古えからの排除の体系の上に、資本主義はいくつかの新しい規範を、要求を作り出した。だからこそ現代のわれわれの社会では狂人は〈精神病患者〉という顔立ちを取るに至ったのである。精神病患者とは、ついに発見された狂気の真実の姿ではなく、狂人の民俗学的歴史における、本来的に資本主義的な変形にほかならないのだ。

一七三号　一九七〇年一一月二〇日

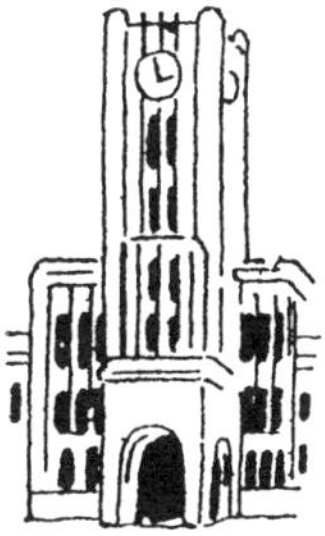

飜訳について

講演会

ドナルド・キーン

私も飜訳を語るときの慣例にならって「飜訳者は判逆者なり」(traduttore traditore)という諺の引用から話をはじめたいが、一般に飜訳は果して可能であるか、とくに日本語の英訳は可能であるかという問題はむづかしい。第一に原本そのもので読むのと活字体の本で読むのとでも(例「黄表紙」)印象はちがうし、初版本で読むのと、文庫本、ローマ字本で読むのとでも原作の味はちがってくる。飜訳不可能論者は、日本に存在して外国に存在しないもの(例「白足袋」「うどん」)をとりだして意地悪く閉口させることがあるが、これらが原作の中心テーマをなすことはなく、もしそうなら飜訳をやめればすむことである。

もっとむつかしいのは日本や外国ともに普遍性があって、しかもニュアンスが異なる言葉である。漱石の「心」をマインドかハートかきめるのは困難なので、飜訳はみな「こころ」となっている。「男」という言葉もそうで、日本語では「男が銀行にはいった」などと抽象的な「人間」の意味に使うし、あまり「男」にこだわる英語ではおかしくきこえる。また「無理しないで下さい」「ただ今!」「いらっしゃい!」「勿体ない」「ありがたい」(あのお坊さんのお説教はありがたかった)「遊ぶ」なども英語にそのまま訳しがたいものである。

このように飜訳不可能の証拠はいくらでもでてくるが、飜訳を否定すると、聖書の英語訳も否定されることになり、キリスト教も存在できなくなってくる。私は高校生として、ドストエーフスキイなどを英語で読んで感銘をうけたが、もし英訳がなかったらそのぶんだけ私の人生は貧しいものになったろうと思う。悪い飜訳でも無いよりはマシだと私は思っている。

さて、外国文学の日本訳の話題にはいるが、日本では古典文学の現代語訳というのもさかんである。これは日本語といっても、源氏物語の日本語と今日の朝日新聞の日本語とが全くちがったものなのに、まるで日本語は一つしかないように扱われてきたことがその原因だと思われる。実はラテン語と現代イタリ

ー語ほどの差があるといっていい。だから谷崎氏も源氏の現代語訳の必要を感じたのであろう。

私は外国文学の日本語訳はしていないが、これはその逆の作業よりやさしいと思う。日本語自体包容力があるし、訳しにくいものはそのまま外国語で残しておいても日本の読者は文句を言わないことが多い。ところが英語国民の読者は全部訳さないと承知しない。日米関係がこれほど密接でも、キモノ、サムライ、ショーグンなどの言葉がアメリカに入ったのはやっと十九世紀であり、二〇世紀の日本語となるとほとんどはいっていない。また、日本の読者は飜訳調をあまりきらわないのだが、日本語の直訳英語は英語読者にはたいへんきらわれるということがある。

この日本語の飜訳で一番むづかしいのはやはり俳句である。そもそも詩の飜訳がむつかしいことは、アメリカ詩人フロストが「詩の飜訳で、なくなるものは詩だけである」と言ったくらいで、飜訳すると、詩の情緒は完全に消えてしまう。

詩のうちで俳句がとくにむつかしいのは、日本独特のもの、野菜、地などが大きな役割を演じることが第一だが、独特でなくても困る句が多い。芭蕉の「野ざらし紀行」のなかの「道のべの、木槿（むくげ）は馬にくわれけり」の句は、どんな頭の悪い外国人にも判るのだが、飜訳して「馬が花をたべてしまった」とやると、実にツマラナクなってしまう。

十九世紀のチェンバレンはこれを〈The mallow flower by the road/Was eaten by a horse〉と訳したが、正確そのものであっても、これを詩だと感ずる人はまずないだろう。詩の飜訳は緊張がなければならないのだ。私もこれを訳してみた。〈The rose of Sharon/By the side of the road-/Devoured by my horse〉むろんこの訳に満足していないが、my を入れたのと、road の次にダッシュをおいて was を省いたところが、チェンバレンより対立・驚きがあって良くなっているのではないかと思う。むくげを Sharon としたのは自分でも疑問に思うが。

また「唐崎の松は花よりおぼろにて」の句もむつかしい。「枯枝に烏のとまりたるや秋の暮」を訳したとき、枯枝一本に烏一羽がとまっていると訳したが、英一蝶のこの句にあわせて描いた絵をみると、八羽の烏を何本もの枝にとまらせてあった。単数か複数かは英訳者には頭痛の種である。「秋の暮」も晩秋という意味に解されているが、「ある秋の日の暮方」ともとれる。しかし「晩秋」としても、真昼間ならまたイメージはこわれるので、ここは二重の意味「晩秋の暮方」と解釈せざるをえない。

和歌のほうは俳句とくらべるとはるかにやりやすい。しかし子規の「瓶（かめ）にさす藤の花房短かければ、畳の上にとどかざりけり」のような歌は、理解はだれでもできるが、病床に久しく伏っている作者が、寝たまま藤の花をながめている感じが出ないと面白味はなくなる。

和歌・俳句で困るのは内容よりも言葉の美しさ、全体の調子、しらべを伝えることである。理性的に書かれた詩は割合やさしく、万葉集などは訳しやすいほうである。また、謡曲も割合やさしい。日本人は劇として謡曲を見るが、詩として私は扱いたい。いかに和歌や古典の引用が多くても、謡曲そのものはむしろ英語の現代詩に近い。だからT・S・エリオットあたりが訳するといいのだが、「能」にはエズラ・パウンドの訳がある。だが、これは一部は見事でも、残りの大部分はでたらめで、原文となにも関係がない。関係がなくても魅力はあるのだが。

私も今年の春、学生たちと謡曲集を訳したが、大変評判がよく、ニューヨーク・タイムズは、ホメロスを読むようだとほめてくれて、私はとてもうれしかった。一番ほめられたのは「関寺小町」の飜訳である。これは日本ではほとんど上演されていないが、私は日本文学中、詩として傑作の一つだと思っている。とにかく謡曲の文はふしぎに二〇世紀の私たちに訴える力がある。私は浄瑠璃も飜訳したが、これは「謡曲」よりも数倍むつかしかった。とくに紙屋治兵衛の小春への恋慕の描写は困難であって原文に「からい」文句があっても、英語では「甘く」訳さねばならなかった。また、心中の場面で「せくまい、せくまい、早よう、早よう」とあるが、治兵衛の言葉か、小春の言葉か判らないのである。研究家の解釈も二つに分れている。

新しい文学にもむつかしさはいくつかある。「細雪」の関西弁をアメリカ南部方言でやるわけにはいかないし、とくに原文で東京弁と関西弁を誇張して使いわけているところなど、面白さは英訳では消えてしまう。

私は泉鏡花が好きだが、「湯島詣」にしろ「註文帳」にしろ、自分だけ楽しむことにして、飜訳はしないことにしている。「洗髪」（あらいがみ）などという言葉をどうして外国の読者に判らせることができよう。むろん古い英語で訳すと、情緒を出すことができないわけではない。しかしこれは大変苦労の多い仕事で、モリス氏は「好色五人女」を十七世紀から十八世紀終りの英語で訳したが、一語一語、オクスフォード英語辞典でたしかめてやったと言われる。また「奥の細道」をウエレー氏はエドワード時代の英語で訳している。この二つは割合成功していて、モリス氏のものなどデフォーの文を読んでいる印象をあたえる。しかし一般的には英語は、わずか五十年前の英語でも、いま読むと非常にイヤ味を感じさせるのである。

そのほか英語では繰返しをきらうが、日本語はこの点寛容で、三島氏のある作には「媚態」という言葉が頻繁にでてくるし、古文では「いみじき」「云う」などの繰返しが多く、べつの訳語をさがす苦労が大変である。

最後に飜訳の目的について一言すると、第一は教養ある外国人に訴えて、知的刺戟をあたえるということにあると思う。しかし飜訳の成功の可能性と翻訳者自身の好き嫌いの問題がしばしば矛盾するので、いずれにしても日本文学の飜訳は困難な仕事である。

（要約責任　西義之）

一八三号　一九七一年一二月一三日

アジアの他の地域と対置した日本社会の性格

司馬遼太郎

（昭和五十六年十一月二十九日、麹町の都市センターで東大教養学科創設三十周年記念の祝典が催された。その席で二百数十名の内外来賓、教養学科卒業生を前に、作家司馬遼太郎氏は表記の題のもとに約一時間の記念講演をなさり、聴衆に多大な知的刺激を残された。その全容は『教養学科三十周年記念論文集』に掲載される予定である。ここには一部分のみを私のメモによってお伝えしよう。文責はもちろん私にある。なお、駒場における司馬史論の評価については、『教養学部報』昭和四十七年十一月十七日号所載の、『坂の上の雲』をめぐる座談会を参照のこと。——芳賀徹）

私のわかる範囲で、私の癖に従って、アジアと日本の話をしてみましょう。私に見当のつく範囲というのは、パミール高原から東の部分、南の方では安南のヴェトナム側までで、ラオス、カンボジアのこととなるとよくわかりません。

その地域の真中に広大な中国があり、これをルツボとして長城の北や西からさまざまの文化が流れこんでは普遍性を獲得して、周辺にひろがっていったのですが、そのいわゆる「儒教文化圏」内に日本、朝鮮、ヴェトナムなどがあったわけですね。ところが実は各地で儒教のもつ意味が少しずつ違ったのではないか。

貨幣のなかった国

まず朝鮮のことから——といっても私は昔、朝鮮語をぜひ学ぼうとして、あの発音の難しさに挫折してしまった者の一人です。ただ『坂の上の雲』を書いたとき、平べったい事実をまちがえぬようにと、相当大量の資料を集め、それをカード化して眺め、想像力の醗酵を待っては執筆したものでしたが、その折朝鮮社会について、一つ意外な重要なことに気づきました。

日清戦争に従軍した日本兵士の日記というのは割合残っているもので、小学卒ぐらいの兵隊さんが手製の手帖に立派な細筆でなかなか表現力のある文章を書いている。私もその何冊かを貸して貰って読んだのですが、そこに共通して出てきた記事の一つに、ソウル近辺の農家で鶏その他の食糧をわけて貰い、お金を払おうとしたら、農民はみな「こんなつまらぬものが何になる」と言って、金を投げ返したというんですね。当時日本軍は兵隊たちに朝鮮農民から鶏一匹でもとるときは必ず代価を払えとやかましく命令していたんだが、それが相手には全然通じなかったわけです。

私にもそれがなぜなのかはじめわからなかった。考えてみてやっと納得し驚いたのは、つまり朝鮮には李朝五百年の間、貨幣経済というものが存在しなかったという事実です。李朝朝鮮は中国に儒教を学びながら中国以上に徹底した、精密な儒教社会だったのであって、貨幣は有毒との思想が隅々にまで実行されていたのです。この根本的な事柄が戦前戦後の朝鮮史には一行も書かれていなかった。私は確かめようと思って、日本支配以前の朝鮮を知っている、当時でもう八十ほどの故老何人かに電話で聞いてみました。すると、やはりそうだったという。商品経済というものがなかったから、たとえば石臼でも樽でも石屋その他で買うのではなくて、村の誰かが造ったのを米と物々交換していたものだという。老子の「小国寡民」の説が、この儒教社会ではいわば文字通りに実現されていたのですね。

李朝時代の漢文を読んだときに感じられる、中国や日本のとはまるでちがう激越さ、その由来がこれで一つわかったように思いました。つまり、結婚式で座席やスピーチの序列がわずか違っても憤おって卓を叩くような、秩序感覚のきびしさ、対立をあえてする論理の千枚通しのようなするどさ——あれは朝鮮人が李朝時代を通じて高度の儒教倫理を身につけ、難しい漢文を読みつづけてきたこととともに、貨幣経済の教える融通とか取引きということを知らなかったことによるのではないか。少くとも、それと相重なる現象なのだろう、と私は了解したのです。

儒教という社会組織

右とくらべてみるまでもなく、大体、日本は儒教の国などであったためしはないのではないか。その点で私の敬愛するD・キーンさんと議論したことがあり、キーン氏は反証として近松の戯曲をあげました。しかし、あれは近松が倫理性の薄い日本庶民のなかに儒教をいわばモダニズムとして植えつけようとしただけのものであって、日本人が儒教的だったから近松が生まれたんじゃない、というのが私のやや強弁めいた反論でした。いまでも私はそう思っています。要するに、日本には儒教は古くから入っていたといっても、それはいつも書物として伝わってきただけの、ひどくブッキッシュなものであって、一つのシステムとして、複雑な社会生活をすべる組織原理として、つまり儒教の本当のすがたで入ってきたことは一度もないんですね。「儒教的厳格さ」などという言葉を徳川文化について使う人もいますが、あれも実は明治期の日本人が後から合成して作りあげた一つのイメージにすぎません。

たとえば、戦後まもなく日本共産党の徳田球一さんが結婚した。その相手は自分の従兄弟の未亡人だった。この話を聞いて、若き日の在日朝鮮人作家金達寿さんは、徳球を非常に尊敬していたにもかかわらず、フルエ上ったそうです。また別な話で、日本占領時代の朝鮮でのことですが、ある村の日本人の校長先生が奥さんの歿後、その妹君を日本から呼びよせて再婚なさった。それを知った村民は非常な衝撃を受けて、それぞれ鍬や鎌を構えて校長の官舎を遠巻きにとりかこんだ。そのときの緊張感は忘れられないという、目撃者の話を聞いたこともあります。

つまり、身内の者と結婚するということは、日本でこそ古事記の昔以来なんでもない当り前のことだが、本来の儒教社会ではそれは人倫の基本にもとる許し難い行為だったのですね。身内どころか、「同姓はめとらず」の教えは儒教倫理の一つの中核で、いまの韓国のソウルでも、若い金君と金嬢が知り合ったら、互いに本貫がちがうことを確かめあった上で、はじめて恋愛を始める。十等親までは濃厚な親類だというのが、朝鮮でも中国でも久しい常識だったのです。その間での婚姻はもちろん許されないが、他方、同族は相互に扶助せねばならぬというのも儒教の大原理だった。そのことが日本および日本人には伝わらず、わからないでしまったのですね。

たとえば魯迅は中国紹興の大家の出身ですが、その家というのは六百坪以上はある広大な敷地で、その敷地一杯に家が建っており、そこに二十から三十の家族が住んでいた。全部親類で、十等親の叔父さんまでそこにはいたそうです。魯迅の儒教嫌い、中国のアジア性否定の衝動は、そんな屋敷のなかではぐくまれて、彼は近代作家となったのにちがいありません。

またたとえば私がいまの全大統領、あるいは朴大統領以前の韓国の政府で、石油課長になったとしますね。すると必ず、地平のかなたから十等親の叔父さんがやって来て、自分にガソリン・スタンド五軒分設立の許可を与えろという。そのとき、いや、私は公務員だからいくら叔父さんでもそれは認められない、などと言ったら、それで私は没落する。叔父さんは村に帰って、あいつは儒教の「孝」の教えに従わなかったと言いふらすからですね。つまり韓国では、少し前までは、私的倫理が公に優先した。だから一時、日本ではマスコミが韓国の「腐敗」などと騒いでいたが、あれは実は儒教文化圏としてははなはだ倫理的な状態だったのです。

脱亜再論

日本では一時、アジアといえばなんでも美化するのが、とくに進歩的文化人の間での口ぐせでした。私だって少年のころ、小さな宮崎滔天のような人物になりたいと志したほど、アジア好きでは人後に落ちないつもりでした。だが、それだけ、アジアのもつ「いやらしさ」「おそろしさ」には敏感になったようにも思います。

その点で連想するのは福沢諭吉の「脱亜論」ですね。あれは最近読み直してみましたが、なるほどこれでは進歩的学者の間で評判が悪いのはもっともだと思います。だけれども、福沢さんの談話として、一八六二年、二回目の洋行でヨーロッパに行く途中、当時半植民地化していた上海でシナ人が西洋人にひどく鞭で打たれているのを目撃したという話がある。そのとき福沢さんはすぐに「自分の息子は神父にしよう。そしたら、日本がダメになっても、こんなには鞭で打たれずにすむだろう」と考えたというんですね。そういうずるい考えをもオープンにし、一種のユーモアにしてしまうところが福沢さんの大きいところですが、これは切実な感慨だと思いませんか。

そういう歴史的な気分、感情のなかにおき直して、はじめて「脱亜論」はわかるんであって、いま百年後に机の上でひねくってあれを批判するのは簡単すぎることなんですね。

実際、中国というのは国家の体をなしていなかった。清朝末までそれはただ、王朝が人民を搾取するという、ただそれだけの構造の国だった。政治論文が大好きで、日に年に何千何万の政治論文が作成されようと、人民にとって王朝およびその役人は餓えたる虎にすぎなかったのですね。

役人はもちろん科挙という、今の東大教養学科に進学するか、その十倍程度も難しい試験に通ってきた人たちでした。だが彼らは詩文しかわからないから、地方長官として赴任するのに、何人か政治能力のある幕僚を連れてくる。その幕僚のもとに地元の吏が何十人とついて、税とワイロの吸収に当ったんですね。その結果、中国では「清官で三代」という諺ができるほどに、役人は二、三年の任期の間に莫大な資産をなし、孫の代まで楽に暮せる仕組みがあったのですが、それでも清官よりは貪官の方が歓迎された。なぜなら、清官ではやがて町の経済が動かなくなる。貪官でこそ多くの幕僚と多くの吏、そして吏の配下や一族や取引先が潤ったからですね。

それに対して庶民の側も、「バン」という一種の親族結社を組織して情報の交換をし、互いに「信」を中心として利益保善をはかり、官の介入を阻もうとした。官民いずれの側にもあったこういう相互扶助組織こそが、いわば儒教社会の根本のシステムとして働いていたのですね。

一つの唯鉄史観

それならば日本社会はどうだったのか。日本人が日本人としての自覚をもち、独自の文化を発揮するようになったのは鎌倉時代からだというのが、私の説ですが、あの時代のいわゆる坂東武士は、自分や自分の父が耕した土地は自分のものだ、天皇や公卿に隷属するものではない、というアメリカの農場主のようなことを言いだしたんですね。そしてその上に、鎌倉幕府という私的政府をつくりあげた。つまりそれが鎌倉のリアリズムというものであって、土地制度も文化もまた彫刻も曖昧から明

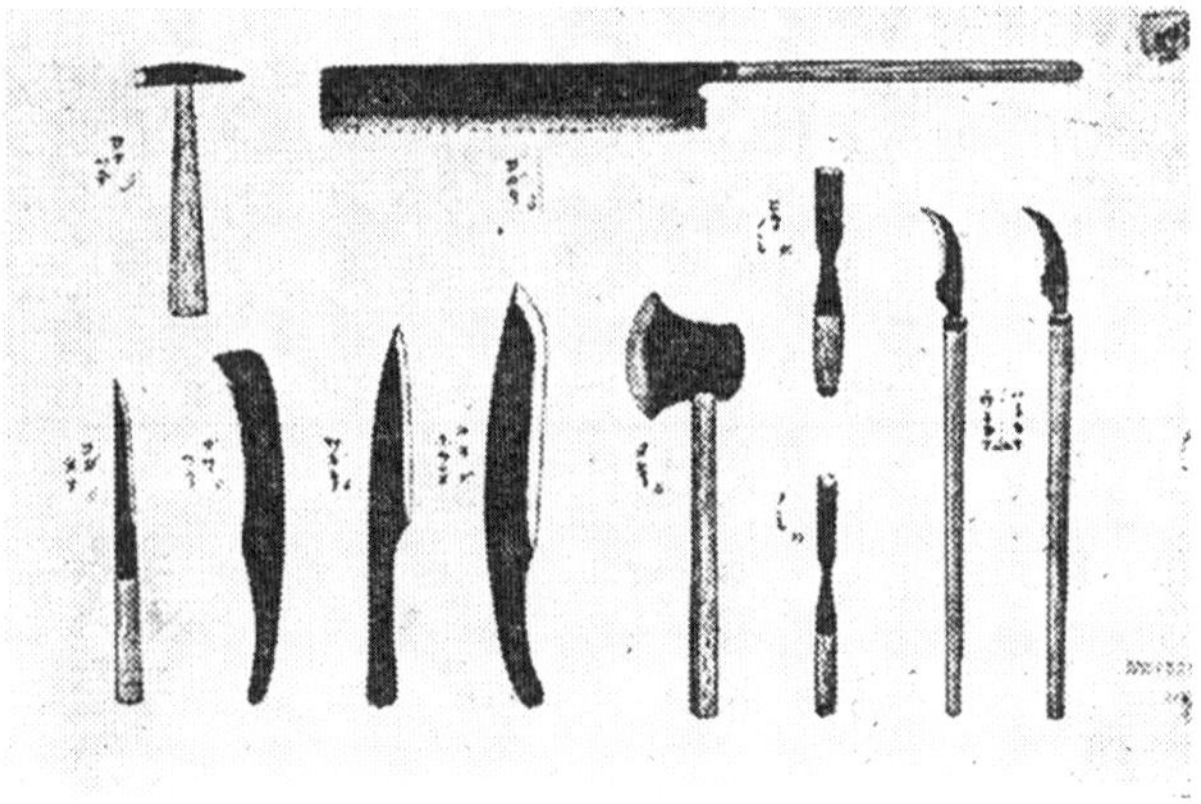

川原慶賀「日本道具図譜」より桶屋の道具

断へと変ったのです。

そしてこの大きな変化を支えていたのが、当時の日本における鉄器の普及であったと私は考えます。鉄器は日本でももちろん六世紀ぐらいから生産されていた。だが古代では鉄製の農具などはまだまだ数の限られたもので、しかも木製の台にちょうど虫歯にはめた金冠みたいに鉄を細くはめた程度のものだった。そんな鍬が公の倉に収めてあって、農民はそれを朝借りて夕方に返していたのですね。それが鎌倉末のころには、もうどんな小百姓でも鉄製の農具を沢山もっているようになり、室町になればさらに大量に普及したのです。

室町時代というのは茶や花や能楽や数寄屋造りが生まれて、いわゆる日本文化が典型として成立した一方、幕府政治は非常に不安定だったとされるが、日本というのはどうも時の政治と生産生活とが互いにあまり関係のない国なんですね。農業生産が非常に上った時代でもあったんです。たとえば加賀平野なども、やがて百万石といわれる大美田となったのは室町からで、それまではひどい低湿地の草っ原にすぎなかった。それが室町に、土をよく切る鉄器の発達と普及のおかげで灌漑され、開発可能となったのです。

ところが、同じころの中国や朝鮮ではその種の鉄具はもうほとんど使われていなかったのですね。この「鉄史観」でいえば、いわゆる「アジア的停滞」は中国ではすでに漢の終り、つまり西暦二世紀に始まって、なんと清末の二十世紀初頭までつづいたといっていいんです。つまり、漢の武帝のころに中国では青銅器はとうに使われなくなり、代って鉄器——それも高熱炉という高等技術を要する鋳鉄の生産が最高に進んで、鋤でも鍬でもやじりでもさらに青竜刀でも、さかんに作られ、それによって、まだ青銅のやじりのよろよろ弾を使っていた満州蒙古の匈奴に討ち勝つことができた。だがそのため——鉄一トンを造るのに一山の森林を炭に焼くといわれますが——それまで豊富だった中国本土の森林をほとんど丸はだかにしてしまったんですね。

鉄と好奇心

そしてそれとともに、鉄生産のゆきづまりとともに、中国はその文明のなかから好奇心というものを失って、停頓を始めたのです。春秋戦国のころから、あれほど旺盛な好奇心が沸騰して、文明が進み、中国思想の原型がすべて出揃って普遍性を獲得し思想をもたぬ男は士とはいわれぬとまでされた中国でしたが、その文化的ダイナミズムが漢代末に鉄および森林とともに失われてしまったのです。だから、皆さん驚かれるかもしれないが、二十世紀の中国人は三世紀の中国人とまったく同じ暮しをしていたとさえいっていいでしょう。

ところが日本は幸いなことにモンスーン地帯にありますから、山の森はハゲ山になっても、三十年で復原するといいますね。中国、朝鮮との条件のちがいはただそれだけです。だがそれが日本の鉄器生産と農業と、そして日本人の好奇心とを維持してくれた。江戸末あるいは明治初期ごろの大工さんの道具を見てみると、実に何百種類とありますね。カンナだけでも何通りもある。お百姓だって二十種類以上の鋤、鍬、その他の鉄の道具を使っていた。人間の好奇心というのは、もっとも素朴なかたちではこういう道具類にこそ発揮され、またそれでうながされるものなんですね。

それが中国ではまことに乏しかった。私は戦争中、学生の身で兵隊にとられ、中国で通訳をさせられていたんですが、そのとき日曜ごとに農家などを廻っては物の名前をきいて単語帳を作っていたことがあります。そのとき、鋤鍬の種類の少ないのにびっくりしたんですね。わずか三種類ぐらいを名人芸のようにして使っている。

それは私の小さな経験にすぎませんが、要するにあれも千何百年前、漢の武帝時代に鉄のために森林を使いつくしてしまった名ごりだったのでしょう。あれ以来、鉄がずっと不足していた上に、儒教を政治に採用したのも武帝でした。儒教というのは要するに古（いにしえ）を尊重せよ、古に帰れ、村落と血族とを大切にせよという、安定の政治哲学であり、好奇心を抹殺する教えです。それが中国ではこの間の毛沢東の時代にまで残っていて、あのアジア的停頓をつづけさせてきたのですね。

日本の「役人道」

こうしてみると、日本人がさかんな好奇心を維持しえてきたというのは、鎌倉・室町のころから鉄器を多量に生産してきたということと、儒教を社会システムとしてとり入れなかった、せいぜい「名言集」程度にひどくブッキッシュにしか受け入れなかったということによるんではないでしょうか。そしてそのもとにきわめて精密な封建制をつくりあげたのも、中国、朝鮮にはない日本だけのことだったのですね。

最後に、その日本封建制のもとにつちかわれた役人道ともいうべきものについて一言つけ加えるなら、これは儒教社会に見られた構造的汚職などというものとはまるで関係がなかった。江戸の役人の汚職などというのはほんの御挨拶程度のものにすぎず、その精神が最近まではつづいていたんですがね――。

たとえば吉田松陰の家は八十石の禄高で、郡奉行まではなれる家柄だった。その家の子として松陰が叔父の玉木文之進から中学程度の教育を受けていたことは皆さんよく御承知でしょうが、その文之進が田の土を耕しながら、田のあぜに坐って聖賢の書を朗読する少年松陰の質問に答えてやっていた。ところがあるとき、松陰はその聖い書を読みながら顔にとまった蝿を叩いたんですね。すると文之進はそれを見とがめて、少年を折かんした。たんぼにころがり落ちてしばらく気を失うほどになぐったといいます。つまり聖賢の書は公だ、蝿がとまったのは私だ、それをうるさい、かゆいといって払うような心がけでは、いつお前は公私を混同し、公職を汚すようなことになるかもしれない――そう言って文之進は叱ったのですね。

それが日本の役人道というものでした。中国・朝鮮の、アジア的儒教的「官」と、日本の役人とはいかにちがったものであったかが、よくおわかりだろうと思います。今日は教養学科御卒業の公務員の方々もかなりいらっしゃるようなので、最後にこの松陰のエピソードを引いて、私のお話を終らせていただきます。

（拍手）

（要約・芳賀徹）

二七四号　一九八二年一月二一日

おわりに
出発の場である駒場より

河合祥一郎

東京大学教養学部の教員たちが執筆する「教養学部報」を精選して編んだのは本書が初めてではない。相原茂編『大学の散歩道』（東京大学出版会、一九六六年）がその嚆矢であり、実に半世紀を経てその続刊が出たことになる。

本書が生まれるきっかけとなったのは、「教養学部報」に長年ご貢献くださっていた編集員・鈴木基美さんの「『大学の散歩道』のようなものをまた作れないでしょうか」という一言だった。当時教養学部報委員会の委員長だった私から東京大学出版会にご相談申し上げて刊行への道筋がついたものの、実務の重責を担われたのは現委員長の川中子義勝先生である。川中子先生と鈴木さんのご尽力がなければ本書は生まれなかった。ここに記して感謝したい。

本書は、駒場の教員の文章を通して「駒場らしさ」を呈示する本と言うことができるだろう。「駒場らしさ」とは何か。東大のすべての新入生がまず駒場キャンパスの教養学部で学ぶという点を抜きにそれを語ることはできない。専門が決まる前の東大生たちが学ぶべき教養科目は実に多様であり、その多様性こそが「駒場らしさ」のひとつである。もうひとつの特色は、常に新入生が入ってくることによって保たれる若さだろう。教員のほうも新入生に接することで、自分の未来はこれからだという錯覚に陥ることができる。

本書のタイトルに選んだ「自分の才能が知りたい」という記事は、そうした駒場生の立場を考えて（ほとんど駒場生と同化して?）書かれており、まさに駒場らしい文章だ。駒場の教員には錚々たる学者が集まっているが、本書がユニークなのは、教員たちが駒場の学生（と教員）に読んでもらうために執筆している点にある。そして、それは往々にして、今の駒場の学生たちと自分とを重ね合わせて書くということでもある。

「自分の才能が知りたい」の次に掲載されている小林康夫先生の「パリに到着するということ」を読んでいただきたい。これは、「到着する」とは、到着に至るまでの長く短い時間が現在の空間に「回想」のように溶け込むことであることを説いた美しくもスリリングな考察だ。そこに「これこそ、駒場の若い学生たちにここで伝えたいと思うことなのだが、出発は、まちがいなく、わたしが駒場の学生だったときである」とあるように、教員たちが語りかける相手は常に学生であることがわかるが、その学生とはかつての自分でもあるのだ。「到着する自分」が「出発する自分」に向かって書く。どちらの自分も student である――英語の student を「学生」と訳すとその意味が半減する。勉強（study）する者はいくつになっても student だ。違うのは、到着した自分は回想することができるが、出発する自分にはそれができないということだけである。だが、本書を読むことで「到着する自分」の声を聞くことができる。つまりこの本は、student であろうとする読者が、自らの未来の声を聞くための本なのだ。

私自身、「到着する自分」に辿りつくまでまだまだ遠い道のりを歩かなければならない。出発したばかりの若い学生同様、随分前に出発したはずなのにあまり進んでいない自分は「自分の才能が知りたい」と思う。そして、まだ到着していない者には、確かに本書に書かれているとおり、「それは無理」なのだ。だが、「知りたい」という欲望を失ってはなるまい。それが学びの原動力となるならば。

教養学部が掲げる「教養」は、人間を磨くための学問であって、実利を出すための学問ではない。しかし、本当に必要な学問が前者であることは、プラトンが『国家』で説いているとおりだ。『国家』第七巻において、グラウコンが天文学を弁護すると、ソクラテスは「君も愉快な男だね」と言って、こう語る。

「何だか大衆に気がねして、役にも立たない学問を押しつけようとしていると思われはしないかと、びくびくしているように見えるではないか。しかしほんとうに重大な点、容易には信じがたい点は、こうした学問のなかで各人の魂のある器官が浄められ、ふたたび火をともされるということだ。この器官（中略）を健全に保つことは、何万の肉眼を保全するよりも大切なことなのだ。ただこの器官によってのみ、真理は見られるのだからね。だから、こうした考えを君と共にする人々ならば、君の言うことをどこまでも立派な発言と思ってくれるだろうが、しかしこの点をまったく何も感知したことのない人々は、当然のことながら、君の言うことに何の意味も認めないだろう」（藤沢令夫訳、岩波文庫）。「この器官によってのみ、真理は見られる」という「器官」とは、「魂の目、心の目」を指すのだろう。教養とはまさに「心の目」を養うための、人間形成の根本をなす学問だ。そのことを「感知し」、教養を学ぶ才能があるかを自分に問いたいと思うのは自然なことだ。

「自分の才能が知りたい」――それは出発の場にいる者が抱くべき知的な欲求なのである。

（かわい・しょういちろう　教養学部報委員会前委員長）

ま　行

や　行

わ　行

執筆者索引

東京大学「教養学部報」精選集
「自分の才能が知りたい」ほか教養に関する論考

2016年4月28日　初　版

［検印廃止］

編　者　東京大学教養学部教養学部報編集委員会

発行所　一般財団法人　東京大学出版会
代表者　古田元夫
153-0041　東京都目黒区駒場4-5-29
http://www.utp.or.jp/
電話　03-6407-1069　Fax　03-6407-1991
振替　00160-6-59964

印刷所　大日本法令印刷株式会社
製本所　誠製本株式会社

ISBN 978-4-13-003347-3　Printed in Japan